언어로 세운 집

언어로 세운 집

이어령

arte

차례

책을 펴내며　　　　　　　　　　언어로 세운 집　6

01 엄마야 누나야—김소월　　　시의 숨은 공간 찾기　12

1

02 진달래꽃—김소월　　　　　'사랑'은 언제나 '지금'　32
03 춘설(春雪)—정지용　　　　봄의 詩는 꽃 속에 있는 것이 아니다　42
04 광야—이육사　　　　　　천지의 여백으로 남아 있는 '비결정적' 공간　50
05 남으로 창을 내겠소—김상용　　오직 침묵으로 웃음으로　58
06 모란이 피기까지는—김영랑　봄과 여름 사이에서 피어나는 경계의 꽃　65
07 깃발—유치환　　　　　　더 높은 곳을 향한 안타까운 몽상　72

2

08 나그네—박목월　　　　　시가 왜 음악이 되어서는 안 되는가　80
09 향수(鄕愁)—정지용　　　다채로운 두운과 모운이 연주하는 황홀한 음악상자　87
10 사슴—노천명　　　　　　원초적이고 본능적인 생명의 알몸뚱이　96
11 저녁에—김광섭　　　　　슬프고 아름다운 별의 패러독스　102
12 청포도—이육사　　　　　하늘의 공간과 전설의 시간을 먹다　109
13 군말—한용운　　　　　　미로는 시를 요구하고 시는 또한 미로를 필요로 한다　116

3

14 화사(花蛇) — 서정주   욕망의 착종과 모순의 뜨거운 피로부터 124
15 해 — 박두진   해의 조련사 132
16 오감도 詩 제1호 — 이상   느낌의 방식에서 인식의 방식으로 140
17 그 날이 오면 — 심훈   한의 종소리와 신바람의 북소리 148
18 외인촌 — 김광균   흩어지는 푸른 종소리에 숨어 있는 시적 공간 156
19 승무(僧舞) — 조지훈   하늘의 별빛을 땅의 귀뚜리 소리로 옮기는 일 164

4

20 가을의 기도 — 김현승   죽음의 자리에 다다르는 삶의 사계절 174
21 추일서정 — 김광균   일상적 체험의 중력으로부터 벗어나는 언어 182
22 서시 — 윤동주   '별을 노래하는 마음'의 시론 189
23 자화상 — 윤동주   상징계와 현실계의 나와의 조우 196
24 국화 옆에서 — 서정주   만물이 교감하고 조응하는 그 한순간 204
25 바다와 나비 — 김기림   시적 상상력으로 채집한 언어의 표본실 212

5

26 The Last Train — 오장환   막차를 보낸 식민지의 시인 222
27 파초 — 김동명   '너 속의 나', '나 속의 너'를 추구하는 최고의 경지 230
28 나의 침실로 — 이상화   부름으로서의 시 238
29 웃은 죄 — 김동환   사랑의 밀어 없는 사랑의 서사시 248
30 귀고(歸故) — 유치환   출생의 모태를 향해서 끝없이 역류하는 시간 255
31 풀 — 김수영   무한한 변화가 잠재된 초원의 시학 262
32 새 — 박남수   시인은 결코 죽지 않는다 271

덧붙이기   원본시·작가 소개·주석 280

인덱스 390

책을 펴내며

언어로 세운 집

시는 말로 지은 집입니다.

    벽돌로 집을 짓듯이 말 하나하나를 쌓아 완성한 건축물입니다. 초가집이니 벽돌집이니 하듯이 시 한 편은 곧 한 채의 '말집'인 겁니다. 그런데 집이라고 하면 대개, 아니 모든 경우 그 집의 겉모양을 생각하게 됩니다. 집을 그려보라고 아이들에게 말해보세요. 지붕을 그리고 창을 그리고 대문과 담을 그립니다. 사진을 찍어도 집은 언제나 그 외형만 보이게 찍힙니다. 실제의 집은 그 안에 있는데 말입니다. 사람이 살고 활동하는, 막상 중요한 집의 내부 공간은 볼 수가 없습니다. 볼 수만 없는 게 아니라 우리는 아무 집이나 함부로 들어갈 수 없습니다. 이젠 아예 그 닫힌 내부 공간을 잊고 사는 경우가 많습니다.

    그래서 말인데 가령 어느 날 으스름한 저녁, 길을 지나다 불빛이 새어 나오는 창문을 보았을 때 말입니다. 방 한구석이 얼핏 보이고 아이들이 재재거리는 말소리도 들립니다. 어떠셨어요? 그 느낌 말예요. 한마디로는 표현할 수 없는 어떤 친숙함, 평화로움. 그러면서도 내가 사는 세상과는 다른 것 같은 신비감.

무슨 이야기인지 잘 모르겠다면 대낮이라도 좋아요. 아파트 말고요. 단독주택일 경우 (우습죠. 원래 주택이라고 하면 단독주택이었는데) 남의 집 앞을 지나는데 우연히도 그 대문이 조금 열려 있는 것이지요. 그 틈 사이로 뜰에 피어 있는 꽃이나 무슨 의자 같은 것들이 살짝 보이는 겁니다. 뭐 보통 사람이 살고 있는 건데도 딴 세상을 보고 있는 것 같은 이상 체험을 맛보게 될 것입니다. 그게 누구의 집이든 상관없이 어떤 집의 내부 공간은 행인에게 색다른 장소성을 일으킨다는 거죠.

그 안에 무엇인가 못 보던 의미들이 숨겨져 있는 것처럼 보입니다. 그냥 그렇고 그런 누구나 비슷한 사람이 사는 집인데도 느낌이 달라요. 환한 전등불이 켜져 있는 방 안이거나 비스듬히 열린 문 사이로 보이는 뜨락이거나 내가 들어갈 수 없는 공간이기에 그런 낯선 의식이 드는 게 아니겠느냐고 설명할 수 있어요. 하지만 설명하려고 하지 마세요. 어떤 경우든 내부 공간이라는 게 다 그런 거니까요. 일상생활에서 우리가 경험할 수 있는 공간이란 모두가 외부 공간에 속해 있는 경우가 많기 때문이지요.

예외가 없습니다. 그걸 주택이라고 합시다. 사원(寺院)이나 관청 같은 공공건물이라고 합시다. 집이라 할 때 떠오르는 것은 모두가 그 외관을 뜻하는 건축 양식일 겁니다. 도리아 식이니 로코코 양식이라고 하는 것이 모두 그렇지요. 관광 엽서를 보면 압니다. 하지만 그게 어떤 집이든 외양이 아니라 내부 공간을 확보

하기 위해 지어진 것인데도 말입니다. 사람이 생활하고 활동하는 내부 공간이 집의 주된 공간인데도 집은 항상 조형된 외부의 모습으로 존재하고 있는 것이지요. 관광 홍보지에 나오는 유명 건물들이 그렇고 어렸을 때 우리가 다녔던 학교라는 집도 교문과 바깥 건물 모양으로 남아 있지, 내가 앉아 있던 책상이나 천장과 기둥 같은 것이 아니지요.

지루하신가요. 조금만 더 참으세요. 왜냐하면 너무나도 당연한 일인데도 지금껏 여간해서 생각해본 적이 없었던 이야기잖아요. 생각한 김에 끝장을 봐야지요. 자신과 가장 가까운 자기 집을 놓고 생각해보자는 겁니다. 자기 집이라고 하면 내부 공간을 생각하십니까, 바깥 건축 모양을 생각하게 되십니까? 두말할 것 없이 밖에서 보는 자기 집이지요. 그런데 그것마저도 어떤 한 면에서 바라보는 집 모양입니다. 보통 집은 사각형으로 되어 적어도 동서남북으로 면해 있으니 사방에서 바라보지 않으면 자기 집을 다 볼 수 없죠.

최소한도 정면 아니면 뒷면인데 한꺼번에 양면을 동시에 볼 수 없으니 나는 내 집 전체를 한 번도 본 적이 없다는 거죠. 그런데 어떤가요. 진짜 집으로 들어가보세요. 집의 외면은 내 집이라도 남들이 다 볼 수 있어요. 내가 진짜 소유하고 있는 것은 그 내부인데 그 안으로 들어가면 벌써 정면이고 후면이고 지붕이고 담이고 보이질 않습니다. 방 안에 들어가 앉으면 사면의 벽밖에는 보이지 않습니다. 우리가 한마디로 집이라고 부르지만 이렇게 집이란 외부와 내부의 두 공간으로 뚜렷이 갈라져 있어서 어떤 게 내가 생각하고 있는 내 집인지 확실하게 말할 수가 없습니다.

이쯤 되면 꽤 인내심이 있는 것 같은 사람도 더 이상 이 글을 읽으려 하지 않을 겁니다. 책을 팽개치고 말지도 모릅니다. '그런 생각 한 번도 해보지 않고서도 내 집에서 여태껏 잘만 살아왔다.' 불쾌할 것입니다. 그런 것 따져보지 않았다고 내 집이 무너집니까, 날아갑니까.

하지만 그냥 넘어갈 일이 아니죠. 처음에 말하지 않았습니까. 시는 말로 지은 집이라고. 이 번거로운 이야기는 애초부터 시의 집 때문에 시작된 게 아닙니까.

당신이 지금까지 시라고 생각해왔던 것, 그 시의 구축물이 실은 그 말의 겉모양만 보아온 것에 지나지 않았다는 것을 알게 되면 그야말로 당신의 시의 집은 한순간에 무너져버리고 말 테니까요. 토씨 하나 빠뜨리지 않고 "내가 이렇게 시를 좔좔 외우고 있는데 시를 모른다니." 화를 내시겠습니까.

아니지요. 그건 당신의 잘못이 아니라 이미 말한 대로 건축물이란 게 그렇다는 겁니다. 원래 말의 집이 갖는 당연한 속성이라는 겁니다. 벽돌집이나 말의 집이나 다 같이 내부 공간을 얻기 위해서 지어진 것이면서도 누구나 그리고 언제나 그 외형밖에는 바라볼 수 없도록 되어 있는 숙명 때문인 거죠. 숫제 내면 공간이라는 것이 처음부터 존재하지 않는 탑이나 기념물처럼 말입니다.

그러니 이제부터 기뻐할 차례지요. 앞에서 내가 뭐라 했습니까. 우리는 길 가다가 우연히 굳게 닫힌 남의 집 내부를 힐끔 들여다볼 수 있는 기회가 있었다고 말이지요. 그리고 아주 미묘하고 신비하기까지 한 낯선 공간 체험을 해본 적이 있었을 것이라고. 다시 기억해보세요. 지금 당신은 겉모양만 보아왔던 말집의, 그러니까 시의 내부 공간을 깊숙이 들여다볼 기회를 갖게 되었다는 겁니다. 그런 유혹을 위해 이 책이 있다는 사실을 이제야 눈치 채셨습니까.

그렇다면 이미 당신의 손 안에는 그 시의 대문을 열고 들어갈 수 있는 열쇠가 쥐여져 있을 겁니다. 이 책의 첫 글, 「시의 숨은 공간 찾기(엄마야 누나야—김소월)」가 바로 그 열쇠인 겁니다.

시의 집 전체를 투시하고 그 내부와 외부를 동시에 바라다볼 수 있는 요술 거울. 그리고 그것으로 비추어 본 32편의 한국 시에 대한 텍스트 분석이 불빛이 새어나오는 창문 그리고 반쯤 열린 문 사이로 들여다보이는 뜰의 신비한 체험을 얻게 할 것입니다.

참 잊었네요. 마지막으로 여기 이 글들이 벌써 19년 전 《조선일보》에 연재되었던 32편을 덧칠하지 않고 그대로 수록한 것이라는 것을 밝혀둬야 할 것 같습니다. 문학의 해를 기념하기 위해 특별히 마련한 기획물로 연재 당시에는 한국을 대표하는 미술가들이 그린 컬러 삽화들이 곁들여 있었지요. 그런데 왜 이제야 책을 내게 되었느냐고요? 정말 어처구니없는 지각이네요. 그런데 할 말이 있어요. 신문의 제한된 지면으로 많은 부분을 어쩔 수 없이 삭제하거나 요약할 수밖에 없어서 책으로 낼 때에는 보완 보충하리라고 생각한 탓이었지요. 차일피일 미루다가 이제는 더 이상 미룰 수가 없어서 결단을 내린 겁니다. 이게 다 북이십일 김영곤 대표의 배려와 원미선 팀장의 독촉 때문이라는 것을 원망과 감사의 뜻을 곁들여 밝히며 조금은 장황스러운 머리말을 그치려 합니다.

2015년 9월
이어령

01 엄마야 누나야 ― 김소월
시의 숨은 공간 찾기

엄마야 누나야

김소월

엄마야 누나야 강변(江邊) 살자,
뜰에는 반짝이는 금(金)모래 빛,
뒷문(門) 밖에는 갈잎의 노래
엄마야 누나야 강변(江邊) 살자

엄마야 누나야 — 김소월

01

시의 숨은 공간 찾기

현대 시는 어렵다고 한다. 하지만 옛날의 시들, 특히 김소월의 시는 민요처럼 쉽다고 생각한다. 그림도 마찬가지다. 현대 회화는 어렵고 옛날 그림은 누구나 쉽게 이해할 수 있다고 생각한다. 그러나 사실이 아니다. 시는 서로의 뜻을 전달하기 위해 사용하는 일상적인 언어와는 그 차원이 다른 것이다. 그래서 그것을 이해하지 못하거나 인정하지 않을 때 어려움이 생겨난다. 쉽다고 생각한 시가 어렵게 보이고, 난해하다는 전위적인 시가 오히려 더 쉽게 여겨질 수도 있다. 어려운 시, 쉬운 시가 따로 있는 것이 아니다. 실제로 가장 쉽다고 생각하는 소월의 시, 그중에서도 제일 짧고 동요처럼 불리는 「엄마야 누나야」[1]를 읽어보기로 하자. 후렴을 빼면 불과 14단어밖에 되지 않는다. 가장 짧은 시로 이름난 일본의 하이쿠와도 견줄 만하다.

'엄마야 누나야': 젠더 공간

우선 그 첫머리의 "엄마야 누나야"를 보고, "이게 어려우냐? 이 시의 의미를 아느냐" 이렇게 물으면 "아니, 이런 걸 몰라요? 시가 별겁니까? 초딩도 다 아는걸." 얼굴에 냉소적인 웃음을 띠거나 혹은 화난 표정을 짓는 사람도 있을 것이다. 그러나 정말 아는가? 초딩들도 다 아는가?

한마디만 더 물어보겠다. "아빠 형님은 어디로 갔지?" 비웃던 사람, 화났던 사람은 금시 놀란 표정을 하고 입을 다물 것이다. "그렇구나! 왜 '엄마야 누나야'라고만 했지? 그리고 누나라고 한 것을 보면 화자는 남자 아이가 분명한데……." 뻔한 것 같은 이 시의 첫 줄부터 의문이 생겨날 것이다.

"대답해봐요. 왜 하필 같은 식구인데 엄마와 누나만 찾는 거냐고?" 조금 어려운 말로 그것은 남녀를 구별하는 젠더(gender)[2] 공간을 안에 숨기고 있기 때문에 얼핏 눈치채지 못한 것이다. 그렇기 때문에 그것은 동시에 엄마 누나와 반대되는 아빠 형님의 남성 공간을 암시하는 말이다.

'엄마야 누나야'의 그 여성 공간은 겉으로 드러난 텍스트요, 아빠와 형은 뒤에 숨어 있는 텍스트이다. 시를 모르는 사람들은 겉의 말만 읽고 그것과 대립된 숨은 공간을 보지 못한다. 만약 그 관계를 뒤집어 '아빠야 형아야'라고 했다면 전체 시의 뜻과 이미지가 무너지고 말 것이다.

실제로 그렇게 바꾸어놓으면 의미와 이미지만이 아니다. 시 전체의 구조와 느낌은 물론이고 소리의 층위에서도 전연 다른 것이 되어버린다. '엄마'와 '누나'의 부드러운 m, n의 유음(流音,

liquid)³ 은 아빠, 형의 p, h의 격음으로 변하여 시의 음악적 효과가 달라지고 만다. 이렇게 읽어가면 그렇게도 쉬워 보이던 이 한 줄의 시 속에 얼마나 많은 시적 공간이 숨어 있는지 곧 깨닫게 될 것이다.

    그렇다. 그 충격이야말로 시가 시작되는 지점이다. 마치 숨은그림찾기처럼 처음에 보았던 평범한 그림 속에 수많은 형상들이 곳곳에 숨어 있는 것을 보고 놀라움과 신기함을 느꼈던 것과 다름이 없을 것이다.

호격 '야': 부재하는 공간

'엄마야 누나야'는 단지 여성 공간에서 그치는 것이 아니다. 동시에 부재하는 공간이기도 하다. 왜냐? '엄마야 누나야'에는 다 같이 '야'의 호격조사가 붙어 있기 때문이다. 우리가 뭘 부른다는 것은 바로 현존하는 공간이 아니라는 것을 암시한다. 눈앞에 함께 있으면 부르겠는가? 그 대상이 자기 앞에 없거나 멀리 있거나 함께 있어도 자기에게 관심을 주지 않을 때 부른다. 그러고 보면 뒤에 이어지는 강변 역시 엄마, 누나와 똑같은 부름의 공간, 즉 현존하지 않는 부재의 공간이라는 것을 알 수 있다. 뒤에 다시 분석하겠지만 그게 부재하는 공간이 아니라면 '살자'라고 말하겠는가? 현존하는 공간은 아빠와 형님으로 상징되는 비자연적 공간이라는 것을 깨닫게 한다.

엄마야 누나야 ― 김소월

그뿐이겠는가? 숨어 있는 공간을 또 찾아보자. 호격 '야'는 동시에 유아적 공간성을 나타낸다. 어떤 어른이 어머니나 누이를 '엄마야 누나야'라고 부르겠는가? 언뜻 이 시가 동요처럼 느껴지는 것도 바로 이 때문이다. 부르는 대상은 여성 공간, 부르는 주체는 어린아이인 유아 공간, 이 짧막한 시구 속에 성별과 연령의 차이를 나타내는 시적 복합 공간이 구축되어 있다는 이야기다.

소설의 경우처럼 시 속의 화자 역시 작가와 동일한 위치에 있는 것은 아니다. 「엄마야 누나야」의 화자는 어린아이지만 이 시를 쓴 소월은 어린아이가 아니다. 결국 김소월은 어른의 입장이 아니라 아이의 시점, 즉 과거의 시점으로 옮겨가서 강변을 노래한 것이다. 그러고 보면 화자마저도 현존 - 부재의 구조적 관련을 지닌다. 실질적인 화자는 현존하는 김소월이며 작품 속의 화자는 유년시절의 자신이거나 혹은 가상적인 어린아이다. 엄마, 누나, 강변이 '부재의 공간'이듯이 아이의 시점 또한 부재하는 공간 속에 있다.

여기서 끝나지 않는다. 특히 교착어인 한국말의 특성 가운데 하나인 호격조사 '야'는 단순히 부름을 나타내는 것만이 아니라 정감을 나타내는 감탄사의 역할도 한다. 부재하는 엄마, 누나를 찾는 아이의 목소리는 '야' 자가 붙어 있기 때문에 애절하게 들릴 수밖에 없다. 이 시에는 어느 구석에도 슬픔을 자아내는 시구가 없다. 그런데도 이 시를 읽고 있으면 자기도 모르게 마음이 찡

해지는 감상적 분위기에 젖는다. 그 증거로 이 시를 작곡한 노래를 들어보라. 애조를 띠고 있다. 동요를 부르는 것과는 다른 어른의 정서가 배어 있다. 당연히 동요라고 해야 할 노래인데 어른들이 부르는 가곡으로 생각되어온 것도 그런 이유에서다. 그러면서도 그 애수 속에 우리는 역설적으로 생기발랄한 생명감을 발견한다.

시험적으로 무생물인 바위를 불러보라. '바위야'라고 말하는 순간, 바위는 갑자기 살아 있는 몸짓으로 나에게 다가올 것이다. 문명 이전의 사람들이나 혹은 어린아이들이 주변의 모든 것들을 그렇게 부른다. "바위야, 해야"라고 부르면 로만 야콥슨(Roman Jakobson)도 지적하고 있듯이[4] 그 장소는 생물 무생물의 벽이 무너지고 주술적 생명 공간으로 변하게 된다.

그래서 '엄마야 누나야'의 부름 소리의 메아리는 바로 생명을 향한 부름 소리이고 동시에 그 메아리의 여운은 강변이라고 하는 자연 공간을 애니미즘적 생명 공간으로 채운다. 엄마와 누나에게는 생명을 잉태할 수 있는 자궁이 있다. 마찬가지로 자연 공간 역시 생명을 잉태하고 키우는 초록색 공간, 끝없이 지속하고 흐르는 생명 공간을 지니고 있다.

그것이 '야'라고 부르는 호격조사에 응답하는 '살자'라는 청유형 동사다. 이렇게 우리는 많은 공간을 거쳐 '강변 살자'의 시구에 이르게 된다. 그래서 강변은 '자연 공간,' 살자는 '생명 공간'으로, 또 하나 다른 숨은그림찾기의 탐색이 계속된다.

'강변 살자': 생명 공간

'야'의 이 호격조사는 뒤에 이어지는 강변과 연관해서 생각해보면 더욱더 그 부름 소리가 절실해진다. 강변에 살자고 했으니 강변의 반대말은 무언가? '살자'의 반대말은 무언가? 뻔하지 않은가. 그것은 바로 비생명적 공간, 아버지와 형님이 이를 악물고 경쟁하고 투쟁하는 비정의 공간—그것이 공장이든 전쟁터든 산업적인 도시 문명의 회색 공간일 것이다. 살고 싶은 욕망의 목소리 속에 어째서 생명을 향한 감탄사, 자연을 그리워하는 정감이 배어 있지 않을 수 있겠는가?

현존(presence)/부재(absence)의 이 모든 관계를 가장 강력하게 뒷받침해주고 있는 것이 '강변 살자'라고 할 때의 바로 그 서술어의 시제(時制)이다. 두말할 것 없이 '살자'라는 말은 의지를 나타내는 미래형이다. 그렇기 때문에 '강변에 살자'라는 실제적 의미는 현재 그가 강변에 살지 않고 있다는 반대 진술이며 동시에 그러한 바람[願望]조차도 어른이 된 지금이 아니라 먼 옛날의 천진난만하던 어렸을 때의 마음이다.

'살자'라는 한국말처럼 삶에 대한 강렬한 욕망과 치열한 의지를 나타내는 말도 드물 것이다. 구애를 할 때 한국 사람은 '아이 러브 유'라고 하지 않고 '살자'라고 말한다. 그리고 한국인에게 있어서 어떻게 사느냐 하는 삶의 문제는 바로 어디에서 사느냐의 삶의 장소와 밀접한 관계를 맺는다.

"청산에 살어리랏다"의 고려가요와 "서울에서 살렵니다"의 오늘의 대중가요에는 천년 이상의 시차가 있지만 삶의 욕망을 공간으로 표현하는 그 방식에는 아무런 차이가 없다. 더구나 '강변에 살자'가 아니라 처격조사 '에'를 뺀 '강변 살자'라고 되어 있어 이 시구에서는 강변 자체가 바로 삶 자체의 목적으로 나타난다. 하이데거(Martin Heidegger)도 인간은 반드시 집에 던져진다고 말한다.[5] 그는 살다와 존재하다를 똑같이 보았다. 그런데도 이 시의 유일한 서술어인 '살자'는 과거도 현재도 아닌 미래로 되어 있어서 그 행위 역시 '욕망의 기호'로서 존재하고 있는 것이다.

정리해보자. 결국 '엄마야 누나야 강변 살자'라는 시구의 뜻과 소리는 텍스트에 직접 쓰여 있지 않은 '아빠와 형'의 남성 공간, 그리고 도시 문명공간과의 차이화에 의해서 비로소 전경화(前景化)[6]한다. 엄마는 아빠를, 누나는 형을, 그리고 강변은 도시를 대립항으로 하여 의미의 차이를 만들어낸다. 종국에는 화자인 '아이'마저도 '어른'과의 대립소에 의해서 구조화한다.

우리의 일상적 현실이 아톰이라는 물질에 의해서 구축된 것이라면 시는 이렇게 언어로 쌓아올린 건축 공간인 것이다. 언어 하나하나를 벽돌처럼 쌓는다. 만들어지는 형태에 의해서 벽돌

엄마야 누나야 — 김소월

하나하나의 빛깔과 무게와 의미가 달라진다.

"엄마야 누나야 강변 살자"는 남녀의 '젠더' 공간, 어린이의 '연령' 공간, '부름'의 정서 공간 그리고 강변의 '자연' 공간과 '살자'의 생명 공간, 이 여러 개의 공간 기호들이 함께 자아내는 상상과 욕망의 공간을 구축한다. 그것이 소월이 언어로 세운 강변의 집이고 시의 집이다. 이 같은 숨은 공간 찾기로 우리는 김소월의 시가 "병아리떼 종종종 봄나들이 갑니다"의 그 동요와 어떻게 구별되는가를 분명히 차별화할 수 있다.

'강변 살자': 부재하는 욕망의 기호

욕망은 결핍과 부재에서 나온다. "엄마야 누나야 강변 살자"라는 말은 곧 화자가 현재 강변에 살고 있지 않을수록 더욱 강렬한 의미를 생성할 것이다. 말하자면 현재 살고 있는 공간은 '강변'의 자연 공간과는 정반대인 문명 공간일 것이며, 동시에 그것은 '엄마, 누나'의 '여성 공간'과 대립되는 '아빠, 형님'의 세계, 나를 감싸주는 부드러운 세계가 아니라 끝없이 경쟁하고 도전하고 싸워가는 근육질의 세계로 끌어들이는 그 '남성 공간'일 것이다. 그리고 시적 공간 속에서 강변에 살자고 외치는 주체 역시 현실 공간에서는 그러한 외침마저도 상실한 어른들로 바뀌게 된다.

그래서 '살자'라는 말은 미래를 나타내는 바람이지만 동시에 그 주체의 시점을 이루고 있는 아이는 시인의 체험을 나타내는 과거의 시간 속에 존재한다. 거기에서 어른이 어린 시절의 과거 시점을 통해서 미래를 내다보는 역설적인 시간 구조[7]가 생겨난다. "오늘도 어제도 아니닛고/먼 훗날 그때에 니젓노라"의 경우처럼 김소월의 시에서 곧잘 목격할 수 있는 시간의 도착 현상이다. 강변이 현재 살고 있는 현존 공간이 아니듯이 화자로서의 어린이 또한 현실의 주체자가 아니다. 그러고 보면 엄마와 누나, 그리고 강변은 말할 것도 없고 '살자'라고 말하는 욕망의 주체마저도 현실적으로는 부재하는 공간에 속한다.

그래서 윤선도의 「어부사시사(漁父四時詞)」와 김소월의 「엄마야 누나야」의 강변은 물질적 층위에서 보면 조금도 다를 것이 없지만 '시적 기호(記號)의 세계'에서는 매우 대조적이라는 점을 발견할 수 있다. 윤선도의 「어부사시사」는 현존하는 강변이며 현재 자신이 삶을 누리고 있는 현장으로서의 강호이다. 거기에는 오로지 긍정적인 자연 예찬밖에는 없다. 하지만 김소월의 강변은 다르다. 이미 밝힌 대로 그것은 현재가 아니라 미래의 원망형 속에 나타나 있는 것으로 결핍과 부재하는 공간으로서의 강변이며 이미 상실했던 자연인 것이다.

'강변 살자': 병렬법으로 구축된 강변 공간

자, 숨어 있는 공간 사냥을 계속하자. 소월은 살고 싶은 '강변'이 어떠한 공간인가를 보여주기 위해 2행 대구의 기막힌 병렬법

(parallelism)을 사용했다. 일상적 현실 공간에서 시적 상상 공간으로 여행하기 위해서는 패스포트와 비자가 필요하다. 그게 다름 아닌 시의 본질이라고 밝힌 야콥슨의 병렬법 이론[8]이다.

뜰에는 반짝이는 금(金)모래 빛,
뒷문(門) 밖에는 갈잎의 노래 (2, 3행)

"뜰에는 ……"으로 시작되는 시행과 "뒷문 밖에는……"으로 유도되고 있는 이 시행은 어휘와 그 문장 형태에 있어서 완벽에 가까운 병렬성을 보이고 있다. '뜰'은 전방성(前方性)과 수평성(水平性)을 나타내고 있는 데 비해서 뒷문은 후방성(後方性)과 수직성(垂直性)을 보여준다. 왜냐하면 뜰은 모래의 묘사를 통해서 흘러가는 강물을 암시해주고 뒷문 밖의 갈잎은 숲이나 산을 나타내주고 있기 때문이다. 뜰 앞에는 강물이 흐르고 뒷문 밖에는 산이 솟아 있다. '앞과 뒤', '수평적인 것'과 '수직적인 것'이 극명하게 대립되면서 '뜰'은 열려 있는 트인 공간을, 뒷'문' 밖은 닫혀 있는 막힌 공간으로 구성된다.

전방성	—	뜰	—	모래	—	강물	—	수평	—	열려 있는 공간
후방성	—	뒷문	—	갈잎	—	숲, 산	—	수직	—	닫혀 있는 공간

이러한 관계항을 더욱 확장하고 첨예하게 드러내 보이는 것이 '금모래 빛'과 '갈잎의 노래'이다. '반짝이는'의 의태어에서도 드러나 있듯이 뜰 앞의 모래는 시각적인 세계에 속한다. 그래서 모래는 금모래가 되고 빛이 된다. 또한 모래의 그 물질적 이미지의 뒤에는 태양이 있다는 것을 느끼게 한다. 그것이 '반짝이는 금모래 빛'이다.

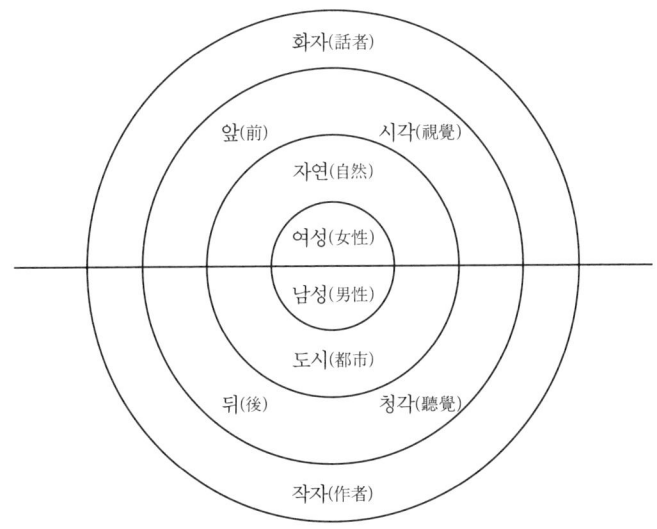

陽의 텍스트:엄마, 누나의 여성 공간, 부재, 생명, 자연 공간

陰의 텍스트:아빠, 형님의 남성 공간, 현존, 비생명, 도시 문명

엄마야 누나야 — 김소월

그러나 뒷문 밖 산을 덮고 있는 것은 모래와 대조를 이루고 있는 이파리들이다. 모래가 점의 집합이라고 한다면 갈잎들'은 면의 집합체이다. 모래가 광물적인 무기물이라면 갈잎은 생명이 있는 유기물이다. 모래에서 태양빛을 느꼈던 사람들은 이제 "갈잎의 노래"에 이르러서는 숨어 있던 바람 소리를 듣게 된다. 그래서 '반짝이는'의 의태어와 짝을 이루고 있는 '살랑거리는' 갈잎의 잠재된 의성어까지 떠올리게 된다. '금모래 빛'의 색채와 '갈잎의 노래'의 음향은 시각과 청각의 대구를 이루면서 동시에 앞과 뒤의 공간의 방향성까지 선명한 대비를 일으킨다.

물질─금모래(광물질):갈잎(유기질)
감각─시각(반짝이는):청각(살랑거리는) 노래
형태─점(粒子):면(잎)
색채─황금빛:초록색
방향─앞(전방):뒤(후방)/닫힌 공간:열린 공간

앞뜰 모래밭에는 햇빛이 비치는 하늘의 공간이 펼쳐지고 뒷산에는 나뭇잎이 서걱이는 청각 언어의 공간이 펼쳐진다. 전방 공간인 앞뜰에 빛이, 뒷문 밖에는 나뭇잎 바람이 하늘과 땅의 그 비운 공간을 채우고 있다. 이렇게 앞과 뒤, 개방과 폐쇄, 무기물(모래)과 유기물(이파리), 수평성과 수직성(강과 산) 그리고 시각과 청각……. 한 단어 한 구절이 독립적인 어떤 실체로 구성되어 있는 것이 아니라 상호 연관성을 지닌 관계를 통해서 시적 기호를 만들어낸다. 그러한 이항 대립의 경계선 그리고 그것을 통합하는 양면성 위에 세워져 있는 것이 강변에 살고자 하는 집이다.

시인 소월에게 있어서 시란 하나의 상상적 언어 공간에 집을 짓는 일이라 할 수 있으며「엄마야 누나야」는 일종의 '집터 고르기'이며 그가 지으려고 하는 집을 그림으로 그려놓으면 우리가 흔히 보아온 한국의 옛 산수화(山水畵)가 된다. 그렇다. 그것이 바로 한국인이 수천년 살아온 배산임수(背山臨水)의 집터이다. 산의 부동성과 강물의 유동성이 서로 조화를 이루고 있는 저 한국의 산수화의 공간, 청산을 등지고 앞으로 강물을 끌어안고 있는 초가삼간, 몇천 년 동안 한국인의 마음에 깊숙이 각인되어온 배산임수의 원풍경인 것이다. 그것은 분명 엄마와 누나라는 말로 상징되는 존재의 그 시원적인 모태 공간과 다를 게 없다.

옛날의 산수화와 무엇이 다른가

그렇기 때문에 김소월의 강변은 옛날의 그 산수화의 공간이면서도 그것과는 다른, 또 다른 느낌을 준다. 시각의 회화적 공간과 언어의 시적 공간이 서로 다른 데서 오는 차이다. 그것은 그 강변이 현존하고 있는 것과 부재하고 있는 것 사이에서 펼쳐지고 있기 때문이다.

앞에서 이야기한 대로 김소월은 지금 그 강변 속에 있는 것이 아니라 강변 이외의 곳에 있다. 김소월은 아이가 아니라 어른으로서 살고 있다. 그러한 숨겨진 텍스트를 직설적으로 표현하자면 어른이 된 김소월은 현존하는 도시 공간에 살면서 그 어린 시절의 자연 공간, 상실한 공간을 그리고 있다. '그리다'라는 말과 '그리워하다'라는 말이 같은 뿌리에서 나온 말이라는 것을 깨닫게 되지 않는가?

그것은 그냥 아름다운 산수화가 아니라 뜰 앞의 반짝이는 모래밭은 아파트의 콘크리트 뜰과 만나고 뒷문 밖의 갈잎의 노래는 자동차 경적 소리와 오버랩되어 있는 산수화인 셈이다. 현실과 부재, 도시와 자연 그리고 남성의 원리와 여성 원리 그 모든 대립의 관계항 속에서 아슬아슬한 경계선을 이루고 있는 그 문지방 위에 바로 김소월의 언어가 존재한다.

실제로 김소월은 「나의 집」에서

들가에 떨어져 나가 앉은 뫼기슭의
넓은 바다의 물가 뒤에
나는 지으리 나의 집을

이라고 읊은 적이 있다. 외딴 산기슭의 폐쇄된 공간에 숨으려 하고 있으면서도 넓은 바다의 물가라고 하여 개방된 넓은 공간과 또한 '다시금 큰 길을 앞에다 두고……'라고 모순적인 말을 하고 있다. 사람들로부터 격리되면서도 한편으로는 큰길을 앞에다 두려는 것은 고립과 결합, 폐쇄와 개방의 경계선에 그의 집이 위치해 있음을 뜻한다.

액체와 고체의 경계 물질로서의 모래

그리고 그것은 모든 경계를 나타내는 중간 공간으로서 강변에 있는 모래라는 물질마저도 고체와 액체의 경계선에 위치한다. 모래는 한 알 한 알이 고체이면서도 그 전체는 물처럼 흐르는 유체적 성질을 갖고 있다. 모래는 손으로 쥐면 흙과는 달리 물처럼 흘러 빠져 나간다. 그것은 본질적으로 흐르는 광물질이다. 모래가 고체이면서도 액체의 세계를 보여주듯이 김소월은 우리에게 어머니와 누나의 모태 공간인 산수화를 보여주면서도 동시에 아버지와 형님의 남성 공간 – 빼앗고 피 흘리는 경쟁의 공간을 보여준다. 거기에는 금모래 빛이 아니라 네온사인의 빛이 있고 갈잎의 노래가 도시의 시끄러운 소음으로 변한 문명 공간이 있음을 느끼게 한다.

   소월의 시적 의미는 바로 우리가 살고 있는, 현존하는 아버지 형님들의 문명적인 공간과 엄마와 누나의 부재하는 공간의 그 틈 사이에서 생성된다. 강과 산야의 경계선인 바로 그 강변이 김소월의 시적 주거지이다. 그의 언어는 어떤 물질의 실체를 지시하지 않는다. 그의 언어가 지시하고 있는 것은 단독으로서 존재하는 자연이라기보다 다른 어떤 것과 얽혀 있는 이항관계 속에서 의미를 갖게 된다.

김소월의 「엄마야 누나야」의 시적 언술은 '강변에 살자'라는 여성 공간의 희망적 메시지 속에 '강변에서는 도저히 살 수 없는' 남성 공간의 절망적 언어가 깔려 있다. 자연 속에서 살려고 하면서도 끝없이 자연에서 멀어져가고 있는 문명 속의 인간 – 음과 양처럼 양면성을 지닌 인간의 현 존재가 강변이라는 경계 영역 위에 통합적으로 드러나 있는 것이다.

강변에 살자고 호소하면 호소할수록 '강변에 살 수 없는' 반대의 현실 고백을 듣는 것 같다. 그리고 강변의 아름다운 묘사가 짙을수록 우리의 마음속에 떠오르고 있는 것은 우리가 상실한 산수화이며 공해에 찌든 살벌한 도시의 풍경이다. 그래서 시 「엄마야 누나야」는 티 없이 맑고 순수한 노래처럼 들리면서도 다른 목가와는 달리 슬픔을 지닌 여운으로 울려온다.

첫머리에서 나는 물었다. 시가 어려우냐고. 김소월의 시를 통해서 그 해답을 주려 한 것이다. 누구나 쉽게 읽어온 시지만 막상 따져보면 이 시를 알고 있는 사람은 극히 드물다는 것이 드러나게 되었을 것이다. 그냥 해독하는 데도 결코 쉬운 시가 아니다. 우선 금모래라는 것이 무엇이며 갈잎이라 했는데 그 정확한 뜻은 무엇인가? 사전을 뒤져보면 알듯이 만만치 않다. 갈잎의 사전적 정의를 보면 ①가랑잎의 준말, ②떡갈잎, 갈댓잎으로 되어 있다. "송충이가 갈잎을 먹으면"이라는 속담처럼 활엽수로 풀이하는 경우와 갈댓잎의 준말로 보는 경우는 그 시적 이미지에 큰 차이를 갖게 된다. 더구나 숨어 있는 시적 공간을 찾아보면 다음과 같다.

남/녀의 젠더 공간	아빠, 형/엄마, 누나
어른/아이의 연령 공간	작자/화자
현존(現存) 공간/부재(不在) 공간	호격 '야'
자연 공간/비자연 공간(도시)	살자/살고 있다
전방 공간/후방 공간	(앞)뜰/뒷문
시각 공간/청각 공간	반짝이는 금모래 빛/바람소리
열린 공간/닫힌 공간	펼쳐진 강변/막힌 산
수평 공간/수직 공간	강변/뒷산
무기 공간/유기 공간	금모래/갈잎
생명 공간/비생명 공간	살자/죽자

이렇게 수많은 언어의 공간이 있다. 짧은 시 속에 수많은 언어들이 김소월의 물과 바람으로 이루어진 시의 집을 짓고 있다.

1부

02 진달래꽃 ― 김소월
'사랑'은 언제나 '지금'

03 춘설(春雪) ― 정지용
봄의 詩는 꽃 속에 있는 것이 아니다

04 광야 ― 이육사
천지의 여백으로 남아 있는 '비결정적' 공간

05 남으로 창을 내겠소 ― 김상용
오직 침묵으로 웃음으로

06 모란이 피기까지는 ― 김영랑
봄과 여름 사이에서 피어나는 경계의 꽃

07 깃발 ― 유치환
더 높은 곳을 향한 안타까운 몽상

02 진달래꽃 — 김소월
'사랑'은 언제나 '지금'

진달래꽃

김소월

나 보기가 역겨워
가실 때에는
말없이 고이 보내드리우리다

영변(寧邊)에 약산(藥山)
진달래꽃
아름 따다 가실 길에 뿌리우리다

가시는 걸음걸음
놓인 그 꽃을
사뿐히 즈려 밟고 가시옵소서

나 보기가 역겨워
가실 때에는
죽어도 아니 눈물 흘리우리다

진달래꽃 — 김소월　　02

'사랑'은 언제나 '지금'

가장 널리 알려져 있는 시. 그러나 가장 잘못 읽혀져온 시. 그것이 바로 김소월의 「진달래꽃」이다. 거의 모든 사람들은 「진달래꽃」이 이별을 노래한 시라고만 생각해왔으며 심지어는 대학입시 국어 문제에서도 그렇게 써야만 정답이 되었다. 하지만 "나 보기가 역겨워 가실 때에는 말없이 고이 보내드리우리다"라는 그 첫 행 하나만 조심스럽게 읽어봐도 그것이 결코 이별만을 노래한 단순한 시가 아니라는 것을 짐작할 수 있다.

　왜냐하면 "가실 때에는 (……) 드리우리다"와 같은 말에 명백하게 드러나 있듯이 이 시는 미래 추정형으로 쓰여 있기 때문이다. 영문 같았으면 'If'로 시작되는 가정법과 의지미래형으로 서술되었을 문장이다. 이 시 전체의 서술어는 "……드리우리다", "……뿌리오리다", "……옵소서", "……흘리우리다"로 전문에 모두 의지나 바람을 나타내는 미래의 시제로 되어 있다.

　그렇기 때문에 현재 상황에서 지금 임은 자기를 역겨워하지도 않으며 떠난 것도 아니다. 오히려 그들은 지금 이별은커녕 열렬히 사랑을 하고 있는 중임을 알 수가 있다. 그런데도 이 시를 한국 이별가의 전형으로 읽어온 것은 미래 추정형으로 된 「진달래꽃」의 시제를 무시하고 그것을 현재나 과거형으로 진술한 이별가와 동일하게 생각해왔기 때문이다.

고려 때의 가요 「가시리」에서 시작하여 "십 리도 못 가서 발병난다"라는 「아리랑」의 민요에 이르기까지 이별을 노래한 한국 시들은 백이면 백, 이별의 그 정황을 과거형이나 현재형으로 진술해왔다. 오직 김소월의 「진달래꽃」만이 이별의 시제가 미래 추정형으로 되어 있고, 시 전체가 '만약'이라는 가정을 전제로 해서 전개되고 있는 것이다.

「진달래꽃」의 시적 의미를 결정짓는 것. 그리고 그것을 다른 시들과 차별화할 수 있는 가장 기본적인 요소는 바로 이 같은 시의 시제에 있는 것이라고 할 수 있다. 가령 미래 추정형의 시제를 실제 일어났던 과거형으로 바꿔서 "나 보기가 역겨워 가신 그대를 말없이 고이 보내드렸었지요"로 고쳐보면 어떻게 될 것인가.[1] 그것은 이미 소월의 진달래꽃과는 전혀 다른 시가 되고 말 것이다.

그렇기 때문에 「진달래꽃」을 이별의 노래라고 생각한다는 것은 "만약에 백만 원이 생긴다면은……"이라는 옛 가요를 듣고 그것이 백만장자의 노래라고 말하는 것과 똑같은 시 음치에 속하는 일이다. 그 같은 오독이 「진달래꽃」을 읽는 재미와 시의 그 창조적인 의미를 얼마나 무참히 파괴해버렸는가는 췌언할 필요가 없다. 그러한 오독으로 인해서 "고이 보내드리우리다"나 "죽어도 아니 눈물 흘리우리다"와 같은 시의 역설이 한국 여인의 부덕으로 풀이되기도 하고 급기야는 이 시를 『명심보감』이나 양반집 『내훈』의 대역에 오르도록 했다.

자기를 역겹다고 버린 임을 원망은커녕 꽃까지 뿌려주겠다는 인심 좋은 한국 여인의 관용이[2], 그리고 눈물조차 흘리지 않겠다는 극기[3]의 그 여인상이 「진달래꽃」의 메시지였다면 그 시는 물론이고 「진달래꽃」의 이미지조차도 우스워진다. 그렇다. 그런 메시지에 어울리는 꽃이라면 그것은 저 유교적 이념의 등록상표인 '국화'요 '매화'일 것이다.

'진달래꽃'은 결코 점잖은 꽃, 자기 억제의 꽃이라고는 할 수 없다. 그것은 울타리 안에서 길들여진 가축화한 완상용 꽃이 아니다. 오히려 겨우 내내 야산의 어느 바위틈이나 벼랑가에 숨어 있다가 봄과 함께 분출한 춘정을 주체할 바 모르는 야속(野俗)의 꽃인 것이다. 더구나 영변 약산에 피는 진달래꽃은 그 색깔이 짙기로 이름나 있다. 온 산 전체를 온통 불태우는 꽃으로, 신윤복의 그림 〈연소답청(年少踏靑)〉에서 보듯 남자들과 나귀 타고 산행을 하는 기녀들의 머리에 꽂았을 때 가장 잘 어울리는 꽃인 것이다.

그런 진달래가 이별의 슬픔을 억제하고 너그러운 부덕을 상징하는 자리에 등장하는 꽃이라니 말도 안 되는 소리이다. 유교

진달래꽃 — 김소월

사회에 있어 진달래꽃은 그 흔한 화조병풍이나 화투장에서마저도 멀찌감치 물러나 앉은 반문화적 꽃이라는 것을 기억해주기 바란다.

그렇기 때문에 우리는 어째서「진달래꽃」이 어둡고 청승맞은 4·4조의 우수율이 아니라 밝고 경쾌하며 조금은 까불까불한 느낌조차 주는 7·5조의 기수율로 되어 있는가를 깨닫게 된다.

그것은 이별가의 침통한 가락이 아니다. 약간은 수줍게 그러면서도 철 없이 불타오르는 '진달래꽃' 같은 사랑의 언어들, 때로는 장난기마저 깃든 천진난만한 〈소녀의 기도〉 소리의 율동을 들을 수가 있다. 또는 애들이 어리광 부리듯이 사랑하는 임에게 어리광 부리는 역설[4]의 소리로 들린다.

한마디로 말해서 밤의 어둠을 바탕으로 삼지 않고서는 별빛의 영롱함을 그려낼 수 없듯이 이별의 슬픔을 바탕으로 하지 않고서는 사랑의 기쁨을 가시화할 수 없는 역설로 빚어진 것이 바로 소월의「진달래꽃」인 것이다. 여기서도 이별의 가정을 통해 현재의 사랑하는 마음을 나타낸 것이다. 이별을 이별로써 노래하거나 사랑을 사랑으로 노래하는 평면적 의미와 달리 소월은 사랑의 시점에서 이별을 노래하는 겹시각을 통해서 언어의 복합적 공간을 만들어내고 있는 것이다.

사랑의 기쁨과 이별의 슬픔이라는 대립된 정서, 대립된 시간 그리고 대립된 상황을 이른바 '반대의 일치(coincidentia oppositorum)'라는 역설의 시학으로 함께 묶어놓는다. 그래서 사랑을 반기고 맞이하는 꽃이 여기에서는 반대로 이별의 객관적 상관물이 되고, 향기를 맡고 머리에 꽂는 꽃의 상부적 이미지가 돌이나 흙과 같이 바닥에 깔리거나 발에 밟히는 하부적 이미지로 바뀐다.

그러한 꽃의 이미지 때문에 가벼움을 나타내는 '사뿐히'와 무거움을 나타내는 '밟다'라는 서로 모순하는 어휘가 하나로 결합하여 "사뿐히 즈려밟고"의 당착어법이 되기도 한다.[5]

소월이 아니었더라면 우리는 산에 핀 진달래 혹은 여인의 머리나 나무꾼의 지게에 꽂힌 진달래의 그 아름다움밖에는 모를 뻔했다. 그러나 반대의 것을 서로 결합시키는 소월의 시적 상상력을 통해서 우리는 비로소 바위틈에서 피어나는 진달래만이 아니라 슬픈 발걸음 하나하나에서 밟히우면서 동시에 희열로 피어나는 또 다른 가상공간의 진달래꽃의 아름다움과 만난다.

그것이 바로 이별의 슬픔을 통해서 사랑의 기쁨을 가시화하는 역설 또는 아이러니라는 시적 장치이다. 그렇게 해서 얻어진 시의 복합적 의미는 반드시 한 항목만을 골라 동그라미를 쳐야 하는 사지선다의 객관식 답안지로는 영원히 도달될 수 없는 세계이다.

"죽어도 아니 눈물 흘리우리다"의 마지막 구절을 눈여겨보면 산문과는 달리 복합적 구조를 가진 시적 아이러니가 무엇인지를 알게 될 것이다. 어느 평자도 지적한 적이 있지만 산문적인 의미로 볼 때에는 "죽어도 아니 눈물 흘리우리다"와 "죽어도 눈물 아니 흘리우리다"는 조금도 뜻이 다를 것이 없다.

그러나 부정을 뜻하는 '아니'가 '눈물' 앞에 오느냐, 뒤에 오느냐로 시적 의미는 전혀 달라진다. 아니가 뒤에 올 때에는 단순히 평서문으로서 그냥 눈물을 흘리지 않겠다는 진술 이상의 의미를 갖지 않는다. 하지만 아니가 눈물 앞에 올 때에는 그 부정의 의미가 훨씬 강력해진다. '아니'라는 말이 의도적으로 강조되고 있기 때문이다. 눈물을 참을 수 없을 것이라는 생각이 들면 들수록 눈물을 흘리지 않겠다는 다짐은 더욱 강해질 수밖에 없다. 그러므로 강력한 부정일수록 긍정으로 들리는 시의 역설이 생겨나게 된다.

김소월의 「진달래꽃」은 한 세기 가까이 긴 세월을 두고 오독되어온 셈이다. 그러나 그것은 단순한 이별의 노래가 아니다. 역겨움과 떠남이 미래 추정형으로 서술되고 있는 한 '사랑'은 언제나 '지금'인 것이다.

사랑을 현재형으로, 이별을 미래형으로 이야기하고 있는 소월의 특이한 시적 시제 속에서는 언제나 이별은 그 반대편에 있는 사랑의 기쁨과 열정을 가리키는 손가락의 구실을 한다. 그러한 모순과 역설의 이중적 정서를 가시화하면 봄마다 약산 전체를 불타오르게 하는, 그러면서도 바위틈 사이에서 하나하나 외롭게 피어나는 진달래꽃잎이 될 것이다.

　김소월의 시 「진달래꽃」이 유행가로 떨어지지 않고 시로서 남아 있을 수 있던 그 힘은 바로 역설(paradox)로 이루어진 아이러니 구조라는 데 있다. 이는 미국의 신비평가 클리언스 브룩스(Cleanth Brooks)가 영국의 시인 워즈워스(William Wordsworth)의 시를 "역설적 상황이 그의 시의 본질"이라고 논평한 경우와 유사하다. 브룩스는 "워즈워스의 시 언어가 단순하고 직접적이고 궤변적인 것을 싫어하는 성향"임을 지적하면서, 워즈워스의 소네트 「웨스트민스터 다리 위에서(*Upon Westminster Bridge*)」가 어디서 그 힘을 얻느냐고 반문한다. 그리고 브룩스는 이 시가 그 발생 근원지인 '역설적 상황'에서 힘을 얻고 있는 것 같다고 말한다. 이 시에서 화자는 경외감에 찬 놀라움을 표현하는 데 성공한다. 이 도시가 도대체 "아침의 아름다움을 옷 입을" 수 있다는 것을 시인은 이상하게 여긴다. 스노우든, 스키도, 몽블랑 이런 산들은 타고난 자연의 원리로 아름다울 수 있지만 때가 끼고 열에 들뜬 런던은 정말 그렇지 않다. 다음과 같은 거의 충격을 받은 듯한 절규의 이유는 바로 여기에 있다. "태양은 이보다 더 아름답게/그 첫 광채로 계곡, 바위, 또는 동산을 잠근 적 없다." 매연 없는 대기가 있는 줄 알지 못했던 도시를 드러내주고 있다는 것이다. 이제 비로소 인간이 만든 런던도 자연의 일부이며, 자연의 햇빛을 받으며, 그 햇빛을 받고 자연처럼 아름다운 효과를 발휘하고 있다.

"템스 강은 그 고운 마음 내키는 대로 유유히 흐르고……." 강은 자연 자체의 유연성, 자연 자체의 곡선을 지니고 있으니까 우리가 상상할 수 있는 것 중에서 가장 '자연스러운' 것이다. 예전에는 이 강이 정말 강이라고 생각되지 않았었는데, 지금 짐배들이 떠 있지 않은 템스 강은 전연 딱딱하고 기계적인 틀에 박히지 않은 자연스러운 자기 모습을 드러내고 있는 것이다. 즉 강은 수선화처럼 산의 시냇물처럼 꾸밈이 없고 종잡을 수 없고, 또한 자연스럽다.

이 시는 다음과 같이 끝난다. "아아, 집들마저 잠든 것 같구나/그리고 저 힘찬 심장이 조용히 누워 있구나!" 아침에 대한 시인의 통찰 속에서 도시는 단순히 기계적인 것이 아니라 유기적인 것으로 여겨질 권리를 얻게 된 것이다. 잠든 집들이라는 김빠진 은유가 이상하게도 참신하게 된 이유는 바로 여기에 있다. 그 집들에 대해서 시인이 말할 수 있는 가장 신나는 말은 그 집들이 잠자고 있다는 것이다. 전에는 그 집들을 죽은 것으로 여기는 습관이 있었다. 집들이 "잠자고 있다"고 말하는 것은 그것들이 살아 있다는 것이며, 자연의 삶에 동참하고 있다고 말하는 것과 같다. 또한 큰 도시를 고동치는 제국의 심장으로 보는 그 김빠진 낡은 은유도 다시 생기를 찾았다. 시인이 이 도시를 죽음과 유사한 것으로 볼 때에만 그것을 실제로는 살아 있는 것으로 볼 수 있다.

잠들어 있는 도시를 찬미함으로써 오히려 살아 있는 자연의 유기체적 생명이 넘쳐 있는 것으로 만든 그 역설이 다름 아닌 바로 시인의 언어의 본질에서 생긴다는 사실이다. 역설은 이 시의 밑에 깔렸을 뿐만 아니라 이 시의 구조적 원리가 되고 있다.[6]

진달래꽃 ― 김소월

| 03 | **춘설(春雪) ― 정지용**
봄의 詩는 꽃 속에 있는 것이 아니다

춘설(春雪)

정지용

문 열자 선뜻!
먼 산이 이마에 차라.

우수절(雨水節) 들어
바로 초하로 아츰,

새삼스레 눈이 덮힌 뫼뿌리와
서늘옵고 빛난 이마받이 하다.

어름 금 가고 바람 새로 따르거니
흰 옷고롬 절로 향긔롭어라.

옹숭거리고[1] 살어난 양이
아아 꿈같기에 설어라.

미나리 파릇한 새 순 돋고
옴짓 아니괴던 고기 입이 오믈거리는,

꽃 피기 전 철 아닌 눈에
핫옷 벗고 도로 칩고 싶어라.

03 춘설(春雪) — 정지용

봄의 詩는 꽃 속에 있는 것이 아니다

봄추위를 한자말로는 '춘한(春寒)'이라 하고 순수한 우리 토박이 말로는 '꽃샘'이라고 한다. 손이 안으로 굽어서가 아니다. 시적인 감각으로 볼 때 '춘한'과 '꽃샘'은 분명 한자리에 놓일 수 없는 차이가 있다.

'꽃샘'은 어감도 예쁘지만 꽃피는 봄을 샘내는 겨울의 표정까지 읽을 수가 있어 미소를 자아내게 한다. 계절까지도 이웃 친구처럼 의인화하며 살아왔던 한국인의 유별난 자연 감각이 이 한마디 말 속에 축약되어 있는 것이다.

그러한 꽃샘추위의 한국적 정서를 보다 시적인 세계로 끌어 올린 것이 정지용의 「춘설」[2]이다. 그리고 지용은 그 시에서 "문 열자 선뜻! 먼 산이 이마에 차라"라는 불후의 명구를 남겼다. "시는 놀라움이다."라는 고전적인 그 정의가 이처럼 잘 들어맞는 시구도 드물 것이다.

우리는 반복되는 시간과 공간의 관습 속에서 살아간다. 그래서 굳은살이 박인 일상적 삶의 벽이 무너질 때 비로소 나타나는 것이 그 '놀라움'이며 '시'이다.

「춘설」의 경우에는 그것이 아침에 문을 여는 순간 속에서 출현된다. 밤사이에 생각지도 않은 봄눈이 내린 것이다. 겨울에는 눈, 봄에는 꽃이라는 정해진 틀을 깨뜨리고 봄 속으로 겨울이 역류하는 그 놀라움이 「춘설」의 시적 출발점이다. 그것이 만약 겨울에 내린 눈이었다면 '선뜻'이라는 말에 느낌표가 붙지 않았을 것이다. 그것은 그냥 차가움이 아니다. 당연히 아지랑이나 꽃이 피어날 줄 알았던 그런 철(시간), 그런 자리(공간)에 내린 눈이었기 때문에 그 '선뜻'이란 감각어에는 '놀라움'의 부호가 요구된다.

그리고 그러한 '놀라움'은 손발의 시림 같은 일상의 추위와는 전혀 다른 '이마' 위의 차가움이 된다. "철 아닌 눈"에 덮인 그 산은 눈으로 바라보는 시각(視覺)의 산이 아니라 이마에 와 닿는 촉각적(觸覺的)인 산이며, 이미 멀리 떨어져 있는 산이 아니라 '이마받이'를 하는 "서늘옵고 빛난"[3] 거리가 소멸된 산이다. 그렇게 해서 "먼 산이 이마에 차라"의 그 절묘한 시구가 태어나게 된다.

'이마의 추위'는 단순한 눈 내린 산정(山頂)의 감각적 묘사에서 그치지 않고 '춘설'과 '꽃샘추위'에 새로운 시적 부가가치를 부여한다. "춘설이 분분하니 필동말동하여라"[4]의 옛시조나 "춘래불사춘(春來不似春)"[5] 같은 한시(漢詩)의 상투어들은 봄눈이나 꽃샘추위를 한결같이 봄의 방해자로서만 그려낸다. 그러한 외적인 '손발의 추위'를 내면적인 '이마의 추위'로 만들어낸 이가 시인 지용인 것이다.

그에게 있어서 "꽃 피기 전 철도 아닌 눈"은 어느 꽃보다도 더욱 봄을 봄답게 하고 그 감각과 의미를 새롭게 그리고 진하게 하는 작용을 한다. 그래서 봄눈이 내린 산과 '이마받이'를 한 지용은 "흰 옷고름 절로 향긔롭어라"라고 노래한다.

꽃에서 봄 향기를 맡는 사람은 시인이 아니다. 일상적 관습 속에서 기계적으로 봄을 맞이하는 사람들에 지나지 않는다. 그러나 지용과 같은 시인은 오히려 봄눈과 같은 겨울의 흔적을 통해 겨울옷의 옷고름에서 봄 향기를 감지한다. "새삼스레……"라는 말에 잘 나타나 있듯이 지용에게는 시간을 되감아 그것을 새롭게 할 줄 아는 상상력이 있기 때문이다.

얼음이 금 가고 파릇한 미나리의 새순이 돋고 물 밑에서 꿈쩍도 않던 고기 입이 오물거리는 그 섬세한 봄의 생동감을 느끼기 위해서는 그리고 겨울과 봄의 그 미세한 차이를 알아내기 위해서는 '이마의 추위'(꽃샘추위)가 필요한 것이다. 왜냐하면 활짝 열린 봄의 생명감은 "웅숭거리고 살아온 겨울의 서러운 삶"을 통해서만 서로 감지될 수 있기 때문이다. 그러니까 봄눈이야말로 겨울과 봄을 동시에 바라볼 수 있게 하고, 체험할 수 있게 하고, 끝내는 새로운 시간과 공간의 그 차이화를 보여주는 '놀라움'이 되는 것이다.

봄의 시는 꽃 속에 있는 것이 아니다. 지용의 상상력에 의하면 그것은 봄눈에 덮인 서늘한 뫼뿌리에 혹은 얼음이 녹아 금이 간 그 좁은 틈 사이에 있다.

그래서 지용의 시 「춘설」은 "핫옷 벗고 도로 칩고 싶어라"로 끝난다. 달리는 자동차 속에 있을 때에는 우리가 달리고 있다는 것을 모른다. 갑자기 브레이크를 밟는 순간 우리의 몸은 앞으로 쏠리게 되고 그 충격을 통해 비로소 달리는 속도를 느낀다. 봄눈이 바로 봄의 브레이크와도 같은 작용을 하는 것이다.

그러나 봄눈은 밤낮 내리는 것이 아니잖는가. 그러므로 꽃샘이나 봄눈을 통하지 않고서도 스스로 겨울의 흔적을 만들기 위해서는 두꺼운 솜옷을 벗고 도로 추위를 불러들여야 한다. '새삼스레', '철 아닌', '도로'와 같은 일련의 시어(詩語)들이 환기시켜 주는 것은 시간의 '되감기'이다. 그래서 "핫옷 벗고 다시 칩고 싶다"라고 말하는 지용의 역설 속에서 우리는 스위스의 산골짜기 깊숙이 묻혀 살던 드 퀸시(Thomas de Quincey)[6]의 오두막집을 상상하면서 쓴 보들레르의 인공 낙원에 나오는 글 한 줄을 생각하게 한다.

시인의 방과 그 나날들을 생각하게 된다. 그것은 '문 열기' 이전의 닫혀져 있던 방, 핫옷을 입고 있는 좁은 공간이다. 그리고 그 시간은 "우수절 들어 바로 초하루 아침" 이전, 지용 자신의 표현대로 하면 "옹숭거리며" 사는 겨울 시간이다. 바깥이 추울

수록 그 내부의 공간은 한층 더 아늑하고 따뜻하며 눈보라가 치는 긴 밤일수록 그 시간은 더욱 고요하고 천천히 흐른다.

　　음운적 레벨에서 볼 때에 시인은 '차라'(1연), '향긔롭어라'(4연), '설어라'(5연), '싶어라'(7연)와 같이 형용사에 '-어라' 감탄형 어미를 붙여 종결형에서 각운의 맛을 찾는 새로운 시도를 보여준다. 구문적 레벨에서 볼 때 1연에서 감탄형 형용사 '차라'는 상태나 현상을 묘사하고 있지만 시가 진행되면서 7연에서는 '도로 춥고 싶어라'라고 바람을 나타내는 욕망의 언어로 종결형의 대단원를 보여준다. 그래서 "핫옷 벗고 도로 칩고 싶어라"라는 종결문이 시 전체에서 가장 강력하다. 이런 구문적인 진행의 변화는 어떤 의미 작용을 하는지 의미적 레벨에서 보면, 봄은 따뜻하고 겨울이면 추운 것인데 이 시에서는 양의성(兩義性, ambiguity), 즉 모순을 띠고 있다. 바깥이 추울수록 안이 따뜻하다는 것처럼 겨울에 시인이 혼자 방 안에 묻혀 있던 상황이 깨지는 것이다. 봄의 따뜻함을 겨울의 추위로 느끼고 싶은 것이다. 항상 시는 모순어법을 통해서, 일상적인 것에서 일탈(deviation)함으로써 시적 긴장을 만들어낸다. 긴장이 없는 시는 맹물 같은 시라고 한다. 이렇게 음운적 레벨, 구문적 레벨, 의미적 레벨이 모여 하나의 시적 레벨을 이루면서 시적 긴장을 자아내는 것이 정지용 시의 맛이다.

　　이렇게 외부와 단절된 닫힌 공간과 그 시간 속에서 살고 있는 사람만이 문을 열고 바깥세상과 '이마받이'를 하는 행복한 충격을 얻을 수가 있다. 그리고 "핫옷 벗고 도로 칩고 싶다"는 지금껏 어느 누구도 느끼지도 말하지도 못하던 소원을 품게 된다. 그러한 소망의 원형이 바로 '봄눈'이며 '꽃샘추위'라는 것은 두말할 필요가 없을 것이다. 지용에 의해서 한국 시의 역사상 처음으로 '봄의 훼방꾼'이었던 '봄눈'과 '꽃샘'이 봄을 발견하고 창조하는 시학(詩學)의 주인으로 바뀌게 된 것이다.

04 광야 — 이육사
천지의 여백으로 남아 있는 '비결정적' 공간

광야

이육사

까마득한 날에
하늘이 처음 열리고
어데 닭 우는 소리 들렸으랴

모든 산맥(山脈)들이
바다를 연모(戀慕)해 휘달릴 때도
차마 이곳을 범하던 못하였으리라

끊임없는 광음(光陰)을
부즈런한 계절이 피어선 지고
큰 강(江)물이 비로소 길을 열었다

지금 눈 나리고
매화향기(梅花香氣) 홀로 아득하니
내 여기 가난한 노래의 씨를 뿌려라

다시 천고(千古)의 뒤에
백마(白馬) 타고 오는 초인(超人)이 있어
이 광야(曠野)에서 목놓아 부르게 하리라

04 광야 ─ 이육사

천지의 여백으로 남아 있는 '비결정적' 공간

형나라 사람이 활을 잃었다. 그런데도 그는 그것을 찾으려 하지 않고 이렇게 말했다. "형나라 사람이 잃은 것을 형나라 사람이 주울 것인데 찾아서 무엇하겠는가." 그 말을 듣자 공자가 말했다. "형나라라는 말을 빼는 것이 좋다." (사람이 잃은 것을 사람이 주울 것이 아닌가.) 그 말을 듣자 노자가 말했다. "사람이라는 말을 빼는 것이 좋다." (어디에 있든 천지 안에 있는 것이 아닌가.)

이것은 중국의 고전 『여씨춘추(呂氏春秋)』에 나오는 이야기[1]이다. 우리는 거기에서 '개인', '나라(민족)', '인간', '천지(우주)'의 네 가지 단계로 펼쳐지는 의식(意識)의 차원을 뚜렷이 읽을 수 있다. 그래서 유교나 도교와 같은 사상만이 아니라 시를 분석하고, 검증하는 데 있어서도 그 고사는 아주 유효한 모델이 될 수가 있다.

이육사의 「광야」를 읽을 때 더욱 그런 생각이 든다. 이육사는 시인으로서만이 아니라 항일투사로도 이름이 높은 분이다. 그 필명부터가 독립운동을 하다가 투옥되었을 때 얻게 된 '264'

라는 수인(囚人) 번호에서 유래된 것이라고 전한다.[2] 그러기 때문에 육사의 시라고 하면 으레 '일제에 대한 저항시'로 읽는 경우가 많다. 그중에서도 「광야」는 고등학교 국어 교과서에 실린 탓으로 거의 X값을 푸는 인수분해의 공식처럼 '일제 저항'이라는 고정 틀에 의해서 기계적으로 풀기도 한다.

자세히 읽을 필요도 없이 눈 내리는 광야는 일제 식민지의 얼어붙은 한국 땅을 그리고 '백마를 타고 오는 초인'은 이 땅의 해방과 독립을 가져오는 메시아이다. 그러나 이 시를 조금만 주의 깊게 읽어보면 그 같은 해석이 얼마나 육사의 그 웅장한 스케일과 다양한 시의 세계를 왜소하고 보잘것없는 것으로 만들어버렸는지를 알게 된다. 그리고 불행한 일제 식민지 역사 때문에 시를 시로서 읽는 그 자유마저도 빼앗겨버린 데 대해 분통이 터지게 될 것이다.

까마득한 날에
하늘이 처음 열리고
어데 닭 우는 소리 들렸으랴

이 첫 시행만 봐도 「광야」는 '개인'이나 '나라' 그리고 '인간'의 차원과는 다르다는 것을 금세 눈치챌 수가 있다. 즉 '하늘이 처음 열리'던 그 '까마득한 날'은 『구약 성서』의 「창세기」 1장과 맞먹는 것으로 건국신화인 단군보다도 더 시원적인 시간을 가리키는 말이다. 그렇기 때문에 "어데 닭 우는 소리 들렸으랴"는 "어디에선가 닭 우는 소리가 들렸을 것이다"의 긍정이라고 주장한 어느 학자의 독창적인 주장에도 불구하고[3] '어디 닭 우는 소리 들렸겠느냐'의 부정으로 읽히게 마련이다. '계견상문(鷄犬相聞)' 하면, 닭이 우는 소리와 개가 짖는 소리가 모두 들린다는 뜻이다. 인가(人家)가 잇대어 있음을 환유적으로 이르는 말이다. 그런데 우주의 시간을 이야기할 때는 계견(鷄犬)의 소리가 안 들린다고 말한다면 사람이 사는 세계가 아니라는 것이다. 노자의 말대로 '사람'(닭 우는 소리로 상징되는 인간계)이라는 말을 빼고 생각한 '천지'의 아침인 까닭이다.

이 시의 끝부분에 나오는 '다시 천고의 뒤……'라는 시간 역시 그렇다. 미래를 표현하는 말에 엉뚱하게도 과거를 뜻하는 '천고'란 말이 사용된 것도 그것이 바로 천지개벽에서 오늘에 이르기까지의 그 기나긴 우주적인 시간의 단위로 사용되고 있기 때문이다. 그러니까 천고 앞에 '다시'를 붙여 그만큼 또 오랜 시간이 지나간 먼 미래의 우주를 나타낸 것이다. 그렇기 때문에 '천고의 뒤'란 말에서 '까마득한 과거'와 '까마득한 미래'가 짝을 이루는 개벽의 시간을 느끼게 된다.

그래서 천고 뒤에 백마를 타고 나타나는 초인을 독립의 메시아로 풀이한다는 것은 이육사가 본의 아니게 한국의 독립을 몇

천만 년 뒤로 미루었다는 것이 된다. 58억 7천만 년에 인류를 구하기 위해서 나타난다는 미륵불 같은 종교적인 의미라면 또 몰라도 정치적 저항시의 차원에서 본다면 천고 뒤에 나타나는 초인은 분명 악담이 아닌가.

과거의 천지개벽이 하늘이 열리는 것이었다면 미래의 그것은 초인에 의해서 땅이 열리는 개벽인 것이다. 그 땅이 바로 「광야」인 것이다. 그러니까 이 두 개의 개벽 사이, 즉 원초적인 과거와 미래의 '빅뱅' 사이에 끼여 있는 시간이 "지금 매화 향기 홀로 아득하니"의 바로 그 '지금'이다. 그러므로 그 지금은 단순히 일제 식민지 통치를 받고 있는 협의로서의 '지금'만이 아니라 전세와 후세의 상대적인 의미를 지닌 '현세'로서의 지금이다. 그러니까 천고 전에는 신들이, 천고 뒤에는 초인이, 그리고 그 사이에 '인간'이 있는 셈이다. 그것이 종교나 우주론적으로 파악된 인간 세계의 조건이며 그 상황이다.[4]

그러므로 눈 내리는 광야의 겨울은 일제 때만이 아니라 그리고 한국인만이 아니라 인간이면 누구나 다 겪고 있는 세계의 추위이며 모든 인간의 실존(實存) 위에 내리는 눈인 것이다. 일제의 침략과 식민지 역사가 끝나도 이육사의 「광야」에는 계속 눈이 내리고 그러면서도 계속 매화 향기는 풍겨오고 또 그 벌판에 내던져진 시인들은 가난한 시의 씨앗을 뿌린다. 그러한 '지금' 속에서 우리가 살고 있기에 육사의 「광야」는 독립을 성취한 오늘날

광야 — 이육사

에도 여전히 우리 가슴을 친다.

공간의 차원도 마찬가지이다. 시간이 그랬듯이 「광야」는 천지의 원초적인 공간 언어로 구성되어 있다. 맨 처음 '하늘'이 나오고 다음에 '산'(그냥 산이 아니라 산맥이고, 그냥 산맥이 아니라 산맥들로 되어 있다)과 '바다' 그리고 맨 나중에 강물이 나온다. 이를테면 광야에 나오는 그 시간의 규모가 단기나 서기로 표기할 수 없는 시간인 것처럼 광야에 등장하는 그 공간은 백두산이나 에베레스트 산맥으로 이름 붙일 수 없는 근원적인 공간인 것이다.[5]

무엇보다도 '광야'의 의미가 그렇게 되어 있다. 이 시에서 중심적인 공간 이미지를 형성하고 있는 '광야'는 처음에는 그냥 '이곳'('차마 이곳을 범하지는 못했으리라'), 다음에는 '여기'('내 여기 가난한 노래의……')라고만 암시되어 있을 뿐이다. 초인이 나타나는 마지막 단계에 이르러서야 비로소 '이 광야'라고 그 이름이 명시된다.

그러니까 광야라는 공간은 '지금'이라는 말과 짝을 이루는 '여기'로서 인간이 살고 있는 현존성을 가리키는 장소이다. 기독교 같으면 에덴의 동쪽인 실낙원이나 세례 요한이 외치고 예수가 기도를 올렸던 그 광야일 것이다. 불교 같으면 고해라고 불리는 사바세계, 현해탄에 몸을 던진 윤심덕이라면 "황막한 광야에 달리는 인생아!"라고 노래 부른 그 광야인 것이다.

그러나 이육사의 그 광야는 천지개벽할 때에도 산맥들이 범하지 못한 원초적인 공간으로서 천지의 여백으로 남아 있는 '비결정적' 공간이다. 강이 비로소 길을 열었다는 말에서도 암시되어 있듯이 아직 형성되어 있지 않는 미완의 땅이다. 그러한 광야를 가지고 있기에 인간은 그 위에 노래의 씨앗을 뿌릴 수 있는 자유를 부여받는다.

'나-여기-지금(moi-ici-maintenant)'의 실존적 세계를 영원하고 무한한 우주로 확산시켜가는 행동. 그것이 바로 '광야'이다. 정확하게 말하자면 「광야」는 '시로 쓴 시론'으로 이른바 '메타 시'에 속하는 시라고 할 수 있다.

그 언어들은 '개인'과 '국가' 그리고 '인간'의 차원을 모두 포괄하는, 천지보다 깊고 보다 넓은 코스몰로지(cosmology)이다.

'264'라는 죄수 번호를 지배하는 것은 '형나라 사람'의 의식처럼 '나라'와 '역사'를 토대로 한 것이다. 하지만 그 똑같은 말이 시인의 이름으로 바뀌면 '땅의 역사', '대륙의 역사'인 '육사(陸史)'가 되어 노자와 같은 천지 차원의 의식으로 변한다. 그래서 그를 가두었던 감옥은 광야만큼 넓어지고 일제 식민지의 35년은 천고 속의 작은 티끌로 소멸해버린다.[6] 시란 그렇게도 오만하고 무서운 무기인 것이다.

05 남으로 창을 내겠소 — 김상용
오직 침묵으로 웃음으로

남으로 창을 내겠소

김상용

남으로 창을 내겠소
밭이 한참갈이
괭이로 파고
호미론 풀을 매지오

구름이 꼬인다 갈 리 있오
새 노래는 공으로 드르랴오
강냉이가 익걸랑
함께 와 자셔도 좋소

왜 사냐건 웃지요

남으로 창을 내겠소 – 김상용   05

오직 침묵으로 웃음으로

거울은 모든 것을 거꾸로 비춰준다. 다만 그 반사된 모습이 똑같아 보이기 때문에 눈치채지 못할 뿐이다. 사람의 얼굴은 대칭형으로 되어 있어서 더욱 그렇다. 좌우가 뒤바뀌어 있는데도 그것을 자기 얼굴이라고 믿는다. 좌우만이 아니라 사실은 앞뒤까지도 뒤바뀌어 있다.

내가 북쪽을 보고 있을 때 거울 속의 나는 정반대로 남쪽 방향을 보고 있다. 그러므로 만약 거울이 정직하게 자기 모습을 비춰준다면 거울 속에는 자기 얼굴이 아니라 그 뒤통수가 나타나야 할 것이다. 극단적으로 말하면 시간까지가 그렇다.

거울 속에서는 '과거'가 '현재'처럼, 혹은 다가오는 '미래'처럼 보이기도 한다. 달리는 자동차의 사이드미러를 보면 이미 지나온 그 길들이 다시 다가오고 있지 않던가.

시의 텍스트도 때론 거울과 같은 작용을 한다. 우리가 지금 살고 있는 도시의 생활을 시의 언어에 비춰보면 아마도 김상용의 「남으로 창을 내겠소」와 같은 풍경이 나타나게 될 것이다.

대낮에도 형광등을 켜야 하는 도시의 빌딩 창문들은 동서남북의 구별이 없다. 그것을 시의 거울에 비춰보면 '남으로 창'이 나 있는 우리들의 작고 따뜻한 옛집이 보일 것이다. 그것은 죽어서도 남향받이가 아니면 묻히려 하지 않았던 한국인들의 오랜 삶을 가리켜온 화살표이다. '북'으로 창이 난 회색의 도시가 압박해올수록 「남으로 창을 내겠소」의 시 첫 구절은 절규처럼 들려올 것이다. 창이 밀봉된 빌딩 속, 플라스틱 사무용품과 컴퓨터의 키보드를 두드리고 있는 화이트칼라의 하얀 손가락 위로

밭이 한참갈이

괭이로 파고

호미론 풀을 매지오

라고 한 그 흙 묻은 손이 오버랩된다. 그리고 컨베이어벨트의 온갖 기계 부품들 사이로 사람의 손때 묻은 괭이와 호미가 얼비치게 될 것이다. 〈시인과 농부〉라는 곡목도 있듯이 시인들은 현대 문명의 아스팔트 위에서 밭갈이를 하고 있는 농부들이다. 시를 뜻하는 영어의 버스(VERSE)가 바로 밭을 간다는 말에서 나온 말이라고 하지 않던가!

노동만이 아니다. 놀이와 휴식의 양상도 뒤집혀 있다. 밭갈이의 노동은 '땅'이 '하늘'('구름'과 '새')의 이미지로 전환되면서 휴식과 놀이의 상황으로 옮아간다. 그것이

구름이 꼬인다 갈 리 있소

새 노래는 공으로 드르랴오

라는 구절이다.

생각해보면 도시인들은 모두 구름의 꼬임 때문에 흙을 버리고 떠나온 사람들이다. 이 떠돌이의 도시문화는 농경문화와 대립하는 것으로 '신 유목민'(네오 노마드, Neo Nomad)이라고 불려진다. 그들의 놀이는 관광처럼 끝없이 돌아다니거나 노래도 돈을 주고 부르는 노래방같이 소비 위주의 오락이다. 그러나 농경민들의 놀이와 휴식은 한 곳에 가만히 머물러 있는 것, 그리고 자연 속에서 즐거움을 얻는 자적(自適)의 방법으로 이루어진다.

이러한 자연과의 관계는 그대로 인간과의 관계로 이어진다. "강냉이가 익걸랑 함께 와 자셔도 좋소"가 그것이다. 인간과 인간의 만남을 가능케 하는 것은 "강냉이가 익걸랑"이라는 말이 암시하고 있듯이 바로 계절이라는 자연의 리듬이다. 그것은 시장 원리에 의해서 움직이는 인간관계와는 본질적으로 다르다. 시장은 자신들이 생산한 것을 매매하고 거래하기 위한 것이지만 강냉이가 익는 곳은 함께 먹고 그 기쁨을 나누기 위한 잔치이다.

사회학자 '일리치'의 용어를 빌리자면 '컨비비얼리티'(conviviality)[1]라고 불리는 공식(共食)과 상생(相生)의 문화와 같은 것이다. 여기에서 김상용의 거울은 경쟁의 전리품인 도시인들의

'먹이'를 살과 피를 나누는 성찬식의 의식 같은 '빵과 포도주'로 바꿔놓은 셈이다. 이렇게 이 시인은 산업 문화의 생활양식을 그 전후좌우가 모두 바뀌어버린 농경문화의 전형적인 풍경으로 비춰준다.

시적 메시지만이 그런 것이 아니라 시의 구성도 그렇게 되어 있다. 이 시를 자세히 들여다보면 처음에는 땅, 다음에는 하늘, 그리고 마지막에는 '사람'으로 천(天)-지(地)-인(人), 삼재사상(三才思想)의 삼태극 도형으로 되어 있다는 것을 알게 된다.

하늘 새 노래는 공으로 들으랴오―(새)
땅   밭이 한참 갈이―(밭갈이)
사람 강냉이가 익걸랑 함께 와 자셔도 좋소―(사람)

그러나 참으로 놀라운 이 시의 화룡점정(畵龍點睛) 같은 구성은 "왜 사냐건 웃지요"라는 최종 악장의 스타카토이다. 우리가 지금까지 보아온 남쪽으로 낸 창문, 밭갈이, 구름과 새 노래, 그리고 강냉이를 함께 먹으며 지내는 그 생활은 모두가 '어떻게 사느냐'에 답하는 '삶의 양식'이다. 그런데 그 '어떻게'가 갑자기 튀어나온 '왜'라는 그 물음에 의해서 핸들을 꺾고 급회전을 한다.

'삶의 양식'이 '삶의 본질'로, 요즘 말로 하자면 '노하우'에서 '노 와이'로 패러다임이 바뀌게 된다. 개미들은 어떤 문제가 발생하면 '왜?'라는 원인을 따지는 것이 아니라 똑바로 '어떻게!'라는 해결로 돌진한다고 한다. 그러나 까다로운 인간은 그렇지가 않다. 잘된 일이든 못된 일이든 우선 '왜'라고 묻는다. 이 구절은 흔히 이백(李白: 701~762)의 「산중문답(山中問答)」²에서 따온 인유(引喩, allusion)라고 말하는 사람이 많지만 이 시에서는 그런 평탄한 메시지가 아니다. 이러한 물음은 바로 근대 합리주의의 삶이며 모든 것을 이성과 법칙으로 설명하려고 한 서구의 로고스 중심주의(logocentrism) 사상을 반영하고 있기 때문이다. 그러나 '왜'라는 물음에 대해서 말로, 논리로 답하려고 할 때 이미 그 삶은 삶 자체의 빛을 잃고 생명의 선혈은 싸늘하게 굳어버린다.

석가도 시인도 그것을 잘 알고 있었기 때문에 말 대신 그냥 웃었다. 불교에서는 그것을 염화시중(拈華示衆)이라고 하고 기호학에서는 '폴리세믹'(복합적이고 암시적인 다기호 체계)이라고 한다. "설명할 수 있는 것을 설명하는 것이 과학이고, 설명할 수 없는 것을 설명하는 것이 시(예술)고, 설명해서는 안 되는 것을 설명하는 것이 종교"라고 한다.

〈모나리자의 미소〉는 과학(논리)으로 설명될 수 없기 때문에 모나리자의 미소이다. 모나리자는 검은 상복을 입고 있지만, 그 모델 조콘다의 이름은 '생의 즐거움'이라는 뜻이다. 죽음의 슬픔과 생의 기쁨이 엇갈려 있는 어둠과 빛 사이에서만 다빈치의 그 신비한 미소는 살 수 있다.

남으로 창을 내겠소 ― 김상용

왜 사느냐는 말에 그냥 '웃지요'라고 한 김상용 시인의 미소는 말로는 표현할 수도 논증될 수도 없는 삶 그 자체이다. 애매성과 모순성으로 뭉쳐진 삶 자체의 다의성(多義性)을 그대로 옮긴 것이 그 웃음이며 시의 언어이다.

　　과학과 법과 정치와 경제가 우리의 삶을 해부하고 정의하고 설명하려고 할 때 시인은 오직 침묵으로 웃음으로 삶과 마주 본다. 그래서 우리는 김상용의 그 시적 텍스트를 요술 거울 속에서 본다. 도시인들이 차고 다니는 '스마일' 배지의 뒤통수를 뒤집어 놓은 참신하고도 은밀한 한국적 미소의 그 반사체(反射體)를.

06 **모란이 피기까지는 — 김영랑**
봄과 여름 사이에서 피어나는 경계의 꽃

모란이 피기까지는

김영랑

모란이 피기까지는
나는 아즉 나의 봄을 기둘리고 있을 테요
모란이 뚝뚝 떨어져버린 날
나는 비로소 봄을 여흰 서름에 잠길 테요
오월 어느 날 그 하로 무덥든 날
떨어져 누운 꽃닢마저 시들어버리고는
천지에 모란은 자최도 없어지고
뻗쳐오르든 내 보람 서운케 무너졌으니
모란이 지고 말면 그뿐 내 한 해는 다 가고 말아
삼백예순 날 한양 섭섭해 우옵내다
모란이 피기까지는
나는 아즉 기둘리고 있을 테요 찬란한 슬픔의 봄을

06 모란이 피기까지는 — 김영랑

봄과 여름 사이에서 피어나는 경계의 꽃

꽃을 뜻하는 한자의 花는 풀초 밑에 '변화한다'는 化 자를 붙여 놓은 글자이다. 민주화니, 정보화니, 딱딱한 말에 따라다니는 그 글자가 왜 하필 꽃처럼 아름다운 것에 붙어 있는지 이상한 느낌이 들 것이다. 하지만 원래 化 자는 사람이 서 있는 것과 구부리고 있는 것의 모양을 나타낸 상형자이다. 그러니까 사람들의 자세처럼 수시로 변화(變化)한다는 뜻이다.[1]

    그리고 보면 꽃처럼 변화무쌍한 것도 드물다. 어제까지 비어 있던 풀잎이나 나뭇가지에 갑자기 티눈같이 작은 봉오리가 틔어난다. 그것이 몽우리지고 부풀어오르고 터지면서 형형색색의 꽃잎과 향내가 피어난다. 그러다가 어느새 시들어 흔적도 없이 져버리고 그 빈자리에 열매가 열린다. 이렇게 트고 부풀고 터지고 피고 시들고 지고 열리는 것. 그 '동사(動詞)로서의 꽃'이 바로 '花'인 것이다.

    그런데 우리는 지금까지 꽃을 동사가 아니라 형용사로 읽어온 경우가 많았다. 아름답다. 향기롭다와 같이 시화(詩畵) 속에 나타나는 대부분의 꽃들은 영화(榮華), 가인(佳人)을 수식하는

'형용사로서의 꽃'이었다.

영화(榮華)란 말 자체가 그에 속하는 글자다. 영(榮)은 벚꽃처럼 꽃잎이 자잘하면서 무리지어 피어 있는 꽃을 나타낸 것이고, 화(華)는 송이가 크고 그 꽃잎이 화려한 꽃을 가리키는 글자다. 특히 이 '형용사로서의 꽃'을 대표해온 것이 모란이다. 그 색이 화려하고 모양이 탐스러워 신라 때 설총의 글[2]에서부터 시작하여 오늘에 이르기까지 부귀공명을 상징[3]해온 화중왕(花中王)이다. 그래서 베갯모나 수연(壽宴)의 병풍 속에서 모란꽃은 영원히 질 줄 모르는 꽃으로 수놓여져왔다.

그러나 형용사에서 동사로, 공간에서 시간으로 새롭게 바꿔놓은 것이 바로 김영랑의 시「모란이 피기까지는」이다. 우리가 그 시의 첫 행에서 만나게 되는 말도 모란의 색깔이나 그 화려한 꽃잎에 대한 수식어가 아니라 '피다'라고 하는 그 동사이다. '……까지는', '아직……'과 같이 시간의 한계와 유예를 나타내는 말을 덧붙여 '피다'라는 동사를 더욱 강렬하게 못질해놓았다. 그래서 "모란이 피기까지는 나는 아즉 나의 봄을 기둘리고 있을 테요"라는 독백 속에서 우리는 모란만이 아니라 꽃이 핀다는 그 동태성과 봄이라는 계절의 지속성을 읽을 수가 있다.

'피다'로 시작된 이 시는 당연히 '지다'라는 거기에서

모란이 뚝뚝 떨어져버린 날

모란이 피기까지는 — 김영랑

나는 비로소 봄을 여흰 서름에 잠길 테요

라는 시행으로 이어진다. 그리고 그 모란은 '피다'보다도 오히려 '지다' 쪽이 더 강조되어 있어서 "뚝뚝 떨어져버린"이라는 묘사까지 등장한다. ('뚝뚝'은 벚꽃처럼 일시에 폈다 지거나 그 꽃잎이 자잘한 것에는 쓰일 수 없는 의태어이다.)

　이렇게 피다와 지다의 시간축(時間軸)으로 펼쳐지고 있는 영랑의 그 꽃은 이미 '목단(牧丹)'이라는 한자말보다는 '모란'이라는 보다 부드럽고 약간은 나약하기까지 한 토박이말에 더 잘 어울리는 꽃으로 변신한다. 그 이름만이 아니라 꽃의 형태도 색채도, 심지어 그 피는 시기마저도 다른 의미를 띠게 된다.

　엄격하게 말해서 모란꽃은 화투에서도 육(六) 목단으로 나와 있듯이 여름 꽃에 속한다. 하지만 영랑은 봄을 극한까지 연장시키기 위해서 모란을 봄과 여름의 경계선인 오월에 설정한다. 그래서 '지다'와 '피다'의 그 시간차는 한 계절 차이만큼 벌어지게 된다. 필 때는 봄꽃이고 질 때는 여름 꽃으로 말이다.

　　오월 어느 날 그 하로 무덥든 날
　　떨어져 누운 꽃닢마저 시들어버리고는

에서도 필 때보다 질 때의 모습이 더 강조된다. 꽃을 의인화한 표현은 많지만 떨어진 꽃잎을 보고 '누웠다'라고 한 것은 영랑이 처음일 것이다. 그것은 이미 진 꽃이 아니라 꽃의 시체이며 흙에 묻는 매장이다. 비극이나 아이러니의 효과는 그 대조가 크면 클수록 커지는 법이다. 꽃모양이 크고 화려할수록 그것이 져서 사라지는 허무의 자리도 크다.

'피다'와 '지다'는 생성과 소멸을 낳는 시간의 모든 비극이고 갈등이며 그 모순이다. 그렇기 때문에 그 시간축을 타고 전개되는 영랑의 '모란'에서는 모든 삶의 의미와 정서 역시 그와 같은 대립과 모순의 언어로 양분되어진다. '기다림'은 '여읨'으로, '뻗쳐오르는 보람'은 '서운케 무너졌느니'로 그리고 '찬란함'은 '슬픔'으로 화한다.

그러나 영랑은 대부분의 한국 문화가 그런 것처럼 시간을 처음과 끝으로 이어진 직선으로서가 아니라 둥근 순환의 고리로 생각한다. 봄은 다시 오고 모란은 계절의 모서리 위에서 다시 피어난다. 소망이 좌절로 이어졌듯이, 좌절은 다시 소망으로 이어진다. 피다와 지다의 모순에서 벗어날 수 있는 길은 오직 이 순환의 고리 속으로, 어쩌면 영원 회귀의 반복 속으로 뛰어드는 수밖에 없는 것 같다. 그것이 돌로 나타난 것이 카뮈의 『시시포스 신화(*Le mythe de Sisyphe*)』[4]라고 한다면, 그것이 꽃으로 나타난 것이 바로 영랑의 「모란이 피기까지는」이라고 할 수 있다.

"삼백예순 날 한양 섭섭해 우옵내다"라는 말을 문자 그대로 풀이하자면 봄까지 합쳐서 일 년 내내 통틀어 운다는 이야기가 된다. 그러니까 '뻗쳐오르는 보람'과 그 기다림의 찬란했던 시간까지도 소급해서 모두 빼어버린 시간이다. 하지만 이 시의 끝 행은 "모란이 피기까지는 나는 아즉 기둘리고 있을 테요"라는 첫 행을 다시 반복하고 있다. 다시 모란이 필 때까지 기다리는 찬란한 시간들이 삼백예순 날의 슬픔 위에 오버랩되어 나타난다.

그러한 시간의 모순 감정을 통합한 당착어법(oxymoron)[5]이 바로 '찬란한 슬픔의 봄'이고, 그것을 가시화한 것이 바로 영랑의 '모란꽃'이다. 영랑은 모란꽃을 통해서 봄의 보람을 극한까지 떠받치는 튼튼한 버팀목과 동시에 그 봄의 죽음을 장례하는 가장 화려한 상복을 마련해준 것이다. 그래서 귀족적이고 화려하고 중화적(中華的)이었던 '목단'이 김영랑의 시에 이르러 비로소 서민적이고 진솔하고 향토적인 '모란'의 이미지로 바뀌게 된 것이다. 청요리집 같은 모란꽃의 찬란한 빛 속에 슬픔의 깊은 그림자를 드리움으로써 평면적인 꽃의 이미지를 입체화한 것은 한국의 시인 영랑이었다.

"미녀를 맨 처음 장미에 비유한 사람은 천재다. 그러나 그 똑같은 비유를 두 번째 사용한 사람은 바보다."라는 말이 있다. 영랑은 천년을 두고 부귀영화를 상징해온 중국 문화의 모란 패러다임을 대담하게 바꿨다. '형용사로서의 목단꽃'을 '동사로서의 모란꽃'으로 돌렸다. 그리고 '공간 속에 수놓인 꽃'을 '시간 속에서 피고 지는 꽃'으로 끌어냈다. 겨울과 봄의 경계에서 피어나는 매화의 의미밖에 몰랐던 사람들에게 영랑은 봄과 여름 사이에서 피어나는 경계의 꽃, 모란을 노래하는 즐거움을 보여준 것이다.[6]

모란이 피기까지는 — 김영랑

07 깃발 — 유치환
더 높은 곳을 향한 안타까운 몽상

깃발

유치환

이것은 소리 없는 아우성
저 푸른 해원(海原)을 향하야 흔드는
영원한 노스탈쟈의 손수건
순정은 물결같이 바람에 나부끼고
오로지 맑고 곧은 이념의 푯대 끝에
애수는 백로처럼 날개를 펴다.
아! 누구던가
이렇게 슬프고도 애달픈 마음을
맨 처음 공중에 달 줄을 안 그는

07

깃발 — 유치환

더 높은 곳을 향한 안타까운 몽상

청마(青馬) 유치환이라고 하면 누구나 「깃발」을 생각할 것이다. 그리고 그 깃발과 함께 떠오르게 되는 것은 바다다. 푸르고 투명한 바다를 향해 나부끼는 한 폭의 깃발. 그것이 지금까지 그 시를 읽어온 사람들의 가슴속에 박혀 있는 인상이다.

국어 참고서에서도 학술 논문에서도 유치환의 「깃발」은 예외 없이 바다를 향해 꽂혀 있는 기(旗)라고 풀이되어 있기 때문이다.

청마의 고향은 바닷가에 있는 통영이다. 실제로도 그 자신이 바닷가 산허리에서 나부끼는 기를 묘사한 시 「부산도(釜山圖)」를 쓴 적도 있다. 그러고 보면 "저 푸른 해원(海原)을 향하야 흔드는 영원한 노스탈쟈의 손수건"을 "바다를 향한 언덕 같은 데 세워진 기(旗)"로 풀이하는 것도 이상할 것이 없다. 일본말 '우나바라(うなばら)'를 그대로 옮겨온 것이기는 하나, '해원'이라는 말이 넓은 바다를 의미한다는 것은 누구나 쉽게 알 수 있다. 그리고 '손수건'이 '깃발'의 은유라는 것도 분명하다.

그런데도 그 시 전체를 꼼꼼히 읽으면 읽을수록 '정말 그것이 바닷가의 기(旗)를 묘사한 것인가?'라는 의문이 생겨난다. 왜냐하면 청마의 「깃발」은 특정한 장소에 꽂혀 있는 특별한 기의 모습을 묘사하려 한 시가 아니기 때문이다. 언뜻 보면 깃발이 나부끼는 풍경을 그린 시처럼 보이지만, 그 시의 구조를 보면 깃발의 일반적 특성을 여러 가지 메타포(은유)로 기술해놓은 관념 형태의 시라는 것을 알 수 있다.

그래서 시 전체의 언술(言述)을 하나의 통사 구문으로 요약하면 "누가 깃발을 맨 처음 공중에 매달았는가"라는 수사적 의문문이 된다. 그리고 깃발이라는 말 대신 '소리 없는 아우성'에서 '슬프고도 애달픈 마음'에 이르는 총 여섯 개의 은유를 상감(象嵌)해놓은 것이 바로 이 시의 형태이다.

그리고 동시에 "해원을 향하야 흔드는……"이라는 구절은 그 여섯 개의 은유 가운데 하나에 지나지 않는다는 것도 알게 된다. 그러므로 그 구절 하나를 가지고 "바다를 향해 나부끼는 깃발"을 그린 시라고 말하는 것은 대단히 위험한 독해(讀解)라고 할 수 있다.

오히려 앞서 밝힌 대로 시 전체를 결정짓는 것은

아 누구던가
이렇게 슬프고도 애달픈 마음을
맨 처음 공중에 달 줄을 안 그는

이라고 한 마지막 시행이다. 그가 묻고 있는 기(旗)의 의미는 '바다'가 아니라, 공중(하늘)에 매달린 깃발……. 바다이든 산이든 상관없이 하늘을 향해 나부끼는 원초적인 그 깃발의 의미요, 이미지이다. 우리에게 감동을 주고 있는 그 깃발은 반드시 '바다'를 향해 나부끼고 있어서가 아니다. 시인 자신의 언표대로 그것이 '공중'(하늘)에 매달려 있기 때문인 것이다.

이렇게 '공중에 매달린 기'를 '바다로 향한 기'로 한정해버리면 깃발의 '보편성'은 '개별성'으로, 그 '수직성'은 '수평성'으로 그리고 '상승적' 높이를 지닌 나부낌은 '확산적' 넓이를 지닌 나부낌으로 머물고 만다.

이런 시각에서 보면 '푸른 해원'에 대한 풀이 자체도 달라져야 한다. 그것은 바다가 아니라, 하늘을 뜻하는 은유로 받아들여지게 되는 것이다. '손수건'만이 아니라, '해원'(바다)까지도 은유 구조로 읽으면 '바다를 향해서 흔드는 손수건'의 시행 전체가 '하늘을 향해 나부끼는 깃발'을 비유하는 것이 된다.

말하자면 '바다→하늘', '깃발→손수건'의 병렬적 구조를 지닌 비유가 되는 셈이다. 그렇게 읽으면 그동안 많은 사람을 괴롭혀온 '영원한 노스텔쟈'라는 수식도 그 뜻이 명확해진다. 바다 너머로 영원히 떠나는 사람이 육지를 향해 흔드는 손수건이라면 몰라도 뭍에서 바다를 향해 흔드는 손수건이 '영원한 노스탈쟈'가 된다는 것은 앞뒤가 맞지 않는다. 그러나 '바다―손수건'

깃발 ― 유치환

을 '하늘―깃발'의 관계로 바꿔보면 '영원'이라는 말, '노스탈쟈'라는 말이 실감 있게 가슴을 친다.

동서(東西)를 가릴 것 없이 시인들은 자신의 고향을 지상이 아닌 하늘로 생각해오지 않았는가. 그래서 이태백은 자신을 땅에 귀양살이 온 시선(詩仙)이라고 불렀고, 보들레르는 밧줄에 묶여 퍼덕이는 알바트로스의 긴 날개에서 자신의 운명을 보았다. 땅(현실)에 살고 있으면서도 영원하고 무한한 하늘(이상)을 그리워하는 시인의 마음을 가시화하면 바로 공중에 매달려서 펄럭이는 그 깃발이 될 것이다. 그래서 '영원한 노스탈쟈'는 '슬프고 애달픈 마음'으로 자연스레 이어지고 맨 처음 그러한 마음(깃발)을 공중에 매단 사람은 원초(原初)의 시인, 시인의 원조(元祖)가 되는 것이다.

시인의 경우만이 아니다. 실낙원의 이야기를 꺼내지 않더라도 '영원한 노스탈쟈'의 '하늘'(천국)을 꿈꾸며 살아가는 것은 인간 본래의 근원적인 감정이다. 세속(世俗)의 중력(重力)에서 벗어나 한 치라도 하늘을 향해 높아지려는 발버둥과 그 처절한 초월의 의지……. 그것이 바로 '소리 없는 아우성'이고, 물결처럼 흐르는 '순정'이고, 푯대처럼 곧은 '이념'이고, 백로처럼 날개를 펴고 날아오르는 '애수'이다.

허공 속에서 펄럭이고 있을 뿐 언제나 높은 하늘이 아쉬움으로 남는 깃발의 마음……. 끝없이 비상하면서도 끝없이 깃대에 묶여 있는 그 슬프고도 애달픈 마음……. 그것을 가시화한 것이

다름 아닌 청마의 깃발이다.

깃발만이 아니다. 공중에 매달려 나부끼고 있는 모든 형태, 모든 생물 그리고 모든 운동과 그 몽상이야말로 청마의 시를 꿰뚫고 흐르는 중요한 시의 모티브이다. 그래서 우리는 왜 기회주의자인 박쥐가 청마의 시에 오면 갑자기 슬프고 아름다운 시인의 상징이 되는지 그리고 왜 장대에 매달아놓은 생선[2]이 바다 밑에서 헤엄치고 있을 때보다도 더 생명적인 물고기로 묘사되어 있는지 그 비밀을 알 수 있다. 땅바닥에서 척추를 세우고 꼿꼿이 일어서는 것 그리고 수직의 그리움을 갖고 살아가는 것이면 그것이 연이었든 소리개였든, 혹은 담장을 기어오르는 덩굴이나 담배연기라 할지라도 모두 아름답고 슬프게 나부끼는 청마의 깃발이 된다.

"과연 바다를 향해 나부끼고 있는 깃발인가?"라는 그 질문은 청마의 시 전체를 따지는 본질적인 물음인 것이다. 그리고 그 물음에서 해답을 얻게 되면 시인과 깃발과 박쥐가 왜 청마의 시에서는 같은 혈통을 지닌 족보에 올라 있는지도 밝힐 수 있게 된다. 파리한 환상과 몸부림과 그 안타까운 울음 속에서 날개를 키우기 위해 시인은 시를 쓰고, 깃발은 펄럭이고, 본래 박쥐는 밤마다 서러운 춤을 추며 새처럼 난다.

그것들은 모두 땅이 아니라 지붕 위의 공중, 하늘을 향해 매달려 있는 존재이기 때문이다.[3]

깃발 — 유치환

2부

08 나그네 ― 박목월
시가 왜 음악이 되어서는 안 되는가

09 향수(鄕愁) ― 정지용
다채로운 두운과 모운이 연주하는 황홀한 음악상자

10 사슴 ― 노천명
원초적이고 본능적인 생명의 알몸뚱이

11 저녁에 ― 김광섭
슬프고 아름다운 별의 패러독스

12 청포도 ― 이육사
하늘의 공간과 전설의 시간을 먹다

13 군말 ― 한용운
미로는 시를 요구하고 시는 또한 미로를 필요로 한다

08 나그네 — 박목월
시가 왜 음악이 되어서는 안 되는가

나그네
술 익는 강마을의 저녁노을이여_芝薰

박목월

강(江)나루 건너서
밀밭 길을

구름에 달 가듯이
가는 나그네

길은 외줄기
남도(南道) 삼백 리(三百里)

술 익는 마을마다
타는 저녁놀

구름에 달 가듯이
가는 나그네

나그네 — 박목월

08

시가 왜 음악이 되어서는 안 되는가

한국말 가운데 아름답게 들리는 말은 대개 세 음절로 되어 있다. 거족적으로 치렀던 행사 때마다 새롭게 등장한 조어들을 보면 알 수 있다. 서울올림픽의 '호돌이', 대전엑스포의 '꿈돌이'와 '도우미'가 그렇다. 유행가 가사나 시에서 사랑을 받아온 '나그네'란 말 역시 세 음절이다. 더구나 유음인 'ㄹ' 자가 앞뒤로 포개져 있어 음색도 곱고 부드럽다.

이 세 음절의 미학을 최대한으로 살린 것이 박목월의 「나그네」이다. 그의 시에서는 '나그네'라는 말이 '강나루', '밀밭 길'과 같은 낱말들과 세 음절을 기저로 한 리듬을 타고 그 말의 아름다움이 더욱 증폭되어 있다. 뿐만 아니라 목월은 '나그네'를 음악적 휴지부로 삼고 있다.

강나루 건너서
밀밭 길을

구름에 달 가듯이

가는 나그네

이 시행에서 나그네라는 말은 맨 마지막 자리에 못 박혀 있다. 그렇다. 나그네는 최종적인 울림으로 못 박혀 있는 종지부다.

'있다', '있었다', '있을 것이다'와 같이 한국말의 종결어미는 모두 '다'로 끝난다. 그래서 현재형이든 과거형이든, 혹은 미래든 글의 끝에 이르면 언제나 다다다의 기관총 소리를 낸다. 그러니 시의 목숨이라고 할 수 있는 말운(末韻)의 효과와 변화를 어떻게 기대할 수 있겠는가. 시는 그만두고 산문이라 할지라도 한국말로 글을 쓰다 보면 누구나 '다'에서 벗어날 수 없는 숙명을 느끼게 될 것이다.

그런데 목월은 단조롭고 멋없는 '다'의 종결어미를 그야말로 깨끗하게 종결시켜버린 것이다. 「나그네」의 시행은 총 10행이지만 '다'로 끝나는 행은 단 한 개도 없다. '나그네', '삼백 리', '저녁놀' 등 모두가 다 체언으로 끝나 있다. 그래서 시각적 이미지만이 아니라 박목월의 나그네는 '다'의 돌뿌리에 채이는 법 없이 달처럼 조용히 무중력 상태에서 떠서 흘러간다.

시의 음악성만이 아니다. 강나루(강물)→밀밭 길→술 익는 마을로 이어져가는 공간의 이미지는 남도 삼백 리의 외줄기의 길로 이음새 없이 연결된다. 그리고 '타는 저녁놀'에서는 아침 해가 떠서 지기까지 온종일 걸어가고 있는 나그네의 지속하고 있는 시간이 내일 모레로 순환하는 시간으로 이어져간다. 그러한 공간과 시간의 이음새를 보면 그것을 결코 산문적인 '다'의 종결어로는 아우를 수 없다는 것을 느끼게 된다. 마을에서 마을로, 황혼에서 황혼으로 끝없이 이동하고 지속하는 그 시간과 공간의 궤적(토포로지)을 스냅샷으로 찍은 원거리 풍경……. 그러기 위해서는 초점거리는 무한대로 놓아야 하며 셔터는 열려 있어야 한다.

그때 비로소 땅과 하늘을 나란히 놓은 비유법(juxtaposition), '구름에 달 가듯이' 가는 나그네의 모습이 떠오른다. 밀밭이 구름이라면, 나그네의 모습(둥근 머리)은 달인 것이다. 그리고 달과 같은 나그네의 동작을 유포니(유쾌하고 듣기 좋은 소리)로 나타낸 것이 '밀', '달', '길', '술', '놀', '마을'과 같은 'ㄹ' 자로 끝난 시어들이다.

그래서 '나그네'의 음운 조직은 곧바로 나그네의 움직임을 보여주는 시각적 이미지(구름에 달 가듯)와 부합한다. 나그네의 시적 리듬은 바로 나그네가 길을 걷고 있는 도보의 리듬과 일치한다는 이야기다.

그러나 시에 있어서의 음이나 이미지를 최종적으로 결정짓는 것은 의미의 요소이다. 시에 있어서의 소리가 '의미의 메아리'라면 그 이미지는 '의미의 그림자'인 것이다. 우리의 시선은 그 메아리와 그림자를 가로질러 의미의 심장으로 향한다. 그리고 나그네의 뜻은 무엇인가라고 묻게 된다. 본래 나그네라는 말은 '나간이', '나간 사람'에서 온 말이라고 한다. 그러므로 일상적 차원에서 보면 결코 좋은 의미가 아니다. 나그네를 뜻하는 영어의 트레블러(traveller)가 고통이라는 말과 관련이 있는 것처럼 교통이 발달한 오늘날이라 하더라도 나그네는 '길고생'을 함유하고 있는 말인 것이다. 하물며 도보의 여행자 그리고 농경시대의 정주형 문화 속에서 살았던 나그네의 함축적 의미는 결코 긍정적일 수 없다.

하지만 그것이 시적 차원으로 보면 그 고통과 외로움과 물질적인 결핍마저도 새로운 의미로 역전된다.

산문적 의미로 보면 김삿갓은 거지이지만, 시적 차원에 놓으면 사랑받는 방랑시인이 되는 것과 같다. 나그네는 집을 나간 가출자에서 새로운 풍경을 만들어내는 창조자가 된다. 나그네의 한 발짝 한 발짝은 고통이 아니라 새로운 풍경을 펼쳐가는 보행이다. 운명과도 같은 지평의 둘레는 나그네의 보행에 의해서 변화하고 물질의 결핍은 오히려 가벼운 봇짐이 된다. 멈추지 않는 것, 소유하지 않는 것, 모든 방향으로 열려진 도주로(스키조라인)를 지니고 살아가고 있는 사람이 바로 나그네다. 쟁기로 굳어버린 흙을 뒤엎듯이 시인은 일상적 의미의 밭을 갈아 새 흙을 들어낸다. 의미의 경작자인 이 시인의 영토에서는 모든 나그네들이 천천히 아주 천천히 걷는다. 그리고 그것은 아주 멀리 보인다. 그것이 구름에 달 가듯이 가는 나그네이며, 그 걸음이 멈춰 서는 곳이 저녁놀 타는 술 익는 마을이다.

'술 익는 마을'과 '저녁놀' 그리고 '나그네'가 최초로 하나의 의미 단위로 합성된 것은 시인 조지훈의 「완화삼」[1]에서였다.

그 시는 목월을 위해서 쓰인 것이었고 목월이 그에 화답하기 위해서 쓴 「나그네」에 되풀이되어 나타난 것이 '술 익는 마을마다 타는 저녁놀'이라는 그 시구이다. 저작권을 두 시인이 공유하고 있는 이 유명한 시구는 "문패도 번지수도 없는 주막에"가 왜 시가 아닌가를 밝혀주는 시론의 좋은 예문이 될 것이다. 동시에 시가 늘 음악적 상태를 동경하고 있으면서도 왜 음악이 되어서는 안 되는가! 시가 항상 이미지를 추구하고 있으면서도 왜 그림이 되어서는 안 되는가! 그리고 또 시는 의미를 창조하면서도 어째서 철학이 되어서는 안 되는가, 하는 것을 보여주는 살아 있는 본보기이기도 하다.

'타는 저녁놀'이 나그네와 결합되면 더 이상 걸을 수 없는 정지된 시간이 되어 그 시적 의미가 한층 더 강렬해지고, 마을과 연결되면 술이 익어가는 평화로운 발효의 시간이 된다. 그래서 저녁놀은 잔칫날을 위해서, 혹은 손님을 맞기 위해서 무엇인가를 기다리는 정밀한 시간이 된다. 그것은 "수술대 위에 마취된 환자처럼 척 늘어진 저녁놀"[2](T. S. 엘리엇, 「프루프록의 사랑 노래」)이 아니라 술에 붉게 취한 주막의 나그네와 농부의 얼굴과 같은 것이

나그네 — 박목월

된다.

    '나그네(인간) – 저녁놀(시간)' – '술 익는 마을(공간)'이 '소리'와 '이미지'와 '의미'의 세 가지 요소로 융합한 연금술 속에서 한국말, 한국 마을 그리고 고통스러운 나그네의 모습은 우리가 한 번도 만져보지 못한 신비한 광석으로 결정한다.

09 향수(鄕愁) — 정지용
다채로운 두운과 모운이 연주하는 황홀한 음악상자

향수(鄕愁)

정지용

넓은 벌 동쪽 끝으로
옛이야기 지줄대는¹ 실개천이 회돌아 나가고,
얼룩백이 황소가
해설피² 금빛 게으른 울음을 우는 곳,

─그 곳이 참하 꿈엔들 잊힐 리야.

질화로에 재가 식어지면
빈 밭에 밤바람 소리 말을 달리고,
엷은 조름에 겨운 늙으신 아버지가
짚벼개를 돋아 고이시는 곳,

─그 곳이 참하 꿈엔들 잊힐 리야.

흙에서 자란 내 마음
파아란 하늘 빛이 그립어
함부로 쏜 활살을 찾으려
풀섶 이슬에 함추름 휘적시던 곳,

-그 곳이 참하 꿈엔들 잊힐 리야.

전설 바다에 춤추는 밤물결 같은
검은 귀밑머리[3] 날리는 어린 누이와
아무러치도 않고 여쁠 것도 없는
사철 발벗은 아내가
따가운 햇살을 등에 지고 이삭 줏던[4] 곳,

-그 곳이 참하 꿈엔들 잊힐 리야.

하늘에는 석근[5] 별
알 수도 없는 모래성으로 발을 옮기고,
서리 까마귀[6] 우지짖고 지나가는 초라한 집웅,
흐릿한 불빛에 돌아앉어 도란도란거리는 곳,

-그 곳이 참하 꿈엔들 잊힐 리야.

향수(鄕愁) ─ 정지용

09

다채로운 두운과 모운이 연주하는 황홀한 음악상자

"빈 밭에 밤바람소리 말을 달리고……." 이것은 가요곡으로 널리 알려진 지용의 시 「향수」 가운데서도 특히 이름난 구절이다. 「누가 바람을 보았는가(who has seen the wind)」[7]라는 크리스티나 로제티(Christina Rossetti)의 귀여운 시도 있지만 누구도 보지 못한 바람을 그것도 칠흑 같은 밤, 빈 들판을 지나가는 겨울바람을 우리에게 보여준 것은 시인 정지용이었다.[8]

입체 음향의 효과를 시험하려고 할 때 사람들은 흔히 말발굽 소리를 녹음한 테이프를 이용한다. 그 거리감과 속도감 때문에 말이 달리는 소리는 금시 눈으로 보는 것 같은 생동감을 주기 때문이다. 소리가 가까이 다가올 때에는 나부끼는 말갈기가 보이고 멀리 사라져가는 소리에서는 휘날리는 말꼬리의 잔상이 어린다.

줌인 줌아웃 되는 달리는 말의 이미지는 그것이 사라지고 난 뒤의 텅 빈 공백까지도 보여준다. 지용은 그러한 정적을

엷은 조름에 겨운 늙으신 아버지가
짚벼개를 돋아 고이시는

영상으로 보여준다.

청각적인 것을 시각의 이미지로 바꿔놓는 공감각의 기법은 「향수」의 첫머리에 나오는

얼룩백이 황소가
해설피 금빛 게으른 울음을 우는 곳

에서도 발견된다. 지용은 황소의 울음소리를 금빛으로 칠해놓은 것이다. 금빛이라는 시각 언어 때문에 우리는 그 울음소리를 무게로 달 수가 있고 느릿느릿 걷는 황소의 걸음과 몸짓의 내면성까지 들여다볼 수 있다. 심지어는 금빛이라는 그 말에서 우리는 황금빛으로 물들어가는 가을 들판을 연상하기까지 한다. 황소의 황과 금빛의 금은 무의식적으로 두 이미지를 연결하는 구실을 하기도 한다.

더구나 황소도 그냥 황소가 아니라 얼룩백이 황소라고 되어 있다. 이렇게 황소 울음소리는 이중, 삼중으로 시각적 장치에 의해서 눈으로 볼 수 있게 만들어져 있는 것이다. 하지만 정지용의 「향수」는 눈(시각)으로만 그린 고향 풍경은 아니다.

질화로에 재가 식어지면
빈 밭에 밤바람 소리 말을 달리고

의 시구는 소리를 동영상으로 보여준 시각적 이미지의 절정이면서도 동시에 그것은 다채로운 두운과 모운이 연주하는 황홀한 음악상자이기도 한 것이다.

'빈 밭'과 '밤바람'에 근접되어 있는 두 어휘에는 무려 네 개의 'ㅂ' 자음이 중첩되어 있고 '밭', '밤', '바람', '말' 그리고 달리고의 '달'에는 모두 여섯 개의 'ㅏ' 모음(母音)이 반복되어 있다. 그러므로 이 시를 소리내어 읽으면 깊은 겨울밤 바람소리가 귓전으로 스친다. 자수율에만 의존해 있는 한국 시의 층위에 서보면 가히 반란에 가까운 운율 혁명인 것이다.

또 첫째 연의

넓은 벌 동쪽 끝으로 흐르는 실개천

은 시각적 대상을 청각적으로 옮겨 "옛이야기 지줄대는 것"으로 묘사했다. 청각적인 것을 시각적 영상으로 바꿨던 것과는 정반대이다. 이렇게 시각과 청각이 서로 균형과 조화를 이루고 있는 것은

흐릿한 불빛에 돌아앉어 도란도란거리는 곳

이라는 마지막 연에서도 극명하게 드러나 있다. 흐릿한 불빛은

시각적인 것이고 도란도란거리는 것은 청각적인 것이다. 그리고 '돌아앉아'와 '도란도란'의 '도' 음의 중첩은 앞에서 본 것처럼 두운 효과를 최대한으로 이용한 것이다.

「향수」의 정서는 낭만적인 시제에 속하는 정서이다. 그것은 도시의 감정도 농촌의 감정도 아니다. 향수는 장소로는 도시와 농촌의 차이, 시간으로는 현재와 과거의 그 차이에서 우러나오는 감정이다.[9] 그래서 "소리만 들리고 그 모습을 볼 수 없는" 뻐꾹새를 찬양했던 낭만주의 시인들은 「향수」를 노래하는 경우에도 그 차이를 극대화하기 위해서 그 감각의 균형도 깨뜨리는 일이 많다. 그러나 지용의 「향수」는 감각만이 아니라 시의 소재나 구조에서도 고전적인 조화와 균형을 이루고 있다.

시간축을 이루고 있는 계절도 어느 한 계절에 얽매이지 않고 사계절 전체를 균등하게 재현한다. "질화로에 재가 식어지면"의 2연은 겨울이고 "따거운 햇볕을 등에 지고 이삭 줏던 곳"의 4연은 여름철 전후(이삭이 보리 이삭이냐, 벼 이삭이냐로 이른 여름일 수도 있고 늦은 여름일 수도 있다)이다.

나머지 연도 확실한 언급은 없으나 대체로 봄과 가을을 느끼게 하는 것으로 구성되어 있다. 낮과 밤도 그렇다. "질화로에 재가 식어지면⋯⋯"의 2연과 "하늘에는 석근 별"의 마지막 연은 밤 풍경이고 나머지 연들은 낮 풍경이다. 고향에 있는 화자의 연령도 화살을 쏘던 유년 시절에서 "사철 발벗은 아내가⋯⋯"에서 암시되어 있듯이 성인 시절의 기억에 이르기까지 그 폭이 넓다.

지용의 「향수」가 건축적인 균형을 이루고 있다는 것은 무엇보다도 첫째 연과 마지막 연을 비교해보면 자명해진다. 첫 연의 "넓은 벌 동쪽 끝으로" 흐르는 실개천의 공간 구성은 수평적이며 확산적이다. 그리고 실개천이 흐르는 들판은 열린 바깥공간이다. 그러므로 소의 울음소리도 벌판으로 퍼져가는 수평성, 확산성 그리고 바깥공간의 개방성을 지니게 된다. (황소의 울음소리는 종달새 같은 수직성이나 귀뚜라미 같은 내부 공간의 폐쇄성과는 다르다.) 그런데 끝 연을 보면 그 공간 구성이 정반대로 되어 있다.

> 하늘에는 석근 별
> 알 수도 없는 모래성으로 발을 옮기고,
> 서리 까마귀 우지짖고 지나가는 초라한 집웅,
> 흐릿한 불빛에 돌아앉아 도란도란거리는 곳,

즉 하늘의 성근 별에서 시작하여 서리 까마귀로, 서리 까마귀에서 지붕으로 그리고 그 지붕에서 흐릿한 불빛으로 점차 아래로 내려오고 있는 수직 구조로 구성되어 있다. 첫째 연은 실개천이 동쪽 끝으로 흘러갔지만 마지막 연은 하늘의 별빛이 방 안의 불빛으로 귀착되어 있는 것이다. 그리고 실개천이 흘러가는 벌판이 확산적인 외부 공간이라면, 마지막 연의 등불 밑에 돌아

鄕愁 ─ 정지용

앉아 도란거리는 그 방 안은 응축적인 내부 공간이라 할 수 있다.

지용의 「향수」는 햇빛 아래 밝고 넓은 벌판을 향해 우는 금빛 황소 울음으로 시작하여 희미한 불빛 아래 방 안 구석에 돌아앉아 도란도란거리는 인간의 속삭임으로 끝나 있는 것이다. 수평과 수직, 밝은 태양과 희미한 등불, 벌판의 확산과 방 안의 응축 그리고 황소 울음과 속삭임 소리……

정지용이 건축한 향수의 공간[10]은 이렇게 바깥과 안의 대칭적 언어에 의해서 완벽한 균형을 이루고 있다. 솔직히 말해서 정지용의 「향수」는 그의 다른 시에 비해서 결코 그 격조가 높다고는 할 수 없다.

오히려 부분을 보면 시적 이미지와 은유로 넘쳐나 있지만 그 전체의 내용은 수필의 한 대목처럼 설명적이다. "전설 바다에 춤추는 밤물결 같은 검은 귀밑머리 날리는 어린 누이"와 같은 시구는 수식에 수식을 첨가해가는 과다한 시적 수사로 되어 있으면서도 연마다 반복되는 "그 곳이 참하 꿈엔들 잊힐 리야"의 구절은 직설적이고도 상투적인 산문 형태의 글로 되어 있다.

감각이나 시간과 공간의 구성이 그랬듯이 서술의 양식에 있어서도 시와 산문의 이질적인 두 특성을 다 함께 공유하고 있는 것이 지용의 시 「향수」라고 할 수 있다. 그리고 바로 그 점이 많은 사람으로부터 사랑을 받게 된 「향수」의 비밀이기도 한 것이다.

하늘을 향해 쏘아 올린 화살은 끝내는 땅으로 추락하고 만다. 잃어버린 화살을 찾아 풀섶의 이슬에 온몸을 적시고 돌아오는 아이처럼 우리는 고향도 시도 그렇게 잃었다. 아스팔트와 콘크리트에서 태어난 우리의 아이들은 잃어버린 화살조차 쏜 적이 없다. 그래서 아직은 가요곡의 가사로나마 불리어지고 있는 정지용의「향수」는 바로 잃어버린 시에 대한 향수이기도 한 것이다.

10 사슴 — 노천명
원초적이고 본능적인 생명의 알몸뚱이

사슴[1]

노천명

모가지가 길어서 슬픈 짐승이여
언제나 점잖은 편 말이 없구나.
관(冠)이 향기로운 너는
무척 높은 족속이었나 보다.

물속의 제 그림자를 들여다보고
잃었던 전설을 생각해내고는
어찌할 수 없는 향수에
슬픈 모가지를 하고
먼 데 산을 바라본다.

사슴 — 노천명

원초적이고 본능적인 생명의 알몸뚱이

오래된 이야기지만 대학입시에 노천명의 시 「사슴」이 출제되어 화제가 된 적이 있다. "모가지가 길어서 슬픈 짐승이여"의 시구가 무슨 짐승을 가리킨 것이냐는 물음에 대부분의 수험생들이 '기린'이라고 대답했기 때문이다.

　그 충격은 젊은 세대들의 시적 독해력 부족에서가 아니라 전통의 단절감에서 오는 것이었다.

　사슴은 학, 거북이와 함께 십장생의 하나로 한국인과는 참으로 오랫동안 친숙하게 지내온 짐승이다. 불로초를 입에 물고 있는 사슴의 그림은 신선도(神仙圖)가 아니라도 시골 농가의 베갯모에서도 곧잘 찾아볼 수 있다.

　무(武)를 숭상하는 영웅형 문화에서는 사자, 독수리와 같은 힘센 생물이 찬양되고 문장 같은 상징물로 등장하고 있지만, 문(文)을 숭상하는 성자형 문화에서는 사슴, 학처럼 힘없는 짐승들이 오히려 고귀하고 신령한 것으로 대접받는다. 그리고 그러한 짐승들은 웬일인지 목이 무방비 상태로 길다. 쫓기고 잡혀 먹히는 그 약한 짐승들을 오히려 장수의 상징으로 생각했다는 것은 여간한 역설이 아니다.

　그런 점에서 사슴은 약하기 때문에 강하다는 도교적 논리의 모범 답안라고 할 수 있다. 목이 긴 짐승이라고 금시 기린을 생각하는 세대들에게 있어서는 사슴만이 아니라 목이 긴 것과 슬픈 것의 상관성 역시 모르는 문제의 하나일 것이다. 순수한 한국말로는 생명을 목숨이라고 한다.

　생명이라고 하면 추상적으로 느껴지던 것이, 목숨이라고 하면 손으로 만질 수 있듯이 가깝게 느껴진다. '목숨'은 곧 '모가지'라는 육체성을 지니고 있는 말이기 때문이다. 그래서 이 경우만은 국어 순화가 통하지 않는다. 만약 "목이 길어서 슬픈 동물이여"라고 한다면 우리는 아무런 감흥을 받지 못할 것이다.

　노천명의 시만이 아니다. "모가지여 모가지여 모가지여 모가지여"라고 네 번 되풀이한 서정주의 시 「행진곡」에서 우리가 처절한 생명의 절규를 듣게 되는 것도 그것이 '목'이 아니라 '모가지'이기 때문이다.

　'모가지'라는 말 속에는 인간과 동물이 다 같이 공유하고 있는 원초적이고 본능적인 생명의 알몸뚱이가 들어 있다. 목이 짧으면 오히려 생명에 위해를 가하는 공격적 존재로 보이지만 목이 길면 수동성과 생명의 무력성이 드러나게 된다. 모딜리아니가 그린 여인들의 초상이 조금씩 슬퍼 보이는 이유는 예외 없이 그 목이 길게 그려져 있는 탓이다.

슬픔은 짐승이든 인간이든 간에 그 존재를 내면화한다. 노천명의 시적 시각으로 보면 초상집에서 만나는 사람들의 목은 누구나 다 길어 보이고 슬퍼 보이고 조금씩은 정신적으로 보일 것이다. 실제로 노천명은 사슴의 목, 침묵 그리고 그 뿔의 순서로 묘사 대상을 이행해가면서 슬픔에서 점잖음으로, 점잖음에서 고귀함으로 그 내면화 과정을 심화해가고 그 차원을 높여간다.

그러나 이러한 사슴의 속성은 "높은 족속이었나 보다"의 과거형으로 묘사하고, 또 다음 연에서는 "먼 데 산을 본다"라고 하여 사슴의 본래성과 현존성의 괴리를 나타내고 있다. 직설적으로 말해서 노천명의 사슴은 십장생도에 등장하는 심산유곡의 사슴이 아니라 동물원에서 사육되고 있는 문명 속의 사슴을 그리고 있는 것이다.

동물원이 아니라면 사슴목장 속의 사슴이거나 일본 나라(奈良)에 가축처럼 기르고 있는 그런 사슴인 것이다. 많은 평자들이 이 점을 잘 모르고 있기 때문에 작가의 자아니 자화상이니 하는 어려운 말들을 붙여서 풀이를 하고 있는 것이다.[2]

물속의 제 그림자를 들여다보고

잃었던 전설을 생각해내고는

어찌할 수 없는 향수에

슬픈 모가지를 하고

먼 데 산을 바라본다.

사슴 — 노천명

사슴이 먼 데 산을 본다는 것은 곧 그 사슴이 지금 산에 있지 않다는 것을 나타내는 말이며 '잃었던 전설'이나 '향수'라는 말은 그 '먼 산'(불로초가 있는 전설의 공간, 인간계에서 멀리 떨어져 있는 자연)에 있었던 때의 사슴을 가리키는 것으로 현존하고 있는 그 사슴과는 시간도 공간도 모두 멀리 떨어져 있음을 시사하는 것이다.

이 시에서 '먼 데'라는 말은 지리적인 거리만이 아니라 내면적인 거리, 의식 속의 거리를 가리키는 것이며 사슴의 본래성과 그 현존성의 괴리를 보여준다. 사슴만이 아니라 '본래의 나'와 '현존하는 나'의 괴리 속에서 살아가는 존재들은 모두가 슬픈 모가지를 하고 먼 데 산을 바라보는 존재가 된 것이다.

그러므로 이 「사슴」을 노천명 시인의 자화상이라고 말하는 평자들은 그야말로 사슴을 동물원에 가둔 사육사와 다를 것이 없다. 왜냐하면 이 시가 지닌 보편적 감동을, 그 전설을 빼앗아버리는 것이 되기 때문이다.

동물원 속의 사슴은 세속화한 사회, 물질문명 속에서 사육되고 있는 모든 시인의 모습이고 동시에 목에 갈기를 세우고 돌진해오는 권력자나 실리자 앞에서 슬픈 모가지를 내밀고 있는 무력한 지식인들의 초상화이기도 한 것이다.

이 천박한 시대 속에서, 상상력이 없는 목 짧은 그 사람들이 생존의 땅을 독점하고 있는 이 도시에서, 몰락해가는 모든 정신주의자에게 남아 있는 것이 있다면 그것은 오직 과거의 흔적으로 남아 있는 향기로운 관뿐이다.

　사슴뿔은 해마다 떨어졌다가는 다시 새 뿔이 돋아나는 재생의 힘을 지니고 있다. 옛날 임금들이 사슴뿔 모양의 왕관을 썼던 것도 바로 이 거듭나는 신비한 재생력과 그 영원성을 동경하였기 때문이다.[3]

　이제 누가 향기로운 관을 쓰려고 하는가. 손과 발이 머리를 압도하는 행동의 시대에 누가 머리를 장식하려 하는가. 누가 재생의 신비한 의식의 가지치기를 믿으려 하는가. 사슴은 모든 것을 잃었지만 "먼 데 산을 보는" 눈이 있는 한 그 향기로운 관은 거듭 태어나는 재생의 전설을 잃지 않을 것이다.

　그리고 사슴의 슬픈 모가지는 먹이를 물어뜯고 포효하는 늑대의 그 이빨보다 더 오랜 세월을 시 속에서 그리고 십장생의 베갯모 속에서 살아가게 될 것이다.

11 저녁에 ― 김광섭
슬프고 아름다운 별의 패러독스

저녁에

김광섭

저렇게 많은 중에서
별 하나가 나를 내려다본다
이렇게 많은 사람 중에서
그 별 하나를 쳐다본다

밤이 깊을수록
별은 밝음 속에 사라지고
나는 어둠 속에 사라진다

이렇게 정다운
너 하나 나 하나는
어디서 무엇이 되어
다시 만나랴

저녁에 — 김광섭

슬프고 아름다운 별의 패러독스

이산(怡山) 김광섭(金光燮)은 오염되어가는 지상의 문명을 고발한 「성북동 비둘기」의 시인이면서도 동시에 천상의 별을 노래한 「저녁에」의 시인이기도 하다. 지상과 천상은 그렇게 멀리 떨어져 있으면서도 시의 세계에서는 한울타리 속에 있다.

    인간은 땅 위에서 살고 있으면서도 하늘의 별을 바라보며 살아가고 있는 존재인 까닭이다. 무엇인가 깊이 생각하는 것을 영어로 컨시더(consider)라고 하지만 원래의 뜻은 '별을 바라다본다'라는 말이다.[1]

    옛날 사람들은 실제의 바다든 삶의 바다든 별을 보고 건너갔다. 점성술과 항해술은 근본적으로 하나였던 것이다. 인간의 이성과 과학(천문학)이 지배하는 시대에도 "이 세상에서 여전히 알 수 없는 것은 밤하늘의 별이요, 마음속의 시(도덕률)"라는 칸트의 경이(驚異)는 사라지지 않는다.

    그리고 그 둘 사이에는 하나의 공통점이 있다. 저녁이 되어서야, 그러니까 어둠이 와야 비로소 그 정체를 볼 수 있다는 사실이다. "저렇게 많은 중에서 별 하나가 나를 내려다본다"로 시작되는 그 시제(詩題)가 '저녁에'로 되어 있는 것을 보아도 알 수 있다.

그 시의 의미를 더 깊이 따져 들어가면 알 수 있겠지만, 엄격하게 말해서 「저녁에」의 시를 이끌어가는 언술은 '별'(천상)도 '나'(지상)도 아니다. "별 하나가 나를 내려다본다"라는 언술의 주체는 '나'가 아니라 '별'이다. 나는 '보다'의 목적어로 별의 피사체로 되어 있는 것이다. 그러나 "이렇게 많은 사람 중에서 그 별 하나를 쳐다본다"의 다음 시구에서는 지상의 사람이 그리고 '나'가 언술의 주체로 바뀌어 있다.

시점이 하나가 아니라 병렬적으로 복합되어 있기 때문에 하늘과 땅, 별과 사람 그리고 '내려다보다'와 '쳐다보다'가 완벽한 대구를 이루며 동시적으로 나란히 마주보고 있는 것이다.[2]

그러나 그림과는 달리 언어로 표현할 때는 불가피하게 말을 순차적으로 배열하지 않으면 안 된다. 그렇기 때문에 자연히 그 순위가 생겨나게 마련이다. 「저녁에」의 경우도 '별'이 '나'보다 먼저 나와 있다. 즉 별이 먼저 나를 내려다본 것으로 되어 있다. 그 시선에 있어서 나는 수동적이다.

첫 행의 경우 시점과 발신자가 별 쪽으로 기울어 있는 것이다. 그러면서도 시점의 거리를 결정하는 '이', '그', '저'의 지시대명사를 보면 별의 경우에는 '저렇게 많은 것'이라고 되어 있고, 사람의 경우는 '이렇게 많은 사람'으로 되어 있는 것이다. 시점

거리가 '저렇게(별)'보다 '이렇게(사람)'가 훨씬 더 가깝다는 것은 두말할 필요가 없다.

사르트르처럼, 본다는 것은 대상을 지배하고 정복한다는 것이다. 그러므로 내가 남을 보고 남이 나를 본다는 것은 끝이 없는 격렬한 싸움인 것이며, 인간의 삶과 존재란 결국 이러한 눈싸움에 지나지 않는다. 그래서 그 유명한 명제 "타자(他子)는 지옥"[3]이란 말이 태어나게 된다.

그런데 별이 나를 내려다보고 내가 별을 쳐다보는 그 시선이 그러한 눈싸움이 되지 않고 오히려 정반대로 정다운 것이 되는 그 이유는 무엇인가. 그리고 "저렇게 많은 별 중에"라고 불렸던 별이 나중에 오면 "이렇게 정다운 별 하나"로 바뀌는 그 의미는 무엇인가.

'저렇게'에서 '이렇게'로 변화하게 만든 그 시점은 누구의 것인가. 이러한 물음에 답하는 것이 「저녁에」라는 시 읽기의 버팀목이라 할 수 있다.

답안을 퀴즈 문제처럼 질질 끌 것이 아니라 직설적으로 펼쳐 보면 그것은 앞서 이야기한 대로 이 시의 제목처럼 '저녁'이라는 그 시간이다. 별이 나를 내려다본 것이나 내가 별을 쳐다본 것이나 그 이전에 저녁이 먼저 있었다. 저녁이 없었다면, 어둠이라는 그 시간이 오지 않았으면, 내려다보는 것도 쳐다보는 것도 모두 불가능해진다.

저녁에 — 김광섭

저녁이란 어둠의 시작이 운명처럼 나와 별을 함께 맺어주고 끌어안는다. 그리고 그 저녁이라는 한순간의 시간 속에서 우연처럼 별 하나와 나 하나가 만난다. 이러한 우연, 그러나 절대적인 운명과도 같은 이 마주 보기를 가능케 하는 것은 하늘과 땅의 이 차원(異次元)과 그 절대 거리를 소멸시키는 저녁인 것이다.

저녁은 태어나는 순간부터 죽음을 잉태하고 있는 인간의 삶 그것처럼 어둠이 시작되는 시간이다. 그래서 저녁은 정다운 "너 하나 나 하나"의 관계를 탄생시키는 시간이지만 동시에 그것들의 사라짐을 예고하는 시간이기도 한 것이다. 저녁은 밤이 되고 새벽이 되는 어쩔 수 없는 운명을 지닌 시간이기 때문이다.

그것이 바로

밤이 깊을수록
별은 밝음 속에 사라지고
나는 어둠 속에 사라진다

라는 둘째 연의 시구이다. 만남은 곧 헤어짐이라는 회자정리(會者定離)의 그 진부한 주제가 여전히 이 시에서 시효를 상실하지 않고 우리 가슴을 치는 것은 그것이 시적 패러독스를 지니고 있기 때문이라고 말할 수 있다. "별은 밝음 속에 사라지고 나는 어둠 속에 사라진다"에서 볼 수 있듯이 빛과 어둠의 정반대되는 것이 그 사라짐의 명제 속에 교차되어 있다. 그렇게 정다운 너 하나 나 하나이면서도 사라지는 시간과 장소는 빛과 어둠이라는 합칠 수 없는 모순 속에 존재한다. 저녁의 시간이 빛과 어둠으로 다시 분리될 때 나와 별은 사라진다. 이것이 슬프고 아름다운 별의 패러독스다.

그러나 김광섭은 한국의 시인이다. 사람들은 멀고 먼 하늘에 자신의 별을 하나씩 가지고 살아오고 있다고 믿는 한국인이었다. 그리고 학교에서 천문학의 별을 배우기 전에 멍석 위에서 별 하나 나 하나를 외우던 한국의 어린이였다. 그렇기 때문에 별의 패러독스는 "타자는 지옥이다."가 아니라 "타자는 정(情)이다."로 변한다. 그리고 그 한국인은 윤회의 길고 긴 시간의 순환 속에서 다시 만나는 또 하나의 저녁을 기다린다.

그것이 한국인의 가슴속에 그렇게도 오래오래 남아 있는 "무엇이 되어 다시 만나랴"라는 마지막 그 시구이다. 그 시구가 화가와 만나면 한 폭의 그림이 되고, 극작가와 만나면 한 편의 드라마가 그리고 춤추는 무희와 만나면 노래와 춤이 된다.[4]

그리고 모든 사람들과 만나서는 "정다운 너 하나 나 하나"의 만남이 된다. 저렇게 많은 별 중의 하나와 마주 보듯이 박모(薄暮)의 시간 속에서 우리는 지상의 별 하나와 만난다. 누가 먼저이고 누가 나중인지도 모르는 운명의 만남을…….

그리고 그렇게나 먼 빛과 어둠의 두 세계로 사라진다 해도

저녁에 ― 김광섭

우리는 "무엇이 되어 다시 만나랴"의 시구를 잊지 않는다. 비록 그것이 '만나랴'라는 의문형으로 끝나 있지만 그러한 시적 상상력이 존재하는 한 "정다운 너 하나 나 하나"의 관계는 사라지지 않는다. 하늘과 땅의 몇 광년의 먼 거리를 소멸시키고 영원히 마주 보는 시선을 어떤 시간도 멸하지 못한다.

별이 나를 내려다보고 내가 별을 쳐다보는 수직적 공간 그리고 그것을 에워싸는 저녁의 시간……. 그 순간의 만남을 영원한 순환의 시선으로 바꿔주는 것이야말로 시가 맡은 소중한 임무 가운데 하나이다.

12 청포도 — 이육사
하늘의 공간과 전설의 시간을 먹다

청포도

이육사

내 고장 칠월은
청포도가 익어가는 시절

이 마을 전설이 주저리주저리 열리고
먼 데 하늘이 꿈꾸며 알알이 들어와 박혀

하늘 밑 푸른 바다가 가슴을 열고
흰 돛단배가 곱게 밀려서 오면

내가 바라는 손님은 고달픈 몸으로
청포(靑袍)를 입고 찾아온다고 했으니

내 그를 맞아 이 포도를 따먹으면 두 손
은 함뿍 적셔도 좋으련

아이야 우리 식탁엔 은쟁반에
하이얀 모시 수건을 마련해두렴

12 　　　　청포도 — 이육사

하늘의 공간과 전설의 시간을 먹다

"내 고장 칠월은 청포도가 익어가는 시절", 이육사의 그 유명한 청포도는 이렇게 시작한다.

'내 고장'은 일정한 장소를 의미하는 공간적 요소이고, 칠월은 일정한 계절을 한정하는 시간적 요소[1]이다. 그리고 청포도는 그 시간과 공간 속에 자리하고 있는 특정한 사물(object)이다.

그러니까 청포도의 시작은 '내 고장/칠월/청포도'의 의미 단위로 시간-공간-사물의 세 꼭짓점을 지닌 삼각형으로 구성되어 있다.[2] 그리고 그 같은 삼각 구도의 모태 속에서 여러 가지 의미와 이미지가 탄생된다. 청포도를 읽는다는 것은 다름 아닌 그 삼각형의 변화를 추적해가는 언어의 위상기하학이라 할 수 있다.

청포도의 모양을 묘사한 다음 연을 보면 그 의미가 더욱 확실해진다. "이 마을 전설이 주저리주저리 열리고 먼 데 하늘이 꿈꾸며 알알이 들어와 박혀"에서 금세 눈에 띄는 것은 '전설'과 '하늘' 그리고 '주저리주저리'와 '알알이'의 대구(對句)일 것이다.

'주저리주저리'는 포도송이의 선조성(線條性)과 '전설'의 지속적 시간을 수식하고 있는 말이다. 포도는 줄줄이 열리는 그 연속성 때문에 예로부터 대(代)를 이어가는 다산성(多産性)의 상징이 되어왔다. 남들이 보는 앞에서 처녀들이 포도를 먹는 것을 망측하게 생각했던 것도 그 때문이다.

그리고 '알알이'라는 말은 '주저리'의 반복어와 대조를 이루는 말로 파랗고 투명하고 무한한 구형의 하늘을 압축해놓은 공간성을 묘사한 것이다. 내 고장 칠월로 시작된 청포도는 어느덧 전설의 무궁한 시간과 하늘의 무한한 공간 속에 용해된 '우주의 포도'로 심화되어 있다.[3]

그 하늘의 꼭짓점이 다시 바다로 변하고 전설의 옛 시간이 약속의 새 시간으로 뻗어간 것이 3연째의 시구들, "하늘 밑 푸른 바다가 가슴을 열고 흰 돛단배가 곱게 밀려서 오면 내가 바라는 손님은 고달픈 몸으로 청포(靑袍)를 입고 찾아온다고 했으니"이다.

자연 그대로의 층위로 제시되었던 청포도의 삼각형이 우주와 일체화한 삼각형으로 심화되고 그것이 3, 4연에 오면 인간의 층위, 즉 사회와 역사의 층위로 가 삼각형의 구도가 바뀐 것이다. 이 새로운 삼각형에서 청포도가 있었던 꼭짓점을 차지하고 있는 것은 바로 '나' 자신이다. 멀리 떨어져 있던 하늘과 아득한 전설이 청포도로 들어와 익어가는 것처럼, 먼 바다에서 어렴풋한 약속을 한 청포 입은 그 손님이 찾아옴으로써 '나'의 계절은 익어가

는 것이다.[4]

이와 같은 삼각 구조를 통해서 유추해보면 지금까지 청포 입은 손님이 누구냐로 논란을 빚었던 일들이 참으로 부질없는 것임을 깨닫게 된다. 청포를 사전에서 찾아보면 푸른 도포로 조선조 때 4품에서 6품의 관원들이 입던 관복이라고 적혀 있다. 그 사전적인 뜻풀이가 아무 도움도 되지 않기 때문에 그동안 평자들은 기상천외한 상상력을 발휘하여 많은 답안들을 만들었다. 심지어 그중의 한 답안에는 "내 고장 7월을 양력으로 치면 8월이 되니까 우리가 일제로부터 해방된 날이고 바다에서 온 청포 입은 손님은 우리에게 광복을 가져다준 미군 병사들"이라고 한 어느 국문학자의 '예언설'까지 있다.

하늘과 전설이 청포도 속으로 뛰어 들어오는 것처럼 청포 입은 손님은 내게로 오는 것이다. 그것을 우선 음운적 층위에서 보면 '청포'는 '청포도'와 음이 같다. 글자 하나가 틀릴 뿐이다. 그리고 색채 이미지 역시 같은 청색 계열이다.

이 시의 전체 기조색이 청색인 것이다. 하늘도 바다도 전설도 모두가 청포도와 같은 푸른 색조이므로 그 손님의 옷이 청포라는 것은 조금도 부자연스러울 것이 없다. 그리고 그 청색은 흰 돛이나 마지막의 은쟁반 그리고 모시수건 같은 백색 계열과 대응하는 중요한 색채적 이미지를 자아낸다.

이를테면 음성이나 영상으로 보면 왜 하필 청포인지 금세 납득이 간다. 다만 소리나 영상의 감각적 기능과 어울리게 되는 관념(이미지)의 부분이 우리를 당황하게 만드는 것이다. 그러나 그 관념을 분석하기 위해서는 시의 구조를 결정하는 삼각형의 꼭짓점들의 변화를 보면 된다. 마지막 연에 등장하는 삼각형의 구조를 앞의 것과 비교하는 청포 입은 사람이 내포하고 있는 메시지가 무엇인지 저절로 떠오르게 될 것이다.

"내 그를 맞아 이 포도를 따먹으면"에서 우리는 '보는 포도', '상상하는 포도'가 마지막에는 '따먹는 포도'로 패러다임의 변화를 일으키고 있다는 것을 알게 된다.[5] 제1의 삼각형은 내 고장 칠월의 청포도이고, 제2의 삼각형의 하늘과 전설로서의 우주적 청포도 그리고 제3의 삼각형의 따먹는 청포도.

"아이야 우리 식탁엔 은쟁반에 하이얀 모시 수건을 마련해 두렴"의 마지막 시행을 놓고 생각해보자. 공간의 꼭짓점은 '마을→하늘→바다'에서 '식탁→은쟁반'으로 응축되었다.

시간은 아득한 옛날의 전설에서 '마련해두렴'으로 기다리고 예비하는 근(近) 미래의 시간으로 수렴되었다. 그것은 이미 열리고 익어가는 시간이 아니라, 먹는 것을 예비하는 종결의 시간인 것이다.

무엇보다도 대상물의 꼭짓점이 청포도 하나에서 그것을 먹는 나와 손님까지 셋이다. 최후 만찬의 식탁에서 빵과 포도주를 먹으며 예수는 그것이 나의 피와 살이라고 했다.

청포도 — 이육사

빵과 포도주를 먹는 것은 곧 예수와 그 제자들이 하나가 되는 것이며, 관념적인 메시지가 신체성(身體性)을 갖고 살과 피로 화(化)하는 것을 의미한다. 이 식탁의 경우도 마찬가지이다. 포도를 함께 먹는다는 것은 나와 손님이 하나의 신체성을 획득한 '우리'로서 일체화한다.

육사는 그의 시 「황혼」에서도 외로운 수녀(修女), 수인(囚人) 그리고 아프리카의 흑인들이나 아라비아의 대상(隊商)들처럼 한 번도 보지 못한 지구 끝의 모든 사람들과 하나가 되는 황혼의 골방을 몽상했다.

청포도를 먹는다는 것은 곧 하늘의 공간과 전설의 시간을 먹는 것이기도 하다. 말하자면 제1의 자연 삼각형, 제2의 우주 삼각형 그리고 제3의 인간(사회, 역사)의 그 삼각형이 오버랩될 때 그의 시적 행위는 종결된다. 그것이 육사가 '우리의 식탁'이라고 부르고 있는, 바로 모든 것이 일체화하는 그 종결의 장소이다.

「황혼」에 있어서의 골방처럼 은쟁반의 작고 둥근 그러나 눈부신 빛의 금속 위에 육사는 인간과 자연과 우주의 모든 것을 하나로 담았다. 아니다. 마지막 시행들이 '좋으련', '마련해두렴'의 원망(願望) 종지형으로 끝나 있듯이 모든 것을 하나로 담으려 하고 있다.

그에게 있어서 시란 그리고 삶과 인간의 역사란 청포도를 함께 먹기 위해 마련하는 '우리의 식탁' 그리고 그것이 한층 더 응축된 은쟁반을 예비해두는 일이 아니겠는가. 그리고 그러한 몽상의 끝에 있는 것은 언제나 진솔하고 정갈한 다공질(多孔質)의 섬유, 그 모시수건이 아니겠는가.

13 군말 — 한용운
미로는 시를 요구하고 시는 또한 미로를 필요로 한다

군말

한용운

　'님'만 님이 아니라 긔룬 것은 다 님이다. 중생(衆生)이 석가(釋迦)의 님이라면 철학(哲學)은 칸트의 님이다. 장미화(薔薇花)의 님이 봄비라면 마시니의 님은 이태리(伊太利)다. 님은 내가 사랑할 뿐 아니라 나를 사랑하나니라.

　연애(戀愛)가 자유(自由)라면 님도 自由일 것이다. 그러나 너희들은 이름 조은 自由에 알뜰한 구속(拘束)을 밧지 안너냐. 너에게도 님이 잇너냐. 잇다면 님이 아니라 너의 그림자니라.

　나는 해 저문 벌판에서 도러가는 길을 일코 헤매는 어린 양(羊)이 긔루어서 이 시(詩)를 쓴다.

군말 ─ 한용운

13

미로는 시를 요구하고
시는 또한 미로를 필요로 한다

만약 만해(萬海) 한용운(韓龍雲)을 모르는 외국의 문학 독자가 아무 선입견 없이 「님의 침묵」을 읽는다면 어떤 생각이 들까. 틀림없이 아름다운 연시(戀詩)라고 생각할 것이다.

그것도 남성이 아니라 님을 향한 한 여인의 시시절절한 사랑을 노래한 사포의 서정시¹를 연상하게 되는지 모른다. 그러나 만해가 불교의 승려이며 기미독립운동을 일으킨 애국지사의 한 사람이라는 사실을 잘 알고 있는 한국 사람들은 「님의 침묵」을 사랑의 시로서 읽으려 하지 않는다. 겉으로는 연시 같으면서도 속은 임금에 대한 충성심을 노래했던 사군가(思君歌)의 전통을 잘 알고 있는 사람들이라면 더욱 그럴 것이다.

그 결과로 님은 님이 아니라 조국을 가리킨 것이며, 침묵은 이별이 아니라 그 조국을 잃은 식민지 상황을 의미한 것이라는 모범 답안을 썼다. 그래서 "아 님은 갔습니다"로 시작하는 「님의 침묵」은 기미독립운동의 좌절을 노래한 삼일절 노래가 되어버린다.

그런가 하면 또 만해의 님은 님이 아니라 니르바나의 마음을 현상화한 부처님이며, 그 침묵은 깨달음을 향한 끝없는 구도(求道)의 길을 의미한 것이라고 주장하여 시를 증도가(證道歌)의 하나로 바꿔버린다. 만해의 님은 수많은 비평서 속에서 이렇게 속(俗)과 성(聖)의 양극을 오가는 시계추가 된다.

그러나 정말 「님의 침묵」은 「기미독립선언문」[2]이나 혹은 『조선불교유신론』[3]의 연장선상에서 읽혀야 하는 것인지, 그에 대해서 만해 자신이 직접 대답하고 있는 것이 바로 시집 『님의 침묵』의 첫머리에 실린 「군말」이라는 서시(序詩)이다.

만해는 그 글에서 자기가 시의 키워드로 삼은 님이란 말에 대하여 분명한 정의를 내리고 있다. 그것이 바로 "님만 님이 아니라 기리운 것은 다 님이다"라는 구절이다. 무엇보다도 이 시구에 대해서 주의를 기울여야 할 부분은 '만 아니라'의 그 조사용법이다. 왜냐하면 지금까지 님을 조국, 또는 부처님으로 풀이해온 사람들은 "님만 님이 아니라"를 '만' 자를 빼고 그냥 "님은 님이 아니라"로 읽어온 것과 다름이 없기 때문이다.

그 결과로 「님의 침묵」은 연시적(戀詩的) 요소가 전연 배제된 애국시, 또는 종교시의 이데올로기로서만 남게 된다. 하지만 만해는 분명히 「군말」에서 "님은 님이 아니라"라고 하지 않고 "님만 님이 아니라"라고 읊고 있다. 그가 말하는 님 속에는 일상적인 님[연인(戀人)]의 뜻도 포함되어 있는 것이다.

'만'이라는 토씨가 있고 없고의 차이가 어떤 것인지 영어의 구문 형식으로 대치해보면 보다 명확히 할 수 있을 것이다. 만해의 님은 'not A but B'가 아니라, 'not only A but B'로 A와 B는 배제적 관계가 아니라 포함적 관계다.

　엄격하게 말해서 「군말」에서 나오는 님의 정의는 그야말로 만해 자신만의 정의가 아니라 한국말의 고전적 정의라고 하는 것이 옳다.

　'님'이라는 한국말의 원형적 의미는 황진이의 '정든 님'의 그 에로스적 사랑만이 아니라 형님, 어머님과 손님, 선생님이라고 할 때의 그 필리아적 사랑 그리고 햇님 달님의 자연과 초월적인 존재의 하느님에 이르는 아가페적인 사랑의 모든 대상과 관련된 것이다. 마음속으로 '기리는 것'이면 모두 다 '님'이라고 불렀다.

　그러니까 님을 어느 한정된 대상에 국한시키려 하는 태도는 한국의 전통적인 말뜻은 물론 만해의 그 정의에서도 어긋나는 것이라 할 수 있다.

　한용운의 '님'은 한국말 그대로 모든 영역을 횡단하고 수용하는 열려진 의미로서의 님이라는 것을 우리는 「군말」의 다음과 같은 구절을 통해서 확인할 수가 있다.

　중생이 석가의 님이라면 철학은 칸트의 님이다. 장미화의 님이 봄비라면 마시니의 님은 이태리다.

석가의 님이 종교적 층위에 속하는 것이라면 칸트의 님은 사상적 층위에, 장미화의 님은 자연에, 그리고 마시니[4]의 님은 정치적 층위에 각기 위치해 있는 것이라 할 수 있다.

만해는 이렇게 '님'이란 말을 한 가지 층위에 국한된 것으로 보지 않았다. 그것이 종교, 사상, 정치, 자연의 모든 영역을 횡단하고 넘나드는 메타 언어였기 때문에 그 말을 그토록 소중하게 여겼던 것이다.

그러고 보면 우리가 정녕 궁금하게 여겨야 할 것은 '님'이란 말의 대상보다는 '기리운 것'이라는 그 사투리의 말뜻이다. 그것이 민족이든 중생이든 이성(異性)이든 '기리워'하면 모두 다 님이 되는 것이고, 그렇지 않으면 님이라고 생각하고 있던 것도 님이 아닌 것이다. "너에게도 님이 잇너냐. 잇다면 님이 아니라 너의 그림자니라."라는 시구를 통해서도 알 수 있다.

사람들은 '기리움'을 간단히 '그리움'의 사투리라고 풀이한다. 그렇게 아무 일 없이 표준말로 옮길 수 있는 것이라면 만해는 시를 쓰지 않아도 되었을 것이다. 세 살 때부터 사전이 아니라 삶을 통해 학습한 그 체험의 말은 시로써밖에는 표현할 수 없었기에 그는 독립운동가요, 승려에서 그치지 않고 시를 써야만 했던 것이다. 「님의 침묵」에서 님과 동격을 이루는 그 '기리움'은 사랑, 그리움, 찬미, 존경, 연민, 아쉬움 등 가지각색의 감정과 관념의 복합적 의미를 담고 있다.

그런데 우리는 대체 뭐냐. 만해가 애써 찾아서 갈고 닦아낸 님이라는 그 귀중한 한국말, 열려 있는 말, 모든 계층과 그 영역을 횡단하는 말, 어느 대상에 가 붙든 그것을 끝없이 새롭게 변형시키고 심화시키는 말, 우리를 목마르게 하는 말, 침묵 속에서 노래를, 어둠 속에서 빛을 그리고 타다 남은 재를 다시 기름이 되게 하는 기적의 말, 그 입체적인 시의 말을 그동안 얼마나 많은 사람들이 달려들어 망치로 두들겨 펴서 납작하게 만들어놓았는가. 자유롭고 아름다운 한국말의 그 님을 정치와 종교의 울 안에 가두어 가축처럼 길들이려 했는가.

「군말」에서 불교도인 만해는 연꽃 대신 장미화나 길 잃은 양과 같은 기독교적 상징어를 사용하고 있으며, 민족운동가인 그가 충무공의 이름이 아니라 이탈리아를 통일한 마시니의 이름을 거명(擧名)하고 있다.

예수도 부처도 산신령도 한국에 오면 예수님, 부처님, 산신령님이 되듯이, 만해의 님은 세계의 모든 것을 싸버릴 만큼 크고 넓기 때문이다.

님의 뜻보다는 아무래도 그 '님'이 누구인지 궁금하다고 말하는 사람이 있다면 「군말」의 맨 마지막 시행을 정독(精讀)하면 될 것이다. 「군말」의 구조는 석가, 칸트, 마시니로 시작하는 '그들의 님'에서 "너희들에게도 님이 있더냐"의 '너희들의 님' 그리고 "나는 해 저문 벌판에"로 끝맺음하고 있는 '나'의 님으로 구성되어 있다. 즉 "나는 해 저문 벌판에서 돌아갈 길을 잃고 헤매는 어린 양이 기리워서 이 시를 쓴다"의 마지막 대목에서 만해는 나의 님이 누구인지 명시하고 있다. 만해가 기리워하고 있는 대상은 "돌아갈 길을 잃은 어린 양"이다.

그리고 그 기리운 것들은 그에게 시를 쓰게 한다. 그에게 예불을 하게 하는 님이 있고 「독립선언문」을 읽게 하는 님이 있었다면, 그에게는 시를 쓰게 하는 또 하나의 님이 있었던 것이다.

늑대에 잡혀 먹히는 양이 아니다. 길 잃은 어린 양들―미로 위에 서 있는 어린 양들(무구성, 無垢性)은 시를 갈망하는 존재―자기 자신까지를 포함한 세계의 독자들인 것이다.

언제나 미로는 시를 요구하고, 시는 또한 미로를 필요로 한다. 한국 고유의 님이란 말이 있었기에 만해는 독립운동가로서의 목소리, 불교 승려로서의 목소리 그리고 최종적으로는 사랑을 노래하는 시인으로서의 목소리를 한데 묶는 화성법을 익힐 수 있었다. 이 화성(和聲)을 단성(單聲)으로 만드는 어리석음을 우리는 미로의 어린 양들의 이름으로 단죄(斷罪)해야 할 것이다.

3부

| 14 | **화사(花蛇) ─ 서정주**
욕망의 착종과 모순의 뜨거운 피로부터 |

| 15 | **해 ─ 박두진**
해의 조련사 |

| 16 | **오감도 詩 제1호 ─ 이상**
느낌의 방식에서 인식의 방식으로 |

| 17 | **그 날이 오면 ─ 심훈**
한의 종소리와 신바람의 북소리 |

| 18 | **외인촌 ─ 김광균**
흩어지는 푸른 종소리에 숨어 있는 시적 공간 |

| 19 | **승무(僧舞) ─ 조지훈**
하늘의 별빛을 땅의 귀뚜리 소리로 옮기는 일 |

14 화사(花蛇) — 서정주
욕망의 착종과 모순의 뜨거운 피로부터

화사(花蛇)

서정주

麝香薄荷(사향박하)의 뒤안길이다.
아름다운 배암……
을마나 크다란 슬픔으로 태어났기에
저리도 징그러운 몸뚱아리냐.

꽃대님 같다.
너의 할아버지가 이브를 꼬여내던 達辯(달변)의 혓바닥이
소리 잃은 채 낼룽거리는 붉은 아가리로
푸른 하늘이다.…… 물어뜯어라, 원통히 물어뜯어,
달아나거라. 저 놈의 대가리!

돌팔매를 쏘면서, 쏘면서, 麝香芳草(사향방초)ㅅ길
저 놈의 뒤를 따르는 것은
우리 할아버지의 안해가 이브라서 그러는 게 아니라
石油(석유) 먹은 듯…… 石油(석유) 먹은 듯…… 가쁜 숨결이야

바늘에 꼬여 두를까 부다.
꽃대님보다도 아름다운 빛……

클레오파트라의 피 먹은 양 붉게 타오르는
고운 입설이다.…… 스며라, 배암!

우리 순네는 스물 난 색시, 고양이같이 고운 입설…… 스며라, 배암!

14 화사(花蛇) — 서정주

욕망의 착종과 모순의 뜨거운 피로부터

뱀 혓바닥을 그리라고 하면 누구나 다 붉게 칠할 것이다. 어린이들이 보는 만화책이나 동화책의 삽화에 나오는 뱀들도 으레 그렇게 되어 있다. 그러나 조금만 주의 깊게 관찰해보면 현실 속의 진짜 뱀들의 그 혀들이 모두 검다는 것을 알 수 있다.

문제는 왜 사람들이 제 눈으로 수없이 뱀을 보아왔으면서도 그 혓바닥을 붉다고 생각해왔느냐 하는 것이다. 그것은 뱀에 대한 인간의 박물학적 체험과 신화적 체험이 서로 다르다는 증거이다. 그래서 영어의 경우에는 snake와 serpent[1]와 같이 뱀을 가리키는 두 개의 다른 낱말을 사용한다.

미당(未堂) 서정주(徐廷柱)의 그 유명한 「화사(花蛇)」의 뱀 역시 '붉은 아가리'를 한 뱀이다. 더구나 그 뱀의 원형적(신화적) 체험은 세 개의 다른 문명권을 내포하고 있는 것으로 한결 더 심층적이고 다양한 이미지를 띠고 있다.

「화사」는 이브를 유혹한 원죄(原罪)로서의 뱀으로 시작된다. 그러나 다음 시행에 오면 "클레오파트라의 피 먹은 양 붉게 타오르는" 뱀으로 기독교적인 원형적 이미지[2]에 헬레니즘적인 심미성³이 부가된다. 그리고 제일 마지막에는 "우리 순네는 스물 난 색시"로 토착적인 한국 여성의 유교적, 혹은 무속적 이미지⁴로 굳어진다. 이렇게 화사의 뱀은 이브와 클레오파트라 그리고 순네의 세 영성의 이름과 병렬되어 있고, 그 여인들과 동일시된 뱀은 성과 억압, 쾌락과 파멸의 미묘한 앰비벌렌스(ambivalence, 복합감정)의 시적 긴장감으로 조형되어 있다.

'화사'라는 제목부터가 그렇다. 꽃은 아름다운 것이다. 그것은 빛처럼 겉으로 드러나 있는 것이며, 모든 것을 가까이 불러들인다. 그러나 뱀은 추하고 흉한 것이다. 그것은 어둠처럼 풀숲이나 구멍 속에 숨어 있는 것이며, 누구나 그것을 보면 멀리 피하려고 한다. 이렇게도 다른 양극의 요소를 한 몸에 지니고 있는 것이 '꽃뱀'이다.

그 뱀이 위치해 있는 '사향박하의 뒤안길'⁵도 마찬가지다. 사향박하는 향기로운 냄새로 겉으로 확산되는 공간성을 지니고 있지만, 뒤안길은 사람 눈에 잘 띄지 않는 어둡고 은폐되어 있는 공간이다.

뱀에 대한 화자의 언표도 마찬가지다. 처음에는 '아름다운 배암'이라고 단언한다. 그러나 곧 이어서 '을마나 크다란 슬픔으로 태어났기에 저리도 징그러운 몸뚱아리냐'라고 진술을 한다. 미당이 정신분열자가 아니라면 분명 뱀은 국어사전의 벽을 저만큼 뛰어넘어 '아름답고' '슬프고' '징그러운' 것이 하나의 동의어

화사(花蛇) ─ 서정주

로서 똬리를 튼다.

　미당은 시적 음운을 교묘히 구사하여 그 징그러움을 거의 생리적인 현상으로 표현해주고 있다. 즉 미당은 '얼마나'를 '을마나'로, '커다란'을 '크다란'으로, '어' 음을 모두 '으' 음으로 바꿔놓았다. 그리고 거기에 또 '으' 음이 둘이나 있는 '슬픔'이란 말을 곁들여서 어금니를 다물어야 비로소 발음할 수 있는 '으' 음을 무려 다섯 개나 겹쳐 쓰고 있는 것이다. 그래서 '을마나 크다란 슬픔으로'의 시구를 읽으려고 할 때, 우리는 자연히 징그러울 때 어금니를 물고 '으―' 하는 생리 현상과 가까운 소리를 내게 된다.

　그래서 유교적인 억압 속에서 살아왔던 한국 여인네들이 무엇인가 성적 충동을 느꼈을 때 신음소리처럼 내던 바로 그 징그러움의 원형적 체험과 동일한 것이 된다.

　그렇다. 언표의 세계만이 아니라 그 행동에 있어서도 마찬가지이다. 이미 언급한 대로 꽃뱀을 분해해보면 접근과 이탈이라는 모순되는 행위소가 들어 있다고 했다. 뱀은 우리를 가까이 끌어들이면서도 동시에 멀리 떨어지게 하는 인력과 척력을 동시에 지니고 있는 존재이다.

　그러한 복합감정이 그대로 밖에 드러난 것이 "돌팔매를 쏘면서, 쏘면서 사향방촛길 저놈의 뒤를 따라가는" 행위이다. 돌팔매질은 자기로부터 그것을 내쫓는 것이며, 뒤를 따르는 것은 반대로 그와 가까이 하려는 접근의 행위이다.

　우리는 「화사」의 전편에서 이와 같은 접근과 이탈의 앰비벌렌스를 쉽게 찾아낼 수 있다. "달아나거라 저놈의 대가리—"와 "스며라 배암"과 같은 말들은 뱀이 자기로부터, 인간으로부터 멀리 사라지거나 숨어버리기를 원하는 마음을 나타낸 것이다. 하지만 한편에서는 뱀을 "꽃대님 같다"라고 비유하거나 혹은 "바늘에 꼬여 두를까 부다"에서처럼 그것을 자기 자신의 몸과 밀착시키려 한다.[6] 뱀을 꽃대님에 비유한 것은 단순한 시각적 유사성만이 아니라 그것을 자기 신체의 일부에 밀착시키고 싶어하는 잠재적 욕망의 은유이기도 한 것이다.

　도망가는 뱀의 머리를 향해서는 돌팔매질을 하면서도 그 입술을 말할 때에는 클레오파트라 피를 먹은 듯한 아름다움으로 찬양한다. 그러나 "고운 입설이다"라는 그 감탄의 말 뒤에는 으레 따라오게 될 입맞춤의 언어가 아니라 "스며라 배암"이라는 말이 따라온다. 뿌리침, 경고, 협박의 명령 아니면 공범자를 숨기려는 것 같은 권유어이다. 미당이 잘 쓰는 표현으로 하자면 "들키면 큰일나는" 존재처럼 말이다.

　한마디로 사람들은 뱀을 보면 "쉿"소리를 내어 쫓는다. 그 원형적인 뱀의 이미지를 「화사」에 옮겨놓으면 "스며라 배암"이라는 감탄구가 되는 것이다. 「화사」를 읽으면서 우리가 가장 놀라움을 느끼는 것은 화자와 뱀의 거리인 것이다. 어느 때는 공범

자처럼 가깝고 은밀한 사이이고, 어느 때는 원수 같은 상극의 사이이다.

아름답다고 말하면서도 징그럽다고 하고, 돌팔매질을 하면서도 석유 먹은 듯 가쁜 숨결로 뒤쫓아간다. 이브가 낙원에서 쫓겨나고 클레오파트라가 아름다운 그 육체와 뜨거운 피를 잃은 것은 뱀 때문이다.

그러나 이브도 클레오파트라도 모두 뿌리칠 수 없었던 그 유혹의 힘은 여전히 그 사향박하의 뒤안길에 있다.

미당은 이러한 욕망의 착종과 모순의 뜨거운 피에서부터 시를 쓰기 시작한다. 그것이 붉은색으로 표현되는 피(클레오파트라와 같은 피)이고 혓바닥이고 아가리를 지닌 뱀이다. 총칭하여 슬픔으로 태어난 인간의 몸뚱아리이며 그 원죄이며 생명이다. 미당은 바로 뱀이 살고 있는 뒤안길 방초길을 시의 활주로로 이용한다.

그래서 붉은색 너머 뱀이 원통하게 물어뜯은 저 푸른 하늘의 세계로 날아오르려고 한다. 그래서 뱀의 시적 진화 과정은 바로 미당 시의 진화가 된다. 뒤안길(땅)의 뱀이 바다로 나가면 거북이가 되고, 거기서 다시 하늘로 가면 천년 학이 된다.

붉은 피는 파란 물로 분해되고 그 맑은 물은 다시 하늘로 증발하여 구름이 되고 새가 되어 「동천(冬天)」에서 보듯 애인의 눈썹 같은 초승달이 된다.

이윽고 우리는 미당이 우화등선(羽化登仙)하여 신라의 하늘을 소요하는 그의 점잖고 편안한 후기 시들과 만나게 된다.
　그런데도 이따금 석유 먹은 듯 숨가쁜 갈등과 모순 속에서 어금니를 물고 징그러운 몸부림을 치는 「화사」의 시 한 편이 소중하게 느껴지는 이유는 무엇일까.
　그것은 뱀의 원형적 이미지가 오늘날에도 여전히 삶의 뒤안길에서 똬리를 틀고 있는 까닭이며, 우리의 육체는 여전히 사향 방초길을 달리고 있기 때문인지 모른다.

화사(花蛇) — 서정주

15 해 — 박두진
해의 조련사

해

박두진

해야 솟아라, 해야 솟아라, 말갛게 씻은 얼굴 고운 해야 솟아라.
산 넘어 산 넘어서 어둠을 살라먹고,
산 너머서 밤새도록 어둠을 살라먹고, 이글이글 애띤 얼굴 고운 해야 솟아라.

달밤이 싫여, 달밤이 싫여, 눈물 같은 골짜기에 달밤이 싫여,
아무도 없는 뜰에 달밤이 나는 싫여…….

해야, 고운 해야 늬가 오면 늬가사 오면,
나는 나는 청산이 좋아라. 훨훨훨 깃을 치는 청산이 좋아라.
청산이 있으면 홀로라도 좋아라.

사슴을 따라 사슴을 따라, 양지로 양지로 사슴을 따라,
사슴을 만나면 사슴과 놀고, 칡범을 따라 칡범을 따라,
칡범을 만나면 칡범과 놀고…….

해야, 고운 해야, 해야 솟아라.
꿈이 아니래도 너를 만나면,
꽃도 새도 짐승도 한자리 앉자, 워어이 워어이 모두 불러 한자리 앉아,
애띠고 고운 날을 누려보리라.

15 해—박두진

해의 조련사

열대와 사막지대에 있는 나라치고 태양을 국기로 삼고 있는 경우는 없다. 대개는 초승달이 그려져 있다. 파키스탄, 알제리, 튀니지 같은 아랍 국가들이 그 본보기다. 만국 공통의 적십자기마저도 이슬람 문화권에 오면 붉은 초승달로 바뀐다.

모든 것을 태워 죽이는 열사의 햇빛보다는 서늘한 달빛이 더 고마운 풍토 탓이다. 인도에 연원을 두고 있는 불교 역시 달의 상징성이 해를 앞지른다. 그래서 불교문화의 영향을 받은 신라 향가에서는 해보다 달이 절대 우위를 차지한다. 「찬기파랑가」에서 화랑의 얼굴을 상징하는 것은 태양이 아니라 구름을 열치고 나타나는 달이다.

한국 문화의 뿌리는 남방적인가, 북방적인가. 이런 문제를 이 자리에서 다루기란 힘겨운 일이다. 하지만 한국 문화의 원형은 북방과 남방 그리고 유목과 농경의 양극 문화를 융합한 매개형 문화라는 것만은 밝혀둘 필요가 있다.

북방적인 온돌방과 남방적인 마루방이 공존하고 있는 한국 특유의 건축양식처럼 조선조의 궁중 상징물인 〈오봉일월도(五

峰日月圖〉)¹에서는 해와 달이 서로 어깨를 나란히 하고 있다. 한국 민족의 정서와 그 시가의 주류가 달 쪽에 치우쳐온 것은 사실이지만 한국 생활 문화의 기층을 이루어온 〈십장생도〉²에서 중심을 이루고 있는 것은 달이 아니라 해라는 사실을 결코 잊어서는 안 된다.³

그러한 시점에서 보면 한국 시에서 해를 복권한 박두진의 시 「해」는 매우 귀중한 자리를 차지하고 있다고 할 수 있다. 이태백 문화권에서 살아온 우리는 그 시에서 처음으로

달밤이 싫여, 달밤이 싫여, 눈물 같은 골짜기에 달밤이 싫여

라는 달빛 부정의 선언을 듣게 된다. 그리고 그 대신 애띤 것, 고운 것, 이글이글 타오르는 것으로 향한 대낮의 화살표를 보게 된다.

그렇다고 박두진의 「해」가 '존재의 절정'을 추구하는 말라르메의 태양⁴과 같은 것은 아니다. 시의 첫 행만 읽어봐도 그것이 세계의 모든 그림자를 소멸시키는 정오의 태양, 사물의 정수리 위에서 빛나는 그 절대의 태양과는 다르다는 것을 쉽게 알 수 있다.

박두진이 노래하고 있는 해는 '솟아 있는 해'가 아니라 '솟아라!'고 말하고 있는 화자의 욕망 속에 잠재해 있는 해인 것이다.

해 ― 박두진

그러니까 지금 그의 눈앞에는 해가 아니라 달이 그리고 대낮이 아니라 밤이 있다. 즉 달밤 속에서 노래 부르는 해라는 사실이다.

"해야 솟아라, 해야 솟아라, 말갛게 씻은 얼굴 고운 해야 솟아라"로 시작되는 그 첫 행은 '해'라는 말과 '솟아라'는 말이 무려 세 번씩이나 반복되어 있다. 반복은 시에 있어서 리듬을 만들어내는 소리의 층위에 있어서만이 아니라 의미론적 층위에서도 매우 중요한 작용을 한다. "날자, 날자, 날자"라고 외치는 이상의 「날개」의 마지막 절규가 오히려 희망의 언어가 아니라 날 수 없는 절망의 말로 들리는 것처럼 "해야 솟아라"는 반복 속에서 우리는 깜깜한 밤이나 쓸쓸한 달빛을 연상하게 된다.

그러므로 그 "해야 솟아라"라는 말은 바로 그 다음 시행인

달밤이 싫여, 달밤이 싫여, 눈물 같은 골짜기에 달밤이 싫여,
아무도 없는 뜰에 달밤이 나는 싫여

란 말과 대조를 이루게 되는 것이다.

'해'는 '달'로, '낮'은 '밤'으로 그리고 '솟아라'라는 희망의 말은 '싫여'라는 부정의 말로 뒤집혀 있다. 더구나 우리는 "눈물 같은 골짜기"와 "아무도 없는 뜰"이란 말에서 달의 공간성과 의미소를 추출해낼 수가 있다. 달의 무대는 골짜기와 빈 뜰의 폐쇄성과 공허성이며, 그 의미소는 슬픔과 고립감(아무도 없는)이다.

그러나 그와 대응하는 해의 공간과 그 의미소는 바로 그 시행 뒤를 잇는

늬가사 오면,
나는 나는 청산이 좋아라, 훨훨훨 깃을 치는 청산이 좋아라.
청산이 있으면 홀로라도 좋아라.

에서 극명하게 나타난다.

'싫여'는 '좋아라'가 되고, 눈물과 아무도 없는 쓸쓸함은 깃을 치는 춤과 신명으로 바뀌어진다.

특히 중요한 것은 "눈물 같은 골짜기"와 "아무도 없는 뜰"에 대응하는 '청산' 공간의 의미소이다.

그것은 "사슴을 만나면 사슴과 놀고 칡범을 만나면 칡범과 노는" 교감과 공존 그리고 열려 있는 개방성이다. 슬픔의 골짜기, 고립의 뜰과는 정반대의 공간이다. 밤의 공간에서는, 만남은 놀이가 아니라 도주이며 살육이다. 역리로 말하자면 박두진의 「해」는 음(달)과 양(해)의 두 텍스트로 구성되어 있다고 할 것이다. 겉으로 드러난 양의 텍스트는 해를 찬미하고 있고 속에 숨어 있는 음의 텍스트는 달밤을 혐오하고 있다.

그리고 양의 텍스트는 상상과 자연과 관념의 축을 나타내고, 음의 텍스트는 현실과 사회적 상황축을 이룬다. 시제를 봐도 달

의 텍스트는 "달밤이 싫여"와 같이 현재형으로 되어 있는데 비해 해의 텍스트는 '솟아라', '늬가사 오면', '누려보리라'처럼 모두가 권유, 가정, 미래 추정으로 되어 있다.

박두진의 「해」는 바로 「달」을 뒤집은 것으로 마음만 먹으면 언제든지 그 텍스트를 바꿔 쓸 수도 있을 것이다.

해의 마지막 시행을 보면 시의 통사적 축은 아무것도 발전된 것이 없다는 것을 알게 된다.

　해야, 고운 해야, 해야 솟아라

로 첫 행을 거의 그대로 반복하고 있기 때문이다. 영어의 어원을 통해서 "산문(PROSE)이 앞으로 나가는 행진이라면 시(VERSE)는 뒤로 되돌아오는 회귀"라고 풀이했던 야콥슨의 말 그대로다.[5] 의미론적으로 그것은 끝이 아니라 첫머리의 언술로 회귀하고 있는 되풀이일 뿐이다. 그렇기 때문에 박두진의 「해」를 읽는다는 것은 매일매일 떠오르는 해를 보는 것처럼 바로 그러한 반복과 그 반복이 자아내는 차이를 읽는 일이다.

　그리고 그러한 차이는 해와 대립항을 이루는 달이라는 병렬축(paradigmatic axis)[6]이 있기 때문이다. 그러므로 해의 시적 의미는 통사적 서술이 아니라 달과의 차이에서 생겨난다. 아무도 없는 달밤의 그 빈 뜰과 "꽃도 새도 짐승도 한자리 앉아, 워어이 워어이 모두 불러 한자리에 앉아 애띠고 고운 날을 누리게 하는", '청산'의 차이……. 해의 시적 의미는 그 빈 것과 채워져 있는 것, 폐쇄성과 개방성의 공간적 대조를 통해서 비로소 완성된다.

 해는 어둠이 있어야 말갛게 얼굴을 씻을 수 있고, 또 그것을 살라먹고 애띤 얼굴의 활력을 되찾는 것처럼. 그래서 박두진에게 있어서 해란 청산까지도 새처럼 깃을 치게 하는 생령의 힘이며 인간과 사슴과 칡범이 한자리에서 교감하고 조응하며 살아가는 십장생도의 새로운 가상공간이다. 그리고 박두진에게 있어서 시란 눈물의 골짜기에서 해를 솟아나게 하는 주술인 것이며 꽃과 새와 짐승을 한자리에 앉히는 마법의 조련사인 것이다.

16 오감도 詩 제1호 — 이상
느낌의 방식에서 인식의 방식으로

오감도 詩 제1호

이상

十三人의兒孩(아해)가道路(도로)로疾走(질주)하오.
(길은막달은골목이適當하오.)

第一의兒孩가무섭다고그리오.
第二의兒孩도무섭다고그리오.
第三의兒孩도무섭다고그리오.
第四의兒孩도무섭다고그리오.
第五의兒孩도무섭다고그리오.
第六의兒孩도무섭다고그리오.
第七의兒孩도무섭다고그리오.
第八의兒孩도무섭다고그리오.
第九의兒孩도무섭다고그리오.
第十의兒孩도무섭다고그리오.

第十一의兒孩가무섭다고그리오.
第十二의兒孩도무섭다고그리오.
第十三의兒孩도무섭다고그리오.
十三人의兒孩는무서운兒孩와무서워하는
兒孩와그러케뿐이모였소.
(다른事情은업는것이차라리나앗소)

그中의一人의兒孩가무서운兒孩라도좃소.
그中의二人의兒孩가무서운兒孩라도좃소.
그中의二人의兒孩가무서워하는兒孩라도좃소.
그中의一人의兒孩가무서워하는兒孩라도좃소.

(길은뚤닌골목이라도適當하오.)

十三人의兒孩가道路로疾走하지아니하야도좃소.

16　오감도 詩 제1호 — 이상

느낌의 방식에서 인식의 방식으로

「장미 병들다(*The Sick Rose*)」라는 블레이크(William Blake)의 유명한 시를 60명의 대학생들에게 읽히고 그 시가 무엇을 의미한 것인지를 물었다. 어느 학생은 뱀에 유혹된 이브를 그린 것이라고 했고, 또 어느 학생은 처녀성의 상실을 나타낸 것이라고 답했다. 종교적 의미에서 에로티시즘에 이르기까지 실로 그 해답들은 백인백색(百人百色)이었지만, 단지 원예과 학생 하나만이 벌레먹은 장미를 읊은 시라고 대답했다는 것이다. 이것은 캐나다의 문예평론가 노스럽 프라이(Northop Frye)의 방송 강연을 통해서 세상에 널리 알려지게 된 이야기이다.[1]

시를 우유(寓喩, allegory)로 착각하는 오류는 이상(李箱)과 같이 이른바 난해한 시를 읽으려고 하는 경우에 더욱 두드러지게 나타난다. 「오감도(烏瞰圖) 詩제1호」를 놓고 지금까지 많은 평자(評者)들이 소모전을 계속해온 것도 바로 13이란 숫자가 무엇을 의미하려고 한 것인가에 집착하였기 때문이다. 그래서 13인의 아이를 예수의 최후 만찬과 결부시키기도 하고[2], 혹은 조선 13도(道)의 숫자와 관련지어 풀이[3]하기도 한다.

그리고 예외 없이 그러한 논자들은 13이란 숫자의 우유적 의미만 알면 「오감도(烏瞰圖) 詩제1호」는 단숨에 풀릴 수 있다고 믿고 있는 것이다. 만약 그것이 사실이라면 이상의 시는 시가 아니라 난수표(亂數表)[4]로 그리고 비평가는 비평가가 아니라 암호해독의 판단만으로 대우받아야 마땅할 것이다.

누구든지 「오감도(烏瞰圖) 詩제1호」를 읽었을 때 이상하게 느껴지는 것은 13이라는 숫자보다는 시의 통념을 뒤엎는 여러 가지 양식의 일탈성 그리고 시적 언어의 코드 위반(違反) 같은 것들이다. 제목부터가 '오감도'이다. 조감도(鳥瞰圖)를 오감도라고 한 것은 그만두더라도 어째서 시의 제목에 건축 용어가 등장하고, 또 어째서 第一號, 第二號와 같은 비정적(非情的) 숫자 번호판이 달려 있는가 하는 점이다.[5] 그래서 13이라는 숫자도 그 같은 일련의 낯선 시적 조사법의 하나로 인식된다.

조사법만이 아니라 시 전체가 건축 설계도처럼 직선이나 사각도형을 이루고 있다. 띄어쓰기를 하지 않았기 때문에[6] 그 도형성은 더욱 강조되고, 모든 문자들은 매스게임을 하듯 기하학적으로 정렬되어 있다. 숫자적이며 기하학적이고, 획일적이며, 반복적인 그 도형을 볼 때, 우리는 어떤 느낌을 받게 되는가.

그것은 자연보다는 인공적인 것 그리고 근대성(모더니티)이나 도시성 같은 인상일 것이다.

"여러 아이가 길을 달린다"와 "13인의아해가도로를질주하오" 사이에는 또 어떤 의미, 어떤 느낌 그리고 어떤 인식의 차이가 있는가 하는 의문도 대두할 것이다. 전자(前者)가 언어적이고 일상적인 것이라면, 후자(後者)는 숫자적이고 개념적이다. '길/도로', '달리다/질주하다'의 차이는 토착어 대 한자어, 구어(口語) 대 문어(文語)만의 차이가 아니라 그 내포적인 뜻에서도 극명한 대조를 이룬다. 그냥 '길'이라고 하면 시골의 오솔길을 연상할 수 있다. 그러나 '도로'라고 하면 최소한 직선으로 뻗친 근대적이고 인공적인 도시의 길을 연상하게 된다. '인생은 나그네 길'이라는 전통적 비유에 익숙해왔던 사람들은 "13인의아해가도로를질주하오"라는 진술에서 그와는 색다른 길의 은유적 감각을 느낄 수 있게 될 것이다.

어쩌면 그것은 저 감동적인 영화 〈포레스트 검프(Forrest Gump)〉와 같은 끝없는 질주와 맞먹는 것일지도 모른다. 질주라는 말은 그냥 '뛰다', '달리다'라는 말과 다르다. 스피드, 관성, 맹목성과 같은 근대 문명의 메커니즘과 쉽게 손을 잡게 되는 말이다. 원래 '도로'라는 말 자체에 '질주'라는 공시적 의미가 잠재되어 있다. 모든 도로는 고속도로와 마찬가지로 달리도록 명령 지어져 있다.

길 위에서 멈춰 서 있다는 것은 남자의 경우라면 부랑자요, 여성인 경우에는 창녀와 같은 것이 된다. 그리고 도로의 질주라는 말에 속도를 더해주는 것이 바로 "제1의아해가무섭다고그리오"에서 시작하여 "제13의아해가무섭다고그리오"로 반복 나열되어 있는 시행들이다.

'무서움'이라는 말 때문에 '질주'란 말은 도주와 도피의 뉘앙스를 풍기게 된다. 그러나 다시 "13인의아해는무서운아해와무서워하는아해와그렇게뿐이모였소"라는 말이 등장함으로써 아이들을 달리게 하는 무서움은 외부적인 것이 아니라 내부적이라는 사실을 알게 된다. 그리고 그 질주는 쫓기고 쫓는 끝없는 무한 질주라는 것도 짐작하게 된다. 그러나 다시 "그중에1인의아해가무서운아해라도좋소"는 "그중에1인의아해가무서워하는아해라도좋소"로 바뀌게 된다. 즉 무서운 아이가 곧 무서워하는 아이이기도 한 것이다. 결국 이상의 시 속에서는 무서운 아이와 무서워하는 아이의 그 차이와 대립이 말소되어 있다는 이야기이다.

아이만이 아니다. "길은막다른골목길이적당하오"라는 처음의 진술 역시 뒤에 오면 "길은뚫린골목이라도적당하오"라고 뒤집힌다. 골목길이나 뚫린 길의 차이는 아무런 의미도 가질 수 없게 된다. 그러므로 아이들이 질주하는 이 도로 상황은 이상 이후의 시대에 유행했던 부조리라고 불리는 그 세계와 같은 것이 된다. 그리고 "무서워하는 아이가 곧 무서운 아이이기도 하다"는 진술은 사르트르의 타자(他者) 이론과 같은 것이 된다. 즉 내가 타자를 바라본다는 것은 나의 시선 속에 타자를 구속하고 정복한다는 것이 된다. 그러나 동시에 타자가 나를 볼 때에는 나의 존재가 그의 시선 속에서 징발된다는 것을 의미한다. 거미가 먹이를 녹여 먹듯이 남을 본다는 것은, 곧 그 대상을 자신의 의식 속에 흡수해버리는 것이다. 우리는 보고, 동시에 보임을 당한다. 즉 우리는 무서워하는 아이이며 동시에 무서운 아이의 역할을 한꺼번에 하고 있는 존재다.

 실험실에서 실험관을 관찰하고 있듯 이상은 부조리한 인간의 상황을 모순 그대로 관찰하고 기술한다. 그것은 전 30편으로 된 연작시의 제목을 '오감도(烏瞰圖)'라고 한 데서도 알 수 있다. 원래 조감도(鳥瞰圖)라는 말은 새가 높은 공중에서 아래를 내려다본 것과 같이 그려놓은 도형을 가리키는 말이다. 이상은 바로 그 새(鳥)에서 획 하나를 떼내어 까마귀[烏]로 바꿔 '오감도(烏瞰圖)'라고 한 것이다. 아이를 아해(兒孩)라고 한자말로 고쳐놓은 것처럼 굳은살이 박여버린 그 한자말에 새로운 비유적 이미지가 살아나게 한 것이다.[7] 그 순간 우리 눈앞에는 겨울날 고목나무 가지에 앉아 마을 전체를 굽어보고 있는 까마귀의 모습이 떠오른다. 음산하고 불길하며 흉측한 그리고 황량한 불모의 풍경이 그 까마귀 밑에 펼쳐진다. 그중의 하나가 도로를 질주하는 13인의 아이들의 모습인 것이다.

 「장미 병들다」란 시를 있는 뜻 그대로 벌레 먹은 장미라고 대답한 원예과 학생의 말이 의외로 블레이크의 시에 접근해 있었던 것처럼 이상의 「오감도」 역시 마찬가지이다. 13인의 아이를 예수의 최후 만찬에 모인 사도, 혹은 조선 13도에 비겨 도민 대항 체육대회같이 만들 것이 아니라, 있는 그대로 읽으면 자연히 서로를 무서워하면서 무한질주를 하고 있는 도시의 우리들 모습이 보이게 될 것이다. 따라서 13이라는 숫자 역시 단순한 우유(寓喩)가 아니라 복합적이고 다기능적인 시어의 하나로 인식될 것이다.

다시 말하면, 숫자가 지닌 절대적이고 비정적 이미지, 기하학적 도형, 즉 문명의 조감도를 만들어내는 숫자의 순차적 나열성(이상은 十의 정수에서 일단 끝나고 한 행을 비운 다음 十一로 새로 시작한 것 그리고 '도'란 조사를 '가'로 바꾸어놓은 것 등에서 이상이 시도한 숫자의 순차적 나열성을 찾아볼 수 있다), 그리고 까마귀와 조응 관계를 이루는, 불길―불안의 의미를 지닌 13이란 숫자 등의 이미지의 복합체로서 말이다.

시는 정답을 감추어놓은 퀴즈 문제가 아니다. 차라리 침을 놓듯이 시 전체의 신경망 그리고 상호 유기적인 상관성에서 시적 언어의 혈을 찾는 작업이라고 하는 편이 옳다.

이상에 의해서 한국 시는 처음으로 표현이 아니라 관찰이 되었고, 느낌의 방식이 아니라 인식의 그물(망)로 바뀐 것이다.[8]

17 그 날이 오면 — 심훈
한의 종소리와 신바람의 북소리

그 날이 오면

심훈

그 날이 오면 그 날이 오면은
삼각산이 일어나 더덩실 춤이라도 추고
한강 물이 뒤집혀 용솟음칠 그 날이,
이 목숨이 끊치기 전에 와주기만 하량이면,
나는 밤하늘에 나는 까마귀와 같이
종로의 인경(人磬)을 머리로 들이박아 울리오리다.
두개골은 깨어져 산산조각이 나도
기뻐서 죽사오매 오히려 무슨 한이 남으오리까.

그 날이 와서 오오 그 날이 와서
육조 앞 넓은 길을 울며 뛰며 딩굴어도
그래도 넘치는 기쁨에 가슴이 미어질 듯하거던
드는 칼로 이 몸의 가죽이라도 벗겨서
커다란 북을 만들어 들쳐 메고는
여러분의 행렬에 앞장을 서오리다,
우렁찬 그 소리를 한 번이라도 듣기만 하면
그 자리에 거꾸러져도 눈을 감겠소이다.

| 17 | 그 날이 오면 — 심훈 |

한의 종소리와 신바람의 북소리

사람들은 수백수천의 시를 쓰고도 시인의 이름으로 기억되지 않은 경우가 많다. 그러나 심훈은 「그 날이 오면」 단 한 편의 시로 불멸의 시인이 되었다.

한국에서만이 아니다. 심훈은 옥스퍼드 시학교수 바우러(Maurice Bowra)의 역저 『시와 정치(*Poetry and Politics*)』(1966)에서 파스테르나크[1]와 세페레스[2]와 같은 노벨문학상 수상자와 당당히 어깨를 겨루고 있다. 공공적 주제를 다루고 있는 정치시에 있어 '개인적인 열렬한 기분'과 단순성이 얼마나 특수한 효과를 거두고 있는지 바우러는 그것을 실증하는 모형으로 「그 날이 오면」[3] 전문을 분석했다.

한국 시인은 독일 시인처럼 잔악한 사실에 구속되지 않는다. 그에게 있어서 중요한 것은 비록 먼 훗날의 일이라 하더라도 감격적인 그 미래가 일깨우는 자극적이고도 숭고한 그 기분인 것이다. 그는 한국의 산과 강, 종로와 같이 친숙한 환경에 그의 비전을 설정한다. (……) 자연은 그와 기쁨을 함께 나누고 일어나서 함께 춤을 춘다.

(……) 그래서 그는 인간의 자연환경과 그 기쁨을 함께 나누는 사상을 구체적으로 보여준다.

이렇게 바우러 교수는 서구의 저항시인들에게서 맛볼 수 없는 색다른 감동에 대해서 이야기한다.

그러나 「그 날이 오면」이 정치시로서 성공하게 된 이유를 좀 더 정밀하게 검증하기 위해서 우리는 바우러 교수가 지적한 "개인적인 열렬한 기분", "감격적인 그 미래가 일깨우는 자극적이며 숭고한 그 기분"이란 것이 대체 무엇인지를 분명히 밝혀둘 필요가 있다.

그리고 그 해답은 의외로 간단한 데 있다. 그 시의 1연 맨 처음과 마지막에 나오는 시구를 한 데 이어보면 "그 날이 오면…… 무슨 한이 남으오리까"라는 글이 될 것이다. 그리고 그 말을 강조하기 위한 것이 인경을 머리로 받아 죽는 옛 전설의 까마귀[4] 비유이기 때문에 1연의 시를 한 형태로 축약하면 "그 날이 오면 죽어도 한(恨)이 없겠다."가 된다.

즉 한국 민족이라면 누구나 속으로 외우고 살아온 말이다. 심훈은 바로 한국인의 뿌리 깊은 민족 정서와 그 삶의 본질에서 저항의 언어를 가져온 것이다. 그 한의 언어를 어떻게 그리스 고전시 연구가가 알았을 리 있겠는가. 더구나 그가 인용한 「그 날이 오면」의 번역시에는 바로 그 한의 구절이 삭제되어 있다.

그러니 영어로 번역조차 할 수 없는 그 '한'의 정서가 그에게는 그저 "개인적인 열렬한 기분"으로 파악될 수밖에 없다. 한이란 외부의 어떤 힘이나 방해로 이루지 못한 욕망이다. 그러므로 죽음은 모든 것을 멸할 수 있어도 평생 동안 마음 밑바닥에 쌓인 그 한만은 없앨 수가 없다. 한국인이 종교로부터 구하려고 한 것은 영생이 아니라 바로 그 한을 푸는 일이다. 오구굿과 같은 무속의식이 바로 그것이다.

그러므로 '한'에 뿌리를 둔 저항시는 '원(怨)'에서 출발한 그 정치시와는 다를 수밖에 없다. 원과 한은 어떻게 다른가. 춘향이에게 있어 변학도에 대한 감정은 원이지만, 이도령에 대한 그것은 한이다. 춘향의 시가 변학도에게로 향하면 '원의 언어'가 되고, 그것이 행동으로 나타나면 원수를 갚는 복수로 발전될 것이다. 그러나 아무리 변사또에게 복수한다 해도 이도령을 만나 사랑을 이루지 못하면 한은 풀 수가 없다.

춘향이 심훈이 되고 일제의 극악한 지배가 변학도가 된다면 그리고 이도령과의 극적 만남이 민족 강토가 해방되는 그 날이라고 한다면, 그 시는 어떻게 전개될 것인가. 독일형 저항시와는 분명 다른 「그 날이 오면」과 같은 시가 될 수밖에 없다. 그리고 "감격적인 미래의 자극적이고도 숭고한 기분"이란 곧 "한을 푸는 미래"로 수정되어야 한다는 것도 깨닫게 될 것이다.

이와 똑같은 방법으로 2연째의 그 시를 읽어가면 "인간의 자연환경과 기쁨을 나누는 사상"이라고 한 그 비평이 얼마나 피상적인 것인가도 알게 된다.

점잖은 영국의 그 시학자는 춤추는 삼각을 "감상적 오류의 멋진 변형"이라고 칭찬하고 있지만, 산과 강물을 춤추게 하는 기쁨……, 육조 넓은 거리에서 울고 뒹굴고 춤춰도 복받쳐오르는 주체할 수 없는 그 기쁨을 무엇이라고 하는가. 한국인들에게 물어보면 금세 신바람이라고 대답할 것이다.

그렇다. 1연의 시가 죽음보다도 강한 '한풀이'를 노래한 것이었다면, 2연의 그것은 죽음보다 강한 '신바람'의 세계를 읊은 것이다. 1연에서는 제 머리로 인경을 받아 종을 울리지만, 2연에서는 칼로 제 가죽을 벗겨 북을 만들어 친다. 그 종소리가 민족의 한을 푸는 소리라면, 이 북소리는 민족의 행진을 이끄는 신바람의 소리이다. 신바람은 존재의 저 근원으로부터 절로 솟아나는 힘이다. 나와 너의 경계가 사라지고 안과 밖의 담벼락이 무너지고 인간과 자연이 하나가 되는 문자 그대로의 해방 공간이다.

그러므로 그 속에서는 북과 북을 치는 사람이 구별되지 않는다. 자기 가죽으로 만든 북을 자기가 친다고 했다. 치는 것도 자기요, 울리는 것도 자기다. 사람이 북이 되고, 북이 사람이 된다.

그러한 신명의 북소리는 삼각산 한강수와의 교감은 물론이고 생과 죽음의 문지방마저도 횡단한다. 바우러는 그것을 그저 '황홀한 순간'이라고 했지만 한국인들은 사물놀이나 탈춤을 통해서 일상적으로 체험하고 있는 신바람인 것이다.

우리가 주목해야 할 것은 한의 종소리와 신바람의 북소리는 다 같이 자신의 죽음을 통해서 실현된다는 사실이다. 「그 날이 오면」에서 한을 푸는 기쁨의 그 종소리는 바로 자신의 두개골이 으스러지는 소리이고, 신명의 그 북소리는 자신의 살가죽을 칼로 벗겨내는 소리이기도 한 것이다. 종소리든 북소리든 그것은 울려퍼진다. 끝없이 진동하고 넘치고 확산하고 상승하다가 침묵 속으로 사라진다. 두개골이 파열되고 가죽이 벗겨지는 아픔이 희열의 종소리와 북소리로 바뀌는 그 한과 신바람의 위대한 아이러니야말로 시를 창조하는 자원이 되는 셈이다. 그러므로 '그 날'의 기쁨을 뒤집기만 하면 가혹한 일본 압제의 상황인 '오늘'에 대한 고발과 분노의 심판이 된다.

바우러는 말한다. 일본 사람들의 어떤 압제도 한국 시인들을 죽일 수 없었다고. 그러나 한국 시인의 가슴에는 죽음보다 강한 한과 신바람이 있었기 때문이라는 것을 그는 과연 알았을까. 그리고 사적인 것과 공적인 것을 대립 개념으로만 생각해온 그의 시학에는 지극히 개인적인 것이면서도 사회나 민족 그리고 우주 전체를 넘나드는 한풀이와 신바람의 그 담벼락 없는 리듬을 포용할 만한 자리가 과연 있었을까.

그 시가 쓰인 지 한 세기 가까이 지나고 '그 날'을 맞이한 지 반세기가 넘었는데도 우리는 심훈의 언어에서 여전히 자신의 머리와 자신의 가죽으로 울리는 생생한 그 종소리와 북소리를 듣는다.

 그 기쁨과 아픔이 한데 어울려 가슴을 저리게 하는 가락들, 그것을 만약 바우러와 같은 서구의 비평가들이 제대로 들을 수 있는 "그 날이 오면" 한국의 시는 세계의 지붕 위로 발돋움하게 될 것이다.

그 날이 오면 ― 심훈

18 외인촌 — 김광균
흩어지는 푸른 종소리에 숨어 있는 시적 공간

외인촌¹

김광균

하이얀 모색(暮色) 속에 피어 있는
산협촌(山峽村)의 고독한 그림 속으로
파-란 역등(驛燈)을 달은 마차가 한 대 잠기어가고
바다를 향한 산마루길에
우두커니 서 있는 전신주 위엔
지나가던 구름이 하나 새빨간 노을에 젖어 있었다.

바람에 불리우는 작은 집들이 창을 내리고
갈대밭에 묻히인 돌다리 아래선
작은 시내가 물방울을 굴리고

안개 자욱-한 화원지(花園地)의 벤취 위엔
한낮에 소녀들이 남기고 간
가벼운 웃음과 시들은 꽃다발이 흩어져 있다.

외인묘지의 어두운 수풀 뒤엔
밤새도록 가느란 별빛이 내리고.

공백한 하늘에 걸려 있는 촌락의 시계가
여윈 손길을 저어 열시를 가리키면
날카로운 고탑(古塔)같이 언덕 위에 솟아 있는
퇴색한 성교당의 지붕 위에선

분수처럼 흩어지는 푸른 종소리.

18 외인촌 — 김광균

흩어지는 푸른 종소리에
숨어 있는 시적 공간

분수처럼 흩어지는 푸른 종소리…….

시인 김광균의 이름이나 「외인촌」이라는 시를 모르는 사람들도 어쩌면 이 시 구절만은 외우고 있을지 모른다. 귀로 듣는 종소리를 눈으로 보는 분수로 나타낸 이 비유는 지금 읽어도 참신하게 느껴진다. 그러니 청각에서 시각으로 시를 혁명하려던 1930년대의 모더니스트들이 종소리에 파란 색칠을 해놓은 이 대담한 비유를 가만히 놔두었을 리 없다. 모더니즘의 선교자였던 김기림은 말할 것도 없고,[2] 시의 회화성에 대해 조금이라도 관심을 둔 사람들은 그것을 자기 시론의 로고로 삼으려고 했다.

그런데도 불구하고 그 시구는 시각 이미지나 공감각(共感覺)의 샘플로 인용되었을 뿐, 시 전체의 구조를 통해 본격적으로 검증된 적은 거의 없었다. 공룡의 뼈나 발자국은 그 생체의 구조와 관련되었을 때만이 의미를 갖는다. 분수처럼 흩어지는 푸른 종소리는 「외인촌」의 그 시 전체와 유기적인 연관을 지닐 때 비로소 제 생명의 모습을 드러내게 될 것이다.

우선 '분수'라는 말부터 보자.

분수가 내포하고 있는 일차적인 의미소는 물(水)이다. 그런데 「외인촌」에는 이와 관련된 바다, 시냇물, 물방울과 같은 물의 물질적 이미지가 많이 등장한다. 마차가 사라지는 것까지도 "그림 속으로…… 잠겨간다"라고 표현한다. 잠긴다는 것은 두말할 것 없이 물체가 물속에 침몰하는 것을 뜻한다.

붉게 타는 노을 역시 불이 아니라 물과 관련되어 "구름이 하나 새빨간 노을에 젖어 있었다"이다. 사라지는 것을 '잠긴다'고 하고, 타오르는 것을 '젖는다'고 한 것은 종소리를 분수(물)로 비유한 것과 다를 것이 없다.

그래서 「외인촌」의 풍경 전체와 그 공기는 수족관처럼 투명하고 차갑고 조용하게 보인다.

그러나 김광균의 물의 물질성은 무거움을 상실한 가벼운 물, 상승하는 물 그리고 수직의 공간성을 지닌 물이다.[3] 그것이 '분수'의 분(噴)으로 그 두 번째의 의미소를 이루고 있는 '솟구치다(噴)'이다.

「외인촌」에는 '…… 전신주 위엔', '…… 벤치 위엔', '…… 어두운 수풀 위엔', '…… 언덕 위엔', '…… 지붕 위엔' 등 '위'라는 장소성을 나타내는 전치사만 해도 무려 다섯 개나 등장한다. 직접 수직성을 나타내는 물질로는 산마루, 전신주, 갈대밭, 외인묘지(비석들) 그리고 고탑(古塔)과 성교당(聖敎堂)을 들 수 있다.

마을 전체가 산협촌(山峽村)으로 수직적 공간이다. 그러므로

"날카로운 고탑같이 언덕 위에 솟아 있는"의 구절은 분수의 수직적, 상방적 이미지에 선행하는 것으로, '날카로운', '솟아 있는'의 수식어 등이 모두 그 높이와 수직성을 강조하고 있다.

'분수'의 세 번째 속성은 '도시적', '서구적' 근대 문명의 의미소이다. 폭포나 냇물이 자연의 물이라고 한다면, 분수는 '인공(人工)의 물', '도시의 물'이다. 그래서 「외인촌」의 '마차'는 달구지가 아니라 프랑스 영화처럼 '파란 역등'을 달고 있으며, 산마루길에는 소나무가 아니라 '전신주'가 그리고 꽃은 노변의 야생화가 아니라 '화원지'와 '벤치 위의 흩어진 꽃다발'로 나타난다.

그러므로 외인촌의 그 성교당 종소리는 자연히 산사(山寺)의 범종소리와 그 이미지가 달라질 수밖에 없다. 낙산사나 통도사의 종소리를 들으며 누가 "분수처럼 흩어지는 푸른 종소리"라고 할 것인가.

이러한 분수의 물질적, 공간적, 문명적 이미지들이야말로 우리의 전통적인 시골마을과 색다른 외인촌의 시적 공간을 만들어내는 중심축인 것이다. 그러나 솟구치는 분수의 이미지는 '흩어지는'이라는 용언에 의해서 다시 역동적 이미지의 복합성을 띠게 된다. 울리는 종소리는 솟구쳐오르는 분수요, 여운 속에서 사라지는 종소리는 흩어지는 분수의 물방울들이다.

'솟구치다[噴]'와 '흩어지다[散]'의 모순을 지닌 분수의 역동적 이미지는 외인촌 전체의 구조에 간여한다.

"분수처럼 흩어지는 푸른 종소리"에 앞서 우리는

벤취 위엔 한낮에 소녀들이 남기고 간
가벼운 웃음과 시들은 꽃다발이 흩어져 있다

라는 구절을 읽을 수가 있다. '소녀들의 웃음소리'가 시각화하여 꽃다발과 같이 흩어져 있는 것이다. 소녀들이 한낮에 남기고 간 그 웃음소리는 종소리의 사라진 여운보다도 더 들을 수 없는 부재(不在)의 음향이다. 그렇기 때문에 '흩어지다'의 속성은 더욱 강화될 수밖에 없다.

'흩어진 꽃다발의 꽃잎'은 '흩어지는 분수의 물방울'과 같고, '시들어가는 꽃다발'은 '사라져가는 종소리의 여운'과 같다.[4] 그리고 '벤치 위에는'은 '성교당의 지붕 위엔'과 대구를 이룬다. 그렇다면 벤치는 바로 옆으로 누운 성교당이 아니겠는가. 이렇게 수직의 높이를 잃고 수평화할수록 '흩어짐'의 역동적 이미지는 강화된다.

분수의 마지막 의미소는 '푸른 종소리'의 그 푸른 빛깔이다. 「외인촌」의 시적 공간은 "하이얀 모색으로……"로 시작하여 '파‒란 역등' 그리고 '새빨간'으로 이어지다가 결국 푸른 종소리로 종지부를 찍는다. 그러나 그 '푸른 종소리의 푸른 빛' 분수(물)의 팔레트에서 선택된 물감의 하나일 뿐 외인촌은 먹으로 그려진 동양 산수화 같은 모노크롬과 강력한 대조를 이루는 다채색의 회화 공간인 것이다. (그 자신이 외인촌의 풍경을 그림이라고 표현했다.)

그렇다. "분수처럼 흩어지는 푸른 종소리"가 연출해내는 외인촌의 그 시적 공간은 한국인들이 전통 공간 속에서는 한 번도 경험해보지 못했던 서구 문명, 즉 모더니티라는 이 차원의 공간인 것이다. 그러니까 '분수처럼 흩어지는 푸른 종소리'의 그 외인촌은 시냇물처럼 흘러가는 회색 범종소리의 우리들 내부의 마을[內人村]에 의해 차이화되는 것이다.

그리고 그 외인촌은 파리나 샌프란시스코가 아니라 바로 한국의 시골 속으로 들어와 있는 서양인들의 마을이므로 '외(外)-내(內)', '성교당-산사'의 그 공간적 대립항 역시 서로 오버랩될 수밖에 없다. 제목은 '외인촌'인데 본문 속에서는 그것이 '산협촌'이라고 기술되어 있는 것을 보아도 알 수 있다.

그러므로 "공백(空白)한 하늘에 걸려 있는 촌락의 시계가 여윈 손길을 저어 열 시를 가리키면"은 바로 뒤에 나오는 성교당의 그 종소리와 직접 연결되어 있는 대단히 중요한 시행이라는 것을 알 수 있다. 그런데도 우리는 "공백한 하늘에 걸려 있는 촌락의 시계"에 대해서는 전연 언급이 없었다. 촌락의 시계와 여윈 손이 무엇인지, 그것이 가리키는 열 시가 밤 열 신지 열 시 방향을 가리키고 있는 조각달(여원 손)의 위치인지조차 검증되지 않은 채 "분수처럼 흩어지는 푸른 종소리"만을 공염불처럼 외웠다. 우리 촌락의 시계가 가리키는 시간과 외인촌의 종소리가 알리는 그 시간의 시차(時差)……. 그 시차 적응의 긴장 속에 김광균의 진정한 시적 공간이 숨어 있는 것이다.

 '분수처럼……'의 그 구절이 모더니즘 이론의 표본이 된 것처럼 이제 「외인촌」 한 편의 시는 왜 우리가 지금 다시 한국 시를 읽어야 하는지를 밝혀주는 좋은 본보기로 남게 될 것이다.

19 승무(僧舞) ─ 조지훈
하늘의 별빛을 땅의 귀또리 소리로 옮기는 일

승무(僧舞)

조지훈

얇은 사(紗) 하이얀 고깔은
고이 접어서 나빌네라.

파르라니 깎은 머리
박사(薄紗) 고깔에 감추오고

두 볼에 흐르는 빛이
정작으로 고와서 서러워라.

빈 대(臺)에 황촉불이 말없이 녹는 밤에
오동잎 잎새마다 달이 지는데

소매는 길어서 하늘은 넓고
돌아설 듯 날아가며 사뿐이 접어 올린 외씨버선이여.

까만 눈동자 살포시 들어
먼 하늘 한 개 별빛에 모도우고

복사꽃 고운 뺨에 아롱질 듯 두 방울이야
세사에 시달려도 번뇌(煩惱)는 별빛이라

휘여져 감기우고 다시 접어 뻗는 손이
깊은 마음 속 거룩한 합장이냥 하고

이밤사 귀또리도 지새는 삼경(三更)인데
얇은 사 하이얀 고깔은 고이 접어서 나빌네라.

19 　승무(僧舞) — 조지훈

하늘의 별빛을
땅의 귀또리 소리로 옮기는 일

얇은 사(紗) 하이얀 고깔은

고이 접어서 나빌레라.

파르라니 깎은 머리

박사 고깔에 감추오고

　우리가 애송하고 있는 조지훈의 「승무」는 이렇게 시작된다. 그리고 거기에서 우리는 곧바로 그 시 전체를 구성하고 있는 세 가지 정보의 회로 속으로 들어간다.
　처음에는 '얇은 사', '고깔', '박사'와 같은 의상 정보에 관한 것이고, 다음은 '나빌레라'의 비유어에서 보듯이 나비와 같은 자연물에 관한 정보, 그리고 마지막에는 '파르라니 깎은 머리'의 그 신체 정보이다.
　셰익스피어의 '기저귀'와 '수의'가 탄생에서 죽음에 이르는 인생의 기호로 사용되고 있는 것처럼, 이 시에서도 의상은 인간의 '미와 진실'을 드러내는 중요한 문화 코드로 작용한다. 반복형으로 강조된 '얇은 사'와 '박사'는 우리가 보통 때 입고 다니는 '두터운 무명' 옷감의 재질과 대립하는 것이고, '하이얀' 빛깔은 삶의 쾌락을 나타내는 색동옷과 대칭 관계를 이루는 것으로 절제와 정화를 나타낸다.

    그래서 그것들은 '남성에 대한 여성', '속에 대한 성', '축제에 대한 제례(祭儀)'의 탈중력 상태의 문화 코드를 형성한다. 그리고 1연과 2연에 나오는 고깔은 은유와 환유[2]의 각기 다른 비유의 양상을 통해서 '자연 코드'와 '신체 코드'[3]에 연결된다. 즉 1연의 '나빌레라'는 고깔을 나비에 비유한 것으로, 얇고 하얀 천의 재질이 나비의 나래와 동일시되고 그 형태는 나비의 모양과 결합된 은유이다. 의미만이 아니다. 부드러운 순음과 유음이 겹친 '나빌레라'의 기호 표현(어감)은 무엇인가 가볍게 나부끼고 있는 것과 관련된 의태어를 연상케 한다.[4]

    그러나 1연의 그 비유의 구조가 '고깔은 나비이다'라는 유사성에 의해 이루어진 '은유'인 데 비해서, 2연의 그것은 '고깔을 머리에 쓰다'의 근접성으로 구성된 환유이다. 말하자면 왕관이 그것을 쓴 왕을 상징하듯이 '고깔을 쓴 삭발한 머리'는 바로 여승, 승무를 추는 무희를 나타내는 환유적 상징물이다.

    뿐만 아니라 신체의 최상 부를 가리키는 머리는 당연히 그 최하위에 있는 발과 대립되는 신체어로서

발 vs. 머리

땅 vs. 하늘

육체 vs. 정신

쾌락 vs. 금욕

감정(발산) vs. 이성(억제)

을 나타내는 문화적 코드이다. 더구나 '파르라니 깎은 머리'는 승려라는 신분만이 아니라 금욕적인 탈속의 의지를 강화해준다.

단순하게 말해서 고깔의 의상 코드가 나비의 자연 코드와 합쳐진 것이 춤(무)이며, 삭발한 머리의 신체 코드와 결합한 것이 불교(승)이다. 그러니까 '의상 = 자연 = 신체'의 세 코드가 은유와 환유의 시적 장치를 통해서 하나로 수렴되고 승화된 것이 바로 그 「승무」의 세계라고 할 수 있다. 그러기에 조지훈의 「승무」를 읽는다는 것은 그 첫머리에 제시된 고깔(의상) - 나비(자연) - 머리(신체)의 관계가 어떻게 선택, 결합되어 진전되어가는가를 추적하고 밝히는 일이기도 하다.

신체 코드로 볼 때 '파르라니 깎은 머리'가 3연에 이르면 '두 볼에 흐르는 빛'(얼굴)이 되고, 5-6연에 오면 손과 발의 춤사위로 변한다. 그리고 다시 그 신체 코드는 '복사꽃 뺨'과 '까만 눈동자'로 올라가 본래의 머리 부분으로 돌아간다. 의상 코드 역시 1연의 고깔이 5연에 오면

소매는 길어서 하늘은 넓고

　　사뿐이 접어 올린 외씨버선이여

로 장삼과 외씨버선으로 바뀐다.

　그러나 하늘로 비유된 그 긴 장삼과 사뿐히 위로 올린 외씨버선의 모양은 다시 하늘로 상승하려는 움직임을 보여준다. 물론 의상은 신체의 연장이고 또 춤사위와 관련된 것으로

　손― 소매― 장삼

　발― 버선― 외씨버선

으로 내려오는 신체 기술과 동일해질 수밖에 없다.

　그러나 '두 볼에 흐르는 빛'처럼 의상의 환유 체계로는 나타낼 수 없는 경우에서도 빈 대에서 소리 없이 녹아내리는 황촉불로 그 하강의 이미지를 지속시켜준다. 촛불은 신체를 에워싸고 있는 '빛의 의상'이 된 것이다.

　자연 코드는 신체와 의상의 경우처럼 직접적인 인접성을 지니고 있지 않으면서도

　나비―지는 오동잎과 달빛―별빛

　상승――― 하강――― 상승

의 순으로 율동을 반영하고 있다. 그렇기 때문에 "오동잎 잎새마다 지는 달빛"은 두 볼에 흐르는 빛과 빈 대 위에서 소리 없이 녹아내리는 황촉의 불빛과 삼중의 동심원을 그리면서 침하해간다.

신체의 빛, 문화의 빛, 자연의 빛……. 이 세 빛은 서로 다른 코드에 속해 있지만 '정작으로 고아서 서러운' 소멸의 빛이라는 점에서 일치한다. 그리고 그 빛들은 모두가 '먼 하늘 한 개 별빛'을 향해 합장을 한다.

손이 소매가 되고 소매가 장삼으로, 장삼이 하늘로 바뀌어가듯이 두 볼에 흐르는 빛은 촛불이 되고 그 촛불은 다시 떨어지는 오동잎 이파리마다 지는 달빛이 된다.[5] 그러나 외씨버선이 하늘을 향해 위로 솟아오르듯이 복사꽃 고운 뺨에 아롱지던 두 검은 눈동자는 먼 하늘의 한 개 별빛으로 향한다. 그 별빛은 촛불처럼 녹아 흐르지도 않고 달처럼 기울다가 소멸되지도 않는다.

승무는 이렇게 세사에 시달리는 번뇌와 복사꽃 육체의 들뜬 열정에서 벗어나기 위해서 조용히 그러나 치열하게 날아오르는 몸짓인 것이다. 그것은 밤과 침묵 속에서 배어 나오는 빛이다.

원래 승무라고 하면 고깔, 장삼과 함께 으레 법고가 나오게 마련인데 웬일인지 조지훈의 시에는 법고를 비롯해 모든 소리가 일절 배제되어 있다. 무성영화를 보듯이 시 전체가 말없이 녹는 황촉불같이 빛과 몸짓에 의해 연출된다. 이 침묵을 깨는 것이 마지막 귀또리의 울음소리이다. 묘사가 설명으로, 즉 발신 코드가 수신 코드로 바뀌는 순간인 것이다.

 승무의 아름다움이나 신비함 그리고 그 성스러움이 결정체를 이룬 '먼 하늘 한 개 별빛'을 지상으로 가져오고, 그 심연 속의 빛을 소리로 옮기면 승무의 마지막 연에 등장하는 "이 밤사 귀또리도 지새우는 삼경인데"가 될 것이다. 의상, 자연, 신체의 세 코드는 다 같이 춤의 발신 코드에 속해 있는 것이지만, 귀또리는 그 어느 코드에도 속하지 않는다. 의미론적으로는 나비와 달빛과 같은 자연 코드에 속하는 것이지만, 그 기능을 보면 춤과는 직접 관계되지 않는다. 오히려 귀또리는 춤이나 춤을 추는 자가 아니라 그것을 바라보고 감상하며 묘사하고 있는 시인과 관계된다. 발신 코드에서 고깔과 나비, 검은 눈동자와 별빛이 하나인 것처럼 수신 코드에서는 귀또리—시인이 동격이 되는 것이다.[6]

 밤하늘의 별빛은 너무 멀고 너무 조용해서 그 깊이를 헤아릴 수가 없다. 다만 우리는 우리의 발밑에서 우는 가냘픈 귀또리 소리에 의해서만 어둠에 둘러싸인 그 빛의 감응을 겨우 짐작할 수가 있다. 춤을 굳이 언어로 바꿔놓은 이 시의 경우처럼 말이다. 그러므로 「승무」의 진정한 메시지는 한국의 고전미나 불교의 열반을 나타내는 「승무」 자체에 있는 것은 아니다. 시의 의미는 그 침묵하는 것들을 귀뚜라미 같은 가냘픈 소리로 옮기는 데 있다. "누가 춤을 보면서 춤과 춤추는 사람을 떼어낼 수 있는가"라는 유명한 말대로 「승무」의 세계는 번역 불가능한 것이다. 하늘의

승무(僧舞) — 조지훈

별빛을 땅의 귀또리 소리로 옮기는 작업, 그것이 시인 조지훈이 평생을 두고 썼던 그 시의 의미였을는지도 모른다.

4부

20 **가을의 기도** — 김현승
죽음의 자리에 다다르는 삶의 사계절

21 **추일서정** — 김광균
일상적 체험의 중력으로부터 벗어나는 언어

22 **서시** — 윤동주
'별을 노래하는 마음'의 시론

23 **자화상** — 윤동주
상징계와 현실계의 나와의 조우

24 **국화 옆에서** — 서정주
만물이 교감하고 조응하는 그 한순간

25 **바다와 나비** — 김기림
시적 상상력으로 채집한 언어의 표본실

20 가을의 기도 — 김현승
죽음의 자리에 다다르는 삶의 사계절

가을의 기도

김현승

가을에는
기도하게 하소서……
낙엽들이 지는 때를 기다려 내게 주신
겸허한 모국어로 나를 채우소서.

가을에는
사랑하게 하소서……
오직 한 사람을 택하게 하소서.
가장 아름다운 열매를 위하여 이 비옥한
시간을 가꾸게 하소서.

가을에는
호올로 있게 하소서…….
나의 영혼,
굽이치는 바다와
백합의 골짜기를 지나,
마른 나뭇가지 위에 다다른 까마귀같이.

20 가을의 기도 ― 김현승

죽음의 자리에 다다르는
삶의 사계절

 시를 이야기할 때 이따금 신데렐라의 유리구두가 인용된다. 원래 이 동화는 프랑스 지방에서 비롯된 것으로, 유리구두가 아니라 '가죽 구두'였다는 것이다. 그런데 가죽(vair)이란 말이 유리(verre)란 말과 그 음이 비슷해서 영어권으로 건너올 때 유리구두로 잘못 번역되고 만 것이다.

 그러나 오히려 그것이 진짜보다도 더 널리 퍼지게 되어 이제는 프랑스의 본고장으로까지 역수입되어 '유리구두'로 정착되고 말았다. 본래의 가죽 구두보다도 유리구두의 이미지가 신데렐라의 이야기에 더 잘 어울렸기 때문이다.

 일단 시가 태어나게 되면 그 언어들은 그것을 낳은 시인의 의도와 관계없이 자기 자체의 이미지로 홀로서기를 한다. 그것을 증명해 보인 것이 바로 신데렐라의 유리구두이다. 김현승의 시 「가을의 기도」[1]에 등장하는 '백합의 골짜기'도 마찬가지이다. 백합이라고 하면 서구적인 이미지가 떠오른다. 화병이 아니라 골짜기에 핀 백합꽃이라고 하면 더욱 그럴 것이다.

 왜냐하면 우리 골짜기에는 진달래나 혹은 할미꽃들만이 피어 있는 까닭이다. 하지만 서양의 경우라 해도 '백합의 골짜기'는 현실 속에서도 그리고 시 속에서도 존재하지 않는다. 그 이미지의 근원은 신데렐라의 유리구두처럼 오역에서 생겨난 것이기 때문이다. 즉 '골짜기의 백합'은 「은방울 꽃」(*Le Lys dans la Vallée*)」이라는 발자크의 소설 제목을 일본 사람들이 문자 그대로 옮겨놓은 데서 생겨나게 된 말이다.[2]

하지만 우리는 그 덕분에 여태껏 동양에서도 서양에서도 들어보지 못한 새로운 이미지 하나를 얻게 된 셈이다.

사생아로 태어난 '골짜기의 백합'은 당당히 홀로서기를 하고, 김현승의 시 「가을의 기도」에 와서는 아주 절묘한 시적 공간을 만들어냈다. 아마도 그 말이 없었다면 그 자리에는 공자가 보며 크게 탄식했다는 '골짜기의 난초'(난향유곡)가 되었거나 혹은 백합의 경우라 해도 성경에 있는 구절대로 '들에 핀 백합'[3]이었을 것이다. 더구나 「가을의 기도」에서 '백합의 골짜기'는 단순한 장식적 은유가 아니라 '굽이치는 바다'와 '마른 나뭇가지 위의 까마귀'를 잇는 중요한 매개 공간으로, 눈으로 볼 수 없는 '영혼'을 가시화하는 결정적 작용을 한다.

'굽이치는 바다'란 말은 시인 자신의 말대로 '겸허한 모국어'에 비추어 보더라도 어법에 잘 맞지 않는 표현이다. 냇물이나 산맥이라면 몰라도 넓고 편편한 바닷물은 굽이친다고는 할 수 없다. 그리고 연극이나 소설의 경우라면 대단원에 해당되는 "마른 나뭇가지 위의 까마귀처럼"은 누가 봐도 진부한 비유이다.

그러나 그사이에 '백합의 골짜기'가 끼어들면 거짓말처럼 그 모든 시구들은 갑자기 새롭고 긴장된 이미지로 살아난다. "굽이치는 바다와 / 백합의 골짜기를 지나 / 마른 나뭇가지 위에 다다른 까마귀같이"를 분석해보면 알 수 있을 것이다. '다다른'이라는 말이 보여주고 있듯이 이 마지막 시행들은 시인의 내면 속에서 변화해가는 영혼의 모습을 세 단계의 은유적 공간으로 표현한 것이다.

그 영혼은 '바다→골짜기→마른 나뭇가지'의 순서로 공간을 옮겨가면서, 그 단계마다 영혼의 모습은 '파도(바다)'와 '백합(골짜기)'과 '까마귀(마른 나뭇가지)'로 변신한다. 넓은 바다는 좁은 골짜기로, 골짜기는 다시 앙상한 나뭇가지로 면에서 선으로 이동하면서 축소되어간다.

그러면서도 한편으로는 가장 낮은 곳에 있는 수평의 바다가 점차 수직화하고 위로 올라가면서 골짜기가 되고 이윽고 높은 나뭇가지 위에 다다른다. 물론 그 공간에 자리한 대상물들도 극명한 대조를 이루며 변화해간다. 바다의 영혼은 파란색 파도로 굽이치고(그렇다. 바다가 골짜기의 백합과 연결되었을 때만이 굽이치는 바다의 시적 일탈성은 허락된다). 골짜기의 영혼은 백합처럼 흰빛으로 조용하게 피어난다.

그리고 그것이 앙상한 나뭇가지에 이르면 바다의 파도들은 날개를 접은 까만 까마귀가 되어 정지된다. 그러니까 영혼의 색채는 청(靑), 백(白), 흑(黑)으로, 그 움직임은 동(動), 부동(不動), 정(靜)으로 그리고 상태는 무생(無生), 식물(植物), 동물(動物)로 변모해가고 있는 과정을 읽을 수 있다.

물론 우리는 그 패러다임 읽기를 통해서 푸른 바다에서는 봄(젊음)의 영혼, 골짜기에서는 하얗게 정화해가는 여름(노장)의 영혼 그리고 이윽고 마른 나뭇가지에서는 가을과 겨울의 경계선에 있는 영혼의 사계절을 보게 된다. 그리고 움직임도 넓이도 색채도 모두 떨어져 나간 가을의 영혼이지만, 그것이 다다른 곳은 바다와 골짜기보다 훨씬 높은 수직의 자리라는 것을 알 수 있다. 그 영혼의 위치야말로 "홀로 있게 하소서"의 마지막 고독에서 얻어질 수 있다.

「가을의 기도」는 그 형식만 3연으로 되어 있는 것이 아니라, 기도의 패러다임도 역시 세 국면으로 구성되어 있다. 첫 연의 가을은 "기도하게 하소서"로 기도하기와 시 쓰기를 위한 모국어(언어)에 대한 욕망을, 가운데 연의 가을은 "사랑하게 하소서"로 시간에 대한 욕망을 그리고 마지막 연의 가을은 "홀로 있게 하소서"로 고독한 영혼에 대한 욕망을 나타낸다.

가을의 욕망을 나타내는 이 세 가지 패러다임은 단순한 공간적 비교 축으로만 되어 있는 것이 아니라 시간적인 비교 축으로도 전개되어 있다. 처음 연은 "낙엽들이 지는 때를 기다려"로 초추(初秋)를 가운데 연은 "가장 아름다운 열매를 위하여"로 중추(仲秋)를 그리고 '마른 나뭇가지'의 마지막 연은 가을과 겨울의 경계인 만추(晩秋)의 상황을 내포하고 있다. 그러므로 모든 가을의 기도는 마지막 연에서 완성하도록 되어 있다.

첫째 연과 둘째 연은 "가을에는…… 하소서"로 시작하여 역시 '……하소서'의 종지형으로 끝낸 완벽한 병렬 형식으로 되어 있으나, 마지막 연만은 같은 병렬 구조를 지니면서도 도치법을 써서 '하소서'가 아니라 '까마귀처럼'으로 끝맺음으로써 그 틀을 깨고 있다.

형식만이 차별화되어 있는 것이 아니다. 첫 연의 기도하기―시 쓰기는 모국어라는 대상이 있고, 가운데 연의 사랑하기는 '오직 한 사람만'이라는 뚜렷한 대상이 있다. 하지만 마지막 연에는 그런 목적 대상이 없다. 마른 가지 위의 까마귀처럼 절대 고독의 내면세계만이 존재한다. 끝 연은 첫 연과 가운데 연과 대응하는 것이면서도 동시에 1, 2, 3연의 전 구조를 그 내부 속에 복사해놓은 프랙털 구조(fractal Structure)[4]로 되어 있다. 즉 1연의 '기도하기―시 쓰기'는 굽이치는 바다에 그리고 가운데 연의 '사랑하기'는 골짜기의 백합에 그리고 '홀로 있기'는 '마른가지 위의 까마귀'에 대응한다.

「가을의 기도」는 시와 종교(유일자에 대한 사랑)를 거쳐 최종적인 죽음의 자리에 다다르는 삶의 과정을 성숙과 조락의 가을로 형상화하고 있는 것이다. 그러므로 「가을의 기도」에는 봄의 바다와 여름의 백합, 가을과 겨울의 경계선인 마른 나뭇가지 위의 까마귀로 삶의 사계절이 내포되어 있다. 첫 연의 낙엽과 마지막 연의 고목 사이에는 백합꽃이 피어 있는 골짜기가 있다는 것을 잊어서는 안 된다.

백합과 까마귀의 절묘한 결합으로 「가을의 기도」는 비로소 높은음자리표를 지닌 화음처럼 아름답게 들리는 것이다. 그래서 김현승의 「가을의 기도」가 라이너 마리아 릴케의 음성을 너무 닮았다고 나무라서는 안 된다.

신데렐라의 유리구두나 '골짜기의 백합'처럼 오히려 오역의 경우가 보다 아름다운 시의 이미지를 낳듯이, 릴케의 기도를 닮았다 해도 이미 김현승의 「가을의 기도」는 홀로 있는 높은 나뭇가지 위에서 한국인의 사랑을 받고 있는 영혼의 시로 남아 있다.

21 추일서정 — 김광균
일상적 체험의 중력으로부터 벗어나는 언어

추일서정[1]

김광균

낙엽은 폴-란드 망명정부의 지폐
포화에 이즈러진
트룬 시의 가을 하늘을 생각케 한다.
길은 한 줄기 구겨진 넥타이처럼 풀어져
일광의 폭포 속으로 사라지고
조그만 담배연기를 내어뿜으며
새로 두 시의 급행차가 들을 달린다.
포플러 나무의 근골(筋骨) 사이로
공장의 지붕은 흰 이빨을 드러내인 채
한 가닥 구부러진 철책이 바람에 나부끼고
그 우에 셀로판지로 만든 구름이 하나.
자욱-한 풀벌레 소리 발길로 차며
호을로 황량한 생각 버릴 곳 없어
허공에 띄우는 돌팔매 하나.
기울어진 풍경의 장막 저쪽에
고독한 반원을 긋고 잠기어간다.

추일서정 — 김광균

일상적 체험의 중력으로부터
벗어나는 언어

이상화는 논길을 여자의 가르마에 비유했다. 그것이 바로 "가르마 같은 논길을 따라 꿈속을 가듯……"(「빼앗긴 들에도 봄은 오는가」, 1926)이라는 유명한 시 구절이다. 그런데 시인 김광균은 「추일서정(秋日抒情)」에서 그 똑같은 "길은 한 줄기 구겨진 넥타이처럼 풀어져……"라고 표현한다. 가르마라고 하면 동백기름을 발라 참빗으로 곱게 빗질한 농촌의 여자 얼굴이 떠오르지만 넥타이라고 하면, 그것도 구겨진 넥타이라고 하면 도시 샐러리맨들의 파리한 얼굴이 연상된다. 아마도 뱀을 '꽃대님'(「화사」, 1936) 같다고 비유한 서정주의 토속적 비유 역시 김광균의 시에 이르면 '넥타이'나 '벨트'로 바뀔 것이다.

 시에서 비유는 장식이 아니라 기능이고, 부분이 아니라 그 전체이다. 같은 낙엽을 두고 한용운은 "누구의 발자취입니까"(「알 수 없어요」, 1926)라고 한 데 비해서, 김광균은 "폴란드 망명정부의 지폐"라고 묘사한다. 이 비유의 차이가 바로 한용운과 김광균의 시적 차이인 것이다. 김광균은 그 비유를 통해서 농경시대의 계절감각을 산업시대의 근대적 도시감각으로 바꿔놓았다. 그것은 19세기 산업자본주의 시대의 서구 작가들이 달을 은화에 비유한 것보다 훨씬 더 강렬한 패러다임 전환이라고 할 수 있다.

일차적으로 낙엽과 지폐의 유사성은 그 크기와 두께의 형태성에 있지만, 그것들이 내포하고 있는 의미소는 정면에서 충돌한다. 낙엽은 자연적인 것으로 사람들은 그것을 줍거나 쓸어버리거나 태워버린다. 그러나 지폐는 경제적인 것으로 함부로 주울 수 있는 것이 아니다. 더구나 쓸거나 태워버리는 것과는 반대로 은행 금고에 넣어두려 한다. 하지만 그 지폐에 일단 망명정부란 말이 붙게 되면 그 같은 의미 충돌은 오히려 형태적 유사성보다도 더 강렬하게 밀착된다. 낙엽이 본래의 나뭇가지로부터 떨어져 뿌리를 잃은 이파리인 것처럼 망명정부는 본래의 나라와 그 영토로부터 이탈된 뿌리 잃은 정부이다. 그러므로 낙엽이 옛날의 그 무성했던 이파리가 아닌 것처럼 망명정부의 지폐 역시 이미 옛날에 통용되던 그 지폐가 아닌 것이다. 이제는 낙엽처럼 쓸어버리거나 태워버려도 좋을 지폐이다.

김광균의 새로운 유추 작용에 의해서 자연의 계절감을 나타내던 나뭇잎은 정치, 경제의 역사 감각으로 뒤바뀐다. 더구나 그냥 망명정부가 아니라 폴란드라는 구체적인 나라 이름이 붙게 되면 그 시를 썼던 1940년 당시, 폴란드가 독일 침공을 받고 영국에 망명정부를 세웠던 제2차 대전의 실제 상황과 연결된다. 그렇기 때문에 어수선하게 흩어진 검붉은 낙엽들은 폴란드의 망명 정부의 지폐에서 다시 "포화에 이지러진/트룬 시의 가을하늘"의 전쟁 이미지로 발전된다. 그러면서도 우리가 눈여겨보아야 할 것은 「추일서정」의 낙엽이 결코 정치적 또는 전쟁에 관한 직접적 언술이 아니라는 점이다.[2] 도시인들이 겪고 있는 일상적 체험은 실제적인 것보다 신문이나 사진—영화의 미디어를 통해서 얻어진다. 종이에 인쇄된 경제가 지폐이듯 종이에 인쇄된 정치와 전쟁이 신문이다.

낙엽을 보며 여동생의 죽음을 서러워했던 신라의 승(僧) 월명사(月明師)의 「제망매가(祭亡妹歌)」의 유전자 속에서는 결코 발견될 수 없었던 김광균의 가을 서정은 바로 이 인쇄된 정치와 인쇄된 경제로부터 태어난다. 농촌의 서정이 흙에서 생겨난 것이라고 한다면, 도시의 그것은 인쇄된 종이(화폐에서 책까지 포함하여)로부터 발생된 것이라고 할 수 있다. 한마디로 「추일서정」의 낙엽은 또 하나의 인쇄된 자연인 것이다.

우리는 얼룩백이 황소가 해설피 금빛 게으른 울음을 우는 정지용의 들판(「향수」)에 '새로 두 시의 급행열차'가 달리고 '서리 까마귀 우지짖고 지나가는 초라한 지붕'이 '공장 지붕'으로 바뀌었다 해서 놀라워하는 것은 아니다.

「추일서정」의 그 급행열차는 '조그만 담배 연기를 내뿜'고 있으며, 그 공장의 지붕은 '흰 이빨을 드러내'고 있다. 즉 그 비유는 모두가 우리에게 아주 낯익은 의인법으로 되어 있어 그 급행열차와 낯선 공장은 '늑골을 드러내고' 있는 포플러 나무와 조금도 다를 것이 없다. 우리를 놀라게 하는 것은 농촌에서 도시로 바뀐 소재에 있는 것이 아니다. 그것이 무엇이었든 사물을 바라보는 시적 감각과 그 시선의 변화에 충격이 있는 것이다.

"한 가닥 구부러진 철책이 바람에 나부끼고／그 우에 셀로판지로 만든 구름이 하나"는 그 시적 대상이 인공물(철책)과 자연물(구름)로 서로 다르지만 다 같이 우리에게 어떤 놀라움을 준다. 농경시대의 구름은 '솜'과 비유되고, 유목적 문화라면 양떼나 양털과 비교된다. 그러나 그것이 도시적 패러다임으로 바뀌면 '셀로판지'가 된다. 솜과 셀로판지는 농업―산업의 대비만이 아니라 이미지 자체가 다르다. 솜과는 달리 셀로판지는 투명하고 차갑고 얄팍하고 비생명적인 느낌을 준다. 거기에 '만든 구름'이라는 표현은 그 인위적 가공성을 더 강화한다. 더구나 셀로판이라는 낯선 외래어의 기호 표현은 구름을 더욱 우리의 흙 묻은 체험으로부터 멀리 떨어져 낯설게 한다.

그리고 시골 돌담과 대비되는 '철책' 역시 소재만이 다른 것이 아니라 이미지 자체가 달리 나타나 있다. '바람에 나부끼는' 철책은 우리의 일상적 체험과 괴리된 것으로, 금속성의 무게와 견고함을 상실하고 있는 것이다. 철책만이 아니라 「추일서정」에 나오는 모든 사물들은 탈중력적인 이미지의 기화작용(氣化作

用)을 일으킨다.

폴란드 망명정부니 트룬 시의 포화니 하는 정치와 전쟁의 무거운 정황을 담고 있으면서도 「추일서정」은 조금도 어둡거나 무겁지가 않다. 그 비밀은 시의 마지막 연

호올로 황량한 생각 버릴 곳 없어
허공에 띄우는 돌팔매 하나
기울어진 풍경의 장막 저쪽에
고독한 반원을 긋고 잠기어간다

에 숨어 있다. 회화적 묘사로 일관해오던 이 시는 마지막 연에서 자신의 감정을 직접 토로하여 처음으로 '황량한 생각'이라는 직설적 표현을 사용한다.

하지만 그 황량한 생각을 가시적인 행동으로 나타낸 돌팔매질을 분석해보면 전혀 무겁거나 어둡지 않다는 사실을 발견하게 된다. 그 이유는 "허공에 띄우는 돌팔매 하나"로 '던지다'라는 말이 '띄운다'로 바뀌어 있기 때문이다. 그래서 우리는 갑자기 무게를 상실한 돌멩이와 만나게 된다. 그뿐 아니라 포물선을 그리며 떨어지는 돌멩이도 무중력 상태의 운동으로 변한다. 반원이라는 기하학적 용어도 그렇지만 '떨어지다'가 '잠기어간다'로 되어 있기 때문이다.

구름만이 아니라 돌멩이와 가을 풍경 전체가 셀로판지로 만든 것처럼 허공에 탈중력 상태로 떠 있다. 생활, 역사, 그리고 구체적인 삶의 언술에서 무게를 빼내 무중력화하는 것이 김광균의 이미지요 그 시의 전략이다.[3] 폴란드 망명정부의 지폐처럼 언어에서 그 지시적 준거물을 빼앗아버리면 언어는 진술로서의 효용적 가치를 상실한다. 나뭇잎의 가장 아름다운 시적 순간이 아이러니컬하게도 나뭇가지에서 떨어질 때인 것처럼 언어 역시 일상적 체험의 중력으로부터 벗어나는 순간, 아름다운 단풍이 들고 시적인 언어로 바뀌게 되는 것인지도 모른다. (이것을 러시아 형식주의자들은 오스트라네니, 즉 낯설게 하기라고 부른다.)

인쇄된 정치와 경제 그리고 그 자연은 이제 비트(bit)라는 또 다른 컴퓨터 신호로 바뀌어가고 있다. 프리모던에서 모던으로 패러다임을 바꿨던 김광균의 시를 보면서 우리는 모던에서 포스트모던으로 넘어가는 그 시적 건널목의 의미를 다시 생각해본다. 지금 우리 앞에서 지고 있는 저 낙엽들은 어떤 이미지로 바뀌어갈 것인가를.

22 | 서시 — 윤동주
'별을 노래하는 마음'의 시론

서시

윤동주

죽는 날까지 하늘을 우러러
한 점 부끄럼이 없기를,
잎새에 이는 바람에도
나는 괴로워했다.
별을 노래하는 마음으로
모든 죽어가는 것을 사랑해야지
그리고 나한테 주어진 길을
걸어가야겠다.

오늘밤에도 별이 바람에 스치운다.

| 22 | 서시 — 윤동주

'별을 노래하는 마음'의 시론

개화 이전의 우리 조상들은 성조기를 화기(花旗)라고 불렀던 모양이다. 그 별 모양을 꽃으로 보았기 때문이다. 고구려 벽화의 성좌도(星座圖)[1]를 보아도 알 수 있듯이 원래 한국의 별은 단추처럼 둥근 모양을 하고 있었다. 이제는 아이들이 먹는 별사탕에서 장군들의 계급장에 이르기까지 그 별표 모양은 우리에게도 아주 친숙해졌지만 그것이 인체를 도안화한 것이라는 사실은 아직도 생소한 것 같다. 펜타그램[2]은 위로 솟은 머리와 수평으로 올린 두 손 그리고 양쪽으로 벌린 두 다리의 모습을 표시한 것으로 인체와 천체(별)를 동일시하고자 한 인간의 비원을 담고 있다. 그러고 보면 별표 밑에는 인간의 수명을 관장하는 칠성 신앙[3]이나 '별 하나, 나 하나'라고 노래한 우리 민요의 정서와도 통하는 구석이 있다.

윤동주의 별(시) 읽기에서 우리가 지금까지 사용해온 틀은 기독교적 사상이 아니면 일제에 대한 저항시인이었지만[4], 실제로 그 「서시」나 「별 헤는 밤」에 나타난 것들은 그보다 훨씬 고태형(古態形, archetype)[5]을 지닌 별이다.

「서시」가 "죽는 날까지 하늘을 우러러 한 점 부끄럼이 없기를"[6]의 인유(引喩)로부터 시작하고 있는 것만 해도 그렇다. 고전을 들출 것도 없이 그것은 한국인이라면 누구나 무엇을 다짐하거나 자신의 결백성을 주장할 때 곧잘 쓰는 말이다. 그러니까 그 하늘은 특정한 종교성보다는 소박한 민간신앙의 경천(敬天)사상이 깃들어 있다. 그리고 그것은 신(神)보다도 하늘 – 땅으로 대응해온 신화적 공간의 무대에 가까운 그 하늘인 것이다.

그러므로 1 – 2행의 하늘 다음에 "잎새에 이는 바람에도 나는 괴로워했다"의 3 – 4행이 짝을 이룬다.

하늘은 땅, '우러러'보다는 '굽어보다'로 그 공간을 교체하면 잎새에 이는 바람이 출현하게 된다. 그래서 하늘을 우러를 때의 그 무구한 마음('부끄러움이 없기를')이 땅을 향할 때에는 그 잎새에 이는 바람을 보고 괴로워하는 마음으로 변한다.

그리고 다시 땅에서 하늘로 공간을 바꾸면 그 잎새는 별이 되고 그 괴로움 역시 별을 노래하는 마음으로 반전된다. 이렇게 하늘 – 땅으로 교체되는 윤동주의 시선과 마음은 마치 정교한 대위법(對位法)[7]으로 구성된 음악처럼 '하늘의 별'과 '땅의 잎새'를 완벽하게 연주해낸다.

그래서 '하늘'은 '별'로 응축되고, '잎새'는 '모든 죽어가는 것'들로 대치되면서 "별을 노래하는 마음으로 / 모든 죽어가는 것들을 사랑해야지"(5 – 6행)라는 새로운 하늘 – 땅의 관계가 나타난다. 그러면서 놀랍게도 '괴로워했다'가 '사랑해야지'로 바뀐다. '잎새'와 '모든 죽어가는 것'들은 동격인데도 불구하고 그에 대한 감정은 부정에서 긍정으로 역전되어 있는 것이다. 괴로움이 사랑으로 바뀌는 드라마는 지금까지 하늘과 땅, 별과 잎새의 대립항을 이룬 병렬 구조[8]를 통사축의 사슬 관계로 눈을 돌리게 한다.

즉 지금까지 관계없어 보였던

① 부끄럼이 없기를 '다짐하다'
② 풀잎에 이는 바람에도 '괴로워하다'
③ 별을 '노래하다'
④ 모든 죽어가는 것들을 '사랑하다'

가 일련의 계기성(繼起性)을 지닌 사슬 구조로 연결되는 것이다.

그래서 「서시」의 공간 구조가 하늘, 땅, 바람의 삼원 구조로 되어 있듯이 그 시간 구조 역시 과거(1-4행 '괴로워했다'), 미래(5-8행 '사랑해야지', '걸어가야겠다') 그리고 현재(9행 '스치운다')로 삼등분된다.

그리고 나한테 주어진 길을 걸어가야겠다(7-8행)

는 직설적인 산문 표현임에도 불구하고 매우 중요한 자리를 차지하게 된다. '길'은 바로 「서시」의 병렬 구조와 통사 구조를 결정짓는 중요한 매개항으로 공간(하늘―땅)과 시간(어제―내일)을 통합하는 역할을 하고 있기 때문이다.

    길은 공간에 속해 있지만 화살표와 같이 방향성을 지니고 있기 때문에 과거에서 미래로 가는 시간성을 표시하기도 한다. '나에게 주어진 길'이라고 할 때는 과거의 시간을 나타내지만 '걸어가야겠다'라고 할 때의 그 길은 '사랑해야지'와 마찬가지로 의지와 행동을 내포하고 있는 미래의 시간으로 출현한다.

    그 길은 공간성으로 볼 때에는 땅(잎새)에서 하늘(별)로 오르는 언덕길 같은 것이 될 것이며, 시간성으로 볼 때에는 과거(괴로움)에서 미래(사랑해야지)로 향하는 그 도상(途上)의 현재가 될 것이다.

    그래서 「서시」는 "오늘밤에도 별이 바람에 스치운다"로 끝맺고 있다. 일행으로 단독 연(聯)을 이루고 있는 이 시행은 본문으로부터 외롭게 떨어져나가 앉은 섬처럼 보인다. 앞의 시들이 과거나 미래형으로 되어 있는 데 비해서 이 마지막 연만이 '스치운다'로 현재형이다.' 그냥 현재가 아니라 '오늘밤에도'라는 '도'의 조사가 의미하듯이 그것은 끝없이 반복하고 있는 오늘인 것이다. 지금 나의 눈앞에 있는 것은 밤과 바람 그리고 별이다. 공교롭게도 모두가 'ㅂ' 음으로 시작되어 있는 이 세 가지 단어들은

서시 ― 윤동주

서로 뗄 수 없는 관계로 얽혀 있다.

　어둠과 빛은 대립된 개념이지만 별빛은 밤의 어둠 없이는 빛 날 수 없는 것이기 때문에 동전의 양면처럼 분리할 수 없는 관계로 밀착되어 있다. 그리고 별빛과 결합된 어둠은 부정축에서 긍정축으로 그 의미의 화학 변화를 일으키기도 한다.

　바람 역시 그렇다.

　땅의 잎새와 하늘의 별은 너무 멀리 떨어져 있어서 서로 접촉할 수가 없지만[10], 그 단절을 메워주는 것이 바로 그 바람이다. 풀잎에 이는 바람은 저 무한한 높이의 별들을 스치는 바람이기도 한 것이다. '일다'와 '스치다'라는 한국말이 이렇게도 절묘하게 어울린 예를 우리는 일찍이 보지 못했다. 밤을 통해서 별을 만나듯 바람을 통해서 풀잎은 별과 만난다. 하늘과 땅 사이를 매개하고 있는 바람은 '길'과도 같은 기능을 하고 있다.

　그것은 소멸의 잎새와 불멸의 별 사이의 바람 부는 공간 그리고 끝없이 되풀이되는 '오늘'이라는 그 도상성(途上性)이다. 하지만 '괴로워하다'가 '노래하다'로, '노래하다'가 '사랑하다'로, 그리고 '사랑하다'가 '걷다(실천하다)'로 바뀌어가는 행동은 별과의 스침을 통해서 가능해진다. 별은 바람과 밤의 부정적 상황을 긍정적으로 들려주는 낮은음자리표이며 지상적인 언어의 네가 필름을 반전시키는 감도 높은 인화지인 것이다.

　만약 윤동주의 별을 일제에 대한 저항의 시각으로만 바라보면 어떻게 될 것인가. '잎새'는 일제 식민지 치하에서 고통받고 있는 한국 민족이 될 것이고, 바람과 그 밤은 일제의 압제가 될 것이다. 그리고 그 별은 광복의 별이다. 그렇게 되면 '모든 죽어가는 것'들에 대한 사랑은 민족애(民族愛)로 축소되고 만다. 나에게 주어진 길을 걸어가야겠다는 말 역시 끝까지 투쟁하겠다는 맹세로 들린다.

한편 기독교적인 시각에서 보면 잎새와 '모든 죽어가는 것'들은 원죄를 지은 모털(mortal)로서의 인간이 되고 그 안에는 일제 관헌들까지도 포함된다.

그러므로 '사랑해야지'라는 말은 기독교의 박애 정신과 직결되고 그 길 역시 신앙의 길이 된다. 그 결과로 종교와 정치는 양립할 수 없는 두 개의 별을 만들어내고 만다. 그 어느 시각으로 보아도 우리가 「서시」에서 읽는 그 별 이야기와는 분위기가 맞지 않는다. 그러나 인체의 모양이 그대로 빛나는 천체(별)의 모양과 하나가 되는 펜타그램이 그 도형처럼 작은 잎새들이 하늘의 별자리가 되어 빛나는 신화의 마당에서는 그런 모순들이 모두 사라진다.

그리고 그 「서시」는 정치론이나 종교론이 아니라 고통에서 사랑을 그리고 어둠에서 빛을 탄생시키는 희한한 시의 마술……'별을 노래하는 마음'의 시론(詩論)이 되는 것이다.

서시 ─ 윤동주

23 자화상 — 윤동주
상징계와 현실계의 나와의 조우

자화상

윤동주

 산모퉁이를 돌아 논가 외딴 우물을 홀로 찾아가선 가만히 들여다봅니다.

 우물 속에는 달이 밝고 구름이 흐르고 하늘이 펼치고 파아란 바람이 불고 가을이 있습니다.

 그리고 한 사나이가 있습니다.
어쩐지 그 사나이가 미워져 돌아갑니다.

 돌아가다 생각하니 그 사나이가 가엾어집니다.
도로 가 들여다보니 사나이는 그대로 있습니다.

다시 그 사나이가 미워져 돌아갑니다.
돌아가다 생각하니 그 사나이가 그리워집니다.

우물 속에는 달이 밝고 구름이 흐르고 하늘이 펼치고 파아란 바람이 불고 가을이 있고 추억(追憶)처럼 사나이가 있습니다.

23 자화상 ― 윤동주

상징계와 현실계의 나와의 조우

거울에 비친 자기 모습을 노래한 작품은 옛날부터 있어왔다. 냇물에 비친 자기 모습에 반해서 열렬히 사랑을 했다는 나르시스(수선화)[1]의 그리스 신화가 그것이다. 그리고 신라의 향가에도 구리 거울에 비친 제 모습을 죽은 자기 짝인 줄로만 알고 부리로 쪼며 그리워하다가 죽었다는 「앵무가(鸚鵡歌)」[2]가 있었다고 전한다.

윤동주의 「자화상」 역시 그와 같은 경상(鏡像) 모티브의 전통을 이어받고 있는 시라고 할 수 있다. 우물 속에 비친 자신의 모습을 나르시스 신화나 「앵무가」의 경우처럼 완전히 남처럼 인식하고 있다는 점에서도 똑같다. '자화상'이라는 표제가 붙어 있으면서도 우물 속에 비친 그의 모습을 '나'가 아니라 '한 사나이'라고 부르고 있는 것이다. 뿐만 아니라 그 영상을 하나의 실체로 생각하고 있는 것까지 같다. 윤동주는 마치 그 '사나이'가 우물 속에서 살고 있는 것처럼 "도로 가 들여다보니 사나이는 그대로 있습니다"라고 묘사하고 있다.

그러나 윤동주의 「자화상」은 나르시스의 얼굴과 전혀 다른 이미지로 우리 앞에 나타나 있다. 바슐라르(Gaston Bachelard)

는 『물과 몽상(*L'eau et les rêves*)』[3]에서 나르시스의 신화를 낳은 그 물의 물질적 이미지를 밝은 물, 봄의 물과 흐르는 물, 나르시시즘의 객관적 조건, 사랑하는 물이라고 정의하고 있다. 그리고 "······ 거울 속에 익사한 사람까지 많았다."라는 세르나의 말을 인용하기도 한다. 사람의 얼굴을 반영하는 물과 거울을 같은 이미지로서 파악하고 있는 것이다.

하지만 우리가 발견하게 되는 「자화상」의 물질적 이미지는 바슐라르가 제시한 그것들과는 정반대이다. '밝은 물'은 '어두운 물'로 그리고 '흐르는 물'이라고 한 것은 '고여 있는 물'로 뒤바뀌어 있는 것이다. 그리고 '나르시시즘의 객관적 조건'은 오히려 '주관적 행동'으로 현시되고, '사랑의 물'은 '미움의 물'로 설정된다.

그러한 차이는 윤동주의 「자화상」이 나르시스와 같은 시냇물이 아니라(혹은 거울이 아니라) '우물물'로 되어 있기 때문이다. 이 말을 바꾸면 윤동주의 「자화상」 읽기에서 가장 중심적인 코드를 이루고 있는 것이 다름 아닌 '우물'이라는 이야기다.

소설 같으면 발단부라고 할 수 있는 「자화상」의 첫 행은 "산모퉁이를 돌아 논가 외딴 우물을 홀로 찾아가선 가만히 들여다봅니다"로 시작된다. 자신의 모습을 비춰주는 우물물의 물질적 이미지는 얼음이 막 풀린 봄의 냇물가에 피어나는 수선화의 그것과는 분명 다르다는 것을 느끼게 한다. 우물물 속에 갇힌 영상은 오히려 짝 잃은 앵무새의 새장 속에 넣어준 구리 거울에 가깝게 느껴지기도 하지만 여기의 우물물은 임의로 움직일 수 있는 그런 거울과도 다르다. 왜냐하면 윤동주가 설정한 우물물은 보통 우물물로 환원할 수 없는 고정된 장소의 의미를 지니고 있기 때문이다.

그 우물은 들판과 산의 경계 영역인 '산모퉁이'를 돌아서 가야만 하는 곳이다. 그리고 사람들이 모여 사는 일상적 삶의 장소인 마을이나 도시에 있는 우물이 아니라 논가 '외딴' 곳의 고립 영역에 있는 우물이다. 그렇기 때문에 홀로 찾아가서 '들여다'보려는 의지와 행동이 없으면 그 우물도, 우물 속의 '나'의 모습과도 만나볼 수가 없다.

우물물은 흐르는 시냇물과는 대조적이다. 그것은 한곳에 고여 있으며, 무거움과 어두움을 간직한 물이다. 단절과 비연속적인 이 물을 더욱 차별화하고 강화하고 있는 것이 산모퉁이라는 경계 영역이며, 논가의 외딴 곳이라는 고립 영역이라고 할 수 있다.

더구나 그 우물은 경계와 소외(고립)의 공간만이 아니라 지하에 있으면서도 천상계에 속해 있는 역설의 물이라는 것을 알 수 있다. 보통 거울은 좌우가 뒤바뀐 경상(鏡像)의 세계를 보여주고 있는 데 비해서 우물은 상하가 뒤바뀐 가상 공간을 보여주고 있기 때문이다.

「자화상」의 우물 속에는 "달이 밝고 구름이 흐르고 하늘이 펼치고 파아란 바람이 불고 가을"이 있다. 달, 구름, 바람 그리고 가을은 모두 하늘에 속해 있는 것으로 수직 상방향에 존재하고 있다. 이렇게 우물은 수직 하방향에 위치해 있으면서도 그 깊은 바닥에 비쳐 있는 영상은 수직 상방향에 있는 하늘인 것이다.

높은 것일수록 깊은 바닥에 가라앉아 있는 우물물은 동시에 밝은 것을 어둠에 의해서 보여주는 의미론적 역설도 함께 지니고 있다. 왜냐하면 우물 속에 비친 하늘은 밤하늘이며, 그 계절 역시 가을이다. 태양이 있는 대낮의 봄하늘과는 상반된다. 시냇물은 공자도 탄식했던 것처럼 주야로 쉬지 않고 흘러 사라진다. 그러나 그러한 유동적인 물을 한곳에 가두어 고이도록 한 것이 우물물이다. 그것처럼 윤동주의 우물 속에 비치는 달, 구름, 바람 역시도 그 의미의 공통적인 요소는 다 같이 물처럼 흐르는 것이지만 한 공간의 프레임 안에 유폐되어 있는 것으로 그려진다.

그런 우물 속에 비쳐 있는 '사나이'로서 발견되는 '나'란 대체 무엇인가. 우리는 그 우물물의 물질적 이미지를 통해서 쉽게 그 코드를 해독할 수 있게 된다. 우물처럼 심층적 의식 속에 가라앉아 있는 나 그리고 시간이 정지된 원초적인 어둠의 공간인 하늘을 바닥으로 디디고 있는 나……. 그것은 모태 속에 있는 나, 어둡고 무거운 생명의 양수 속에 빠져 있던 나의 영상(映像)에 가까운 존재일 것이다.

경계적, 고립적, 심층적 공간인 물속에 가라앉아 있는 '한 사나이'……. 모태의 우물물인 그 양수 속에서 살고 있는 원인간(原人間)으로서의 그 '나'는 누구인가. 어떤 의미를 갖고 있는 나인가. 우리가 흔히 '나'라고 생각하고 있는 '나'는 라캉의 용어를 빌려서 말하자면 상징계[4]에 속해 있는 '나'인 것이다. 상징계 속의 나란 바로 언어로 인식되는 나, 좀 더 구체적으로 말하자면 사회제도나 법규-규범 그리고 외부에서 작용하는 온갖 기호작용에 의해서 만들어진 나인 것이다.

그러한 나는 '어머니의 몸'의 일부로서 모태 속에 있었던 현실계(現實界)의 나와는 아주 딴판의 나인 것이다. 그러나 상징계 속에 있는 우리는 언어 이전의 그 현실계 속의 나와는 만날 수가 없다. 이 현실계와 상징계 사이에 존재하는 나가 바로 우물 속의 사나이로 드러나고 있는 경상 속의 나인 것이다.

라캉의 이론을 도식적으로 적용하는 것보다 시의 텍스트 속의 두 '나'의 만남과 헤어짐을 보면 그 관계를 분명히 알 수 있을 것이다. 처음에 나는 우물을 찾아가 의식적으로 들여다본다. 그 행위는 바로 모태 속의 나와 만나서 그것으로 돌아가고자 하는 행위와 의지를 나타낸다. 그러나 나는 우물 속을 들여다보기를 그만두고 떠나버린다. 왜냐하면 반나르시스 행위로서 나는 그 사나이를 미워하기 때문이다.

그러나 다시 돌아와 볼 때에는 미움이 연민(가엾음)으로 바뀌고, 다시 떠나면 그리움으로 변한다. 이러한 미움과 사랑의 앰비밸런스(ambivalence, 양가성)로서의 나(자신의 원 모습)는 결국 추억의 나, 부재하는 나로서 정착된다. 그것은 어디까지나 실체가 아닌 '그림자'로서의 나인 것이다. 일상적인 나와 원초적인 나와의 끝없는 갈등, 그러면서도 그것과 결합하려는 나르시스와 반나르시스의 드라마가 윤동주의 시를 탄생시키는 자화상인 것이다.

자화상 — 윤동주

24 국화 옆에서 — 서정주
만물이 교감하고 조응하는 그 한순간

국화 옆에서

서정주

한 송이의 국화꽃을 피우기 위해
봄부터 소쩍새는
그렇게 울었나 보다.

한 송이의 국화꽃을 피우기 위해
천둥은 먹구름 속에서
또 그렇게 울었나 보다.

그립고 아쉬움에 가슴 조이든
머언 먼 젊음의 뒤안길에서
이제는 돌아와 거울 앞에 선
내 누님같이 생긴 꽃이여.

노란 네 꽃잎이 피려고
간밤엔 무서리가 저리 내리고
내게는 잠도 오지 않았나 보다.

국화 옆에서 — 서정주

24

만물이 교감하고 조응하는 그 한순간

모든 풀들이 시드는 가을철, 서리 속에서도 국화는 홀로 향기롭게 핀다. 그 고고한 품격 때문에 국화는 사군자(四君子)¹의 하나로 시인 묵객의 사랑을 받아왔다. 그리고 중양절에는 불로장생(不老長生)²의 꽃이라 하여 술에 담그고 전으로 부쳐 먹는 풍습도 있었다. 은군자(隱君子)의 유교적 이념³이든, 혹은 신선을 나타낸 도교적 상징⁴이든, 국화는 워낙 우리 의식 깊숙이 배어 있는 꽃이어서 잘못 노래하다가는 그야말로 똑같은 틀로 찍어낸 국화빵 같은 것이 되고 말 것이다.

 서양에는 "맨 처음 장미를 미녀에 비유한 사람은 천재지만 그 말을 두 번 다시 쓴 사람은 바보다."라는 속담이 있다. 마찬가지로 "제일 먼저 국화를 군자에 비유한 사람은 천재지만 두 번째로 그와 똑같은 말을 한 사람은 바보"가 되고 만다.

 만약 시인 서정주(徐廷柱)의 「국화(菊花) 옆에서」가 은둔을 노래한 도연명⁵이나 오상고절(午霜孤節)을 예찬한 이정보⁶의 국화였다면 우리는 이 시를 읽지도 기억하지도 않았을 것이다.

 미당(未堂)의 「국화 옆에서」를 읽는다는 것은 곧 국화를 노래한 다른 텍스트와의 차이를 읽는 것과 다를 것이 없다. 그리고 그러한 차이를 가장 돋보이게 하는 것이 국화를 '누님'에 비유한 바로 그 은유이다.

봄에 피는 봉숭아가 여성적인 것이었다면, 국화는 지금까지 남성, 그것도 고결한 사대부의 모습으로 그려져왔다. 그러나 미당은 그것을 "머언 먼 젊음의 뒤안길에서 인제는 돌아와 거울 앞에 선 내 누님같이 생긴 꽃이여"라고 국화의 성(性)을 바꿔버렸다. '군자 = 국화'가 '누님 = 국화'로 패러다임을 바꿀 때 우리는 적어도 두 가지 다른 느낌을 받게 된다.

첫째는 관념적인 이념의 남성 원리가 감각적인 미(美)의 애정의 여성 원리로 바뀌게 된다는 점이다. '거울 앞에 선 누님'의 모습은 췌언할 필요 없이 먼 남산을 바라보고 서 있는 은일자(隱逸者), 혹은 '책 앞에 앉은 선비'의 모습과는 다른 느낌을 준다.

군자라고 할 때의 도덕적 가치 규범과는 달리 '누님'이라고 하면 아무리 나이 든 여성이라도 심미성이나 애정과 관련된 세계를 연상하게 된다. '거울 앞에 선'이라는 '거울'은 용모를 가꾸고 다듬는 도구로 책 - 선비에 대응하는 거울 - 여성의 환유 관계를 형성하기 때문이다.

지금까지 이 시의 평자들은 누님의 모습을 흔히 "오랜 세월 격정과 고통을 견디어낸 성숙한 인간의 인고(忍苦)를 상징"하는 것으로 풀이해왔다. 그렇게 되면 서정주의 국화 역시 군자의 모습과 다를 것이 없게 된다.

    윤리적인 원숙이 아니라 미의 원숙성, 그립고 아쉬움에 가슴 조이던 관능적인 애욕이나 유혹에 들떠 있던 젊음의 미가 아니라 실연의 고통이나 삶의 환멸과 좌절 같은 것을 다 겪고 난 뒤에 비로소 얻어지는 중년 이후의 여인에게 맛볼 수 있는 그런 아름다움인 것이다. 그리고 그것이 봄에 피는 붉은 도화(桃花)와 가을꽃인 노란 국화[8]의 의미론적 차이를 결정짓는 서정주의 시적 전략이다. '머언 먼 젊음'이라는 말이 암시하고 있듯이 거울 앞에 선 누님은 인생의 봄과 여름을 지나 겨울철로 접어든, 적어도 중년을 넘어선 여인이다. 그 얼굴의 화장 밑에는 처연하면서도 침잠된 미 — 젊음의 미와는 또 다른 진짜 여성의 아름다움을 엿볼 수 있다.

    두 번째의 지향점은 그냥 누이가 아니라 나의 누님이라고 했듯이 매우 가까운 개별성과 혈연성을 느낀다.

    군자는 이상적이고 이념적인 존재로 우리와는 먼 존재로 느껴진다. 은자는 세속과 단절된 것으로 그 품격은 오상고절처럼 주위로부터 단절된 배제적 가치로 이루어진다.

    미당의 국화가 다른 국화와 차이성을 지니게 되는 것도 바로 그 점이다.

    국화야 너는 어이 삼월동풍(三月東風) 다 지나고

낙목한천(落木寒天)에 네 홀로 피었느냐

아마도 오상고절(午霜孤節)은 너뿐인가 하노라 (이정보)

이 시의 전통적인 그 국화는 네 홀로, '너뿐인가 하노라'로 강조되어 있듯이 홀로 있는 절개(고절)의 의미가 강하다.

하지만 미당의 국화는 정반대다. 주위의 모든 것과 친연 관련을 이루며 피어난다. 시간의 단위로 볼 때에는 봄과 여름과 가을이 하나의 고리쇠로 지속하고, 사물의 층위에서 보면 모든 사물이 무생(無生), 유생(有生)의 담쟁이를 넘어 일체화한다.

구체적으로 말하면 국화는 봄의 소쩍새, 여름의 천둥과 인과관계를 맺고 있으며, 자연과 대응되는 인생의 경우에서는 '누님'과 '나'와 동일성을 지닌 것으로 나타난다.

'너뿐인가 하노라'의 초절성(超絶性)이 아니라 모든 것과 결합된 친연성(親緣性)으로 새롭게 태어난 미당의 국화는 봄의 소쩍새 소리와 여름의 천둥소리와 인과관계를 갖게 된다.

국화꽃은 가을에 피는 꽃이다. 그것은 봄철에 우는 소쩍새와는 아무 관련이 없다. 하나는 식물이고 하나는 동물이다. 보는 것과 듣는 것, 향기를 지닌 것과 날개를 지닌 것, 땅에서 사는 것과 공중에 사는 것, 국화꽃과 소쩍새는 어느 모로 보나 같은 자리에 앉힐 수 있는 존재가 아니다.

전설과 시의 상상적 세계라고 해도 소쩍새는 지금까지 국화가 아니라 같은 봄철에 피는 진달래꽃과 관련되어 있었다.

그런데도 서정주의 시 속에서는 "한 송이의 국화꽃을 피우기 위해 봄부터 소쩍새는 (밤마다) 운" 것으로 되어 있고, 천둥은 먹구름 속에서 울었다고 되어 있다. '봄부터'란 말에서 우리는 금시 국화꽃의 시원(始源)을 읽을 수 있게 된다.

시간적 인과관계만이 아니다. 꽃은 눈으로 보고 코로 냄새 맡는 시각과 후각의 대상물이다. 그런데도 미당의 국화는 소쩍새의 울음소리와 먹구름 뒤에서 울리는 천둥소리의 청각물과 어울려서 감각적 세계에 있어서도 통합 관계를 이루고 있다.

"왕이 죽었다. 그리고 왕비도 죽었다."라고 하면 소설이 되지 않는다. 왕의 죽음과 왕비의 죽음에 슬픔이라는 인과성을 부여할 때 비로소 소설의 플롯(plot)은 형성된다.

이 유명한 정의처럼 미당은 관계없이 흩어져 있는 사물이나 그 현상 속에서 어떤 인과율을 찾아내는 것으로 시의 구성을 이끌어간다. 그래서 최종적으로는 '봄 – 소쩍새 – 국화', '여름 – 천둥소리 – 국화'에서 '가을 – 서리 – 국화'에 도달한다. 그리고 서리는 직접적으로 노란 꽃잎을 피운다. 그리고 동시에 거울 앞에 선 나의 누님과 국화의 관계 역시 '나'와 국화의 관계로 옮겨지면서

　　노란 네 꽃잎이 피려고

간밤엔 무서리가 저리 내리고

내게는 잠도 오지 않았나 보다 (4연)

의 마지막 시행이 되는 것이다. 처음엔 한 송이 '국화꽃'이라고 부르던 것이 마지막에 오면 '네 꽃잎'으로 그 인칭이 바뀐다. '너'라고 직접 불린 국화는 이미 밖에 있는 꽃이 아니라 은유의 거리마저 소멸한 나―국화의 동일성으로 변한다.

봄과 여름의 계절 그리고 누님의 머언 먼 젊음의 뒤안길이 나에게 오면 '간밤'이라는 아주 가까운 시간이 되고, 가슴 조이는 그 의미 역시 무서리와 직접 연결된다. 시가 진행되어갈수록 먼 데서 가까운 곳으로, 넓은 데서 좁은 데로 국화는 우리 옆으로 다가온다. 그래서 우리는 '국화 옆에서'의 그 '옆'이란 말을 실감하게 된다.

국화 속에서는 모든 생명을 죽이는 서리가 오히려 꽃을 피우는 초월의 힘으로 작용한다. 누님도 나도 이 서리의 역반응에 의해서 비로소 삶의 '노란 꽃잎'은 그 아름다움을 얻는다.

누님의 그 노란 꽃잎이 여성으로서의 최종적인 아름다움의 도달점이라고 한다면 잠 오지 않은 간밤의 무서리 속에서 피어나는 '나'의 그 노란 꽃잎은 시인이 고통 속에서 얻어낸 아름다운 몇 줄의 시일 것이다.

신라의 스님 월명(月明)이 밤길을 가며 피리를 불면 가던 달도 멈추고 귀를 기울였다고 한다. 이 천체의 운행이 멈추는 순간, 만물이 교감하고 조응(照應)하는 그 순간에 시가 태어난다. 가을에 피는 국화꽃과 젊음의 뒤안길에서 돌아온 거울 앞에 선 누님, 그리고 밤에 잠 못 이루는 나(시인)는 서로 구별할 수 없는 것이 되고, 그 행복한 은유는 서리 내린 이 현실 세계를 교감과 조응으로 가득 채우는 시적 공간이 되는 것이다.

25 바다와 나비 — 김기림
시적 상상력으로 채집한 언어의 표본실

바다와 나비

김기림

아모도 그에게 수심(水深)을 일러준 일이 없기에
힌 나비는 도모지 바다가 무섭지 않다.

청무우밭인가 해서 나려 갔다가는
어린 날개가 물결에 저러서
공주처럼 지쳐서 도라온다.

삼월달 바다가 꽃이 피지 않아서 서거푼
나비허리에 새파란 초생달이 시리다.

바다와 나비 — 김기림   25

시적 상상력으로 채집한 언어의 표본실

"손뼉도 마주쳐야 소리가 난다."는 속담이 있다. 혼자서는 싸움이 되지 않는다는 뜻이다. 의미 역시 관계 속에서 생겨난다.

 기호론자들이 잘 인용하는 해골표를 두고 생각해보면 알 수 있다. 만약 해골 표시를 한 깃발이 길가에 꽂혀 있었다면 그것은 교통사고가 자주 일어나는 위험지역이라는 뜻이다. 그러나 바다의 배에 그런 기(旗)가 달려 있었다면 해적선이라는 전연 다른 의미가 된다. 그와 마찬가지로 작은 병에 해골 표시가 있으면 독약을 의미하는 것으로 함부로 먹지 말라는 것이고, 큰 상자에 그런 표시가 달려 있었다면 방사성 물질이 담겨 있으니 접근하지 말라는 경고가 될 것이다.

 김기림(金起林)의 「바다와 나비」를 읽는 데 있어서 실체론이 아니라 관계론으로 접근해야 할 이유도 바로 그 점에 있다. 「바다와 나비」라는 제목부터가 두 단어의 연결로 이루어져 있기 때문이다. 지금까지 나비라고 하면 '탐화봉접(探花蜂蝶)'이란 숙어대로 꽃과 관계된 의미로 굳혀져왔다.

 그러나 그 틀을 깨고 꽃을 바다로 바꾸면 바다에도 나비에도 다 같이 화학작용 같은 새로운 변화가 일어난다. 그래서 '나비와 꽃', '바다와 갈매기'같이 굳은살이 박인 정형구에서는 도저히 지각할 수 없었던 심상과 감동이 생겨난다. 서로 멀리 떨어져 있었던 '바다'와 '나비'의 두 단어가 '와'라는 연결고리에 의해서 결합되는 순간이 바로 이 시가 태어나는 기점(起點)이라 할 수 있다.

물론 바다와 나비를 결합시킨 것은 김기림이 처음은 아니다. 네르발(Gérard de Nerval)의 시에서도 쉽게 찾아볼 수가 있다. 그러나 종래의 '꽃 - 나비'에서 '바다 - 나비'의 낯선 관계항을 만들어 낸다는 것은 정상적인 상황으로는 불가능하다. 그래서 「바다와 나비」는 그것을 동기화하는 데서부터 시작한다.

> 아모도 그에게 수심(水深)을 일러준 일이 없기에
> 힌 나비는 도모지 바다가 무섭지 않다.(1연)

나비는 그게 바다인 줄 몰랐기 때문에 바다 위를 나는 것으로 되어 있다. 아무도 그에게 수심을 일러준 일이 없다는 말은 그 나비가 이 세상에 갓 태어난 아이들처럼 순수한 존재임을 나타낸다. 불에 덴 일이 없는 어린아이들은 불을 보고도 무서워하지 않고, 그것을 손으로 잡으려 한다.

그 무구한 눈과 순수한 의식으로 바라본 불꽃은 우리가 보고 있는 그것과는 전연 다른 불꽃일 것이다. 바다의 두려움을 모르는 나비의 눈앞에 나타난 그 바다 역시 마찬가지다. 배가 깨지고, 상어의 이빨이 번득이고, 태풍이 산호초를 뒤엎는 그런 바다가 아닐 것이다.

    나비가 날고 있는 그 바다는 즉물적(卽物的)인 바다, 어떤 선입견이나 관습에 오염되지 않은 의미 이전의 그 바다일 것이다. 성서에 나오는 유리 바다와도 같이 투명한 바다다. 바다와 나비의 대조 자체가 극소(極小)와 극대(極大), 점(點)과 면(面) 그리고 가벼운 공기와 무거운 물의 만남으로 초현실적인 의미를 띠게 된다.

    실제로 그 나비가 철없는 어린 나비라는 것은 일련의 시를 좀 더 구체적으로 기술한 다음 연을 보면 알 수 있다.

    청무밭인가 해서 나려 갔다가는
    어린 날개가 물결에 저려서
    공주처럼 지쳐서 도라온다.(2연)

'어린 날개' 그리고 '공주처럼'과 같은 표현들은 그 나비가 이 세상에 태어난 지 얼마 안 되는 어린 나비임을 암시한다. 그렇게 순진한 어린 나비이기 때문에 거대한 바다 전체를 순식간에 청무밭으로 바꿔놓을 수가 있다.[2] 이 지구의 공간은 바다와 육지로 되어 있으며, 모든 생물 역시 그 양대 영역에 의해서 분할된다.

카를 슈미트(Carl Schmitt)[3]는 『육지와 바다』에서 "우리는 육지의 아들인가, 바다의 아들인가"라는 물음으로부터 시작하여 이 대립적 의미로 세계의 전 역사를 읽어간다. 그런데 김기림은 「바다와 나비」에서 어린 나비 한 마리로 바다-육지의 그 거창한 대립 체계를 해체시키고 역사의 공간, 정치의 그 공간을 시적 공간으로 바꿔놓는다.

섬이란 말이 시적으로 들리는 이유는 무엇인가. 우리를 바다-육지의 고정된 틀에서 벗어날 수 있게 하기 때문이다. 나비가 바다 위를 나는 상상은 바다 가운데 육지가 있는 섬을 생각하는 것과 닮은 데가 있다. 김기림의 나비는 극소화한 섬이며, 환상으로 변한 섬들의 파편인 것이다.

바다와 나비의 병치는 색채의 세계에서도 일어나고 있다. 흰 나비와 청무밭의 백(白)-청(靑)의 색깔은 청룡 백호의 경우에서 보듯이 우주를 나타내는 한국인의 오방색(五方色) 체계의 전통적 색채 대응과도 통하는 것이다.

바다-갈매기, 꽃밭-나비의 낯익은 배합이 이렇게 바다-나비로 짝이 바뀌어지면 바다에서는 온통 꽃향기로 물들고, 나비의 어린 날개에는 하나 가득 해조(海潮)의 짠바람이 밴다. 바다 위를 나는 나비는 꽃잎 그늘에서 쉬고 있는 그런 나비가 아니다.

파도 위에 내릴 수 없는 그 나비는 온종일 날아다녀야 하는 동적(動的)인 나비가 될 수밖에 없다. 그리고 그것은 꿀을 따는 노동과는 관계없는 무상(無償)의 비상이 되는 것이다. 이것이 나비가 꽃보다도 바다와 결합되었을 때 더욱 시에 가까워지게 되는 이유다.

공주는 노동하지 않는다. 공주가 지치는 경우는 오직 무도회에서 춤을 출 때뿐이다. '공주처럼 지쳐서'라는 표현은 바로 나비의 비상을 춤에 그리고 바다를 무도회장에 비기는 은유의 역할을 한다.[4] 이것이 나비가 꽃밭보다도 바다와 결합되었을 때 더욱 그 춤이 춤다워지는 이유다.

나비 – 바다의 결합이 이 시의 마지막에 이르면 나비 – 하늘로 그 병치법(竝置法)이 변화한다. 뭍으로 다시 돌아온 나비가 만나게 되는 것은 여전히 꽃밭이 아니라 하늘의 초생달이기 때문이다.

삼월달 바다가 꽃이 피지 않아서 서글픈
나비허리에 새파란 초생달이 시리다.(3연)

마지막에 이르러서야 바다와 나비의 공간은 시간적인 좌표를 얻게 된다. 그것은 그냥 바다가 아니라 3월의 이른 봄바다다. 그리고 나비 역시 꽃보다 먼저 이 세상에 나온 철 이른 나비다.

바다와 나비 ― 김기림

이런 계절감을 전제로 했을 때 비로소 "나비허리에 새파란 초생달이 시리다"라는 종구가 현실감을 얻게 된다.

우리는 벌이나 개미허리라는 말은 들었어도 나비허리라는 말은 일찍이 들어본 적이 없다. 그러나 나비의 육체성을 강조하려면 그것은 아무래도 나비의 날개가 아니라 허리여야 한다. 그리고 의상을 걸치지 않은 맨살의 느낌을 주는 것도 역시 날개가 아니라 허리다. 그리고 그 허리는 2연의 날개와 짝을 이루는 중요한 역할을 한다. 바다의 물결에 날개가 저렸던 나비가 3연에서는 하늘의 초생달에 그 허리가 시린 것으로 묘사된다.

예민한 시독자(詩讀者)라면 바다가 하늘로, 물결이 초생달로 그리고 날개가 허리로 병렬 관계[5]를 이루고 있는 것을 눈치챘을 것이다. 그래서 바다와 밀착된 나비는 이제는 하늘과 맞닿는다. 삼월달 바다가 아니라 삼월달 밤하늘의 초생달은 얼음처럼 차갑다. 허리가 '시리다'라는 촉각과 온감각은 시각과 청각 그리고 후각보다도 훨씬 대상과의 접촉거리가 가깝다는 것을 나타낸다.

그것은 봄볕과 봄바람의 따뜻한 하늘에서 나는 나비가 아니다. 새파란 초생달 빛과 그 냉기를 품고 있는 참으로 낯선 나비이다. 그래서 시적 상상력으로 채집한 언어의 나비 표본실에는 지금껏 우리가 경험해보지 못한 진귀한 신종 나비 한 마리가 더 진열된 것이다.

시가 하나의 생명체와 같다는 것은 단순한 비유가 아니다.

DNA의 결합에 따라서 그 형태와 성격이 다른 무수한 생명체가 생겨나는 것처럼, 시인의 언어 역시 그 배합과 구성의 변화에 의해서 색다른 영상과 의미의 생명체를 낳아간다. 시조나 민요에서 우리 조상들이 만났던 그 친숙한 나비들과는 아주 다른 나비 한 마리가 김기림의 시의 손끝에서 탄생한 것이다.

바다와 나비 ― 김기림

5부

26 **The Last Train** — 오장환
막차를 보낸 식민지의 시인

27 파초 — 김동명
'너 속의 나', '나 속의 너'를 추구하는 최고의 경지

28 나의 침실로 — 이상화
부름으로서의 시

29 웃은 죄 — 김동환
사랑의 밀어 없는 사랑의 서사시

30 귀고(歸故) — 유치환
출생의 모태를 향해서 끝없이 역류하는 시간

31 풀 — 김수영
무한한 변화가 잠재된 초원의 시학

32 새 — 박남수
시인은 결코 죽지 않는다

26 The Last Train — 오장환
막차를 보낸 식민지의 시인

The Last Train

오장환

저무는 역두에서 너를 보냈다.
비애야!

개찰구에는
못쓰는 차표와 함께 찍힌 청춘의 조각이 흩어져 있고
병든 역사(歷史)가 화물차에 실리어간다.

대합실에 남은 사람은
아직도
누굴 기다려

나는 이곳에서 카인을 만나면
목놓아 울리라.

거북이여! 느릿느릿 추억을 싣고 가거라
슬픔으로 통하는 모든 노선이
너의 등에는 지도처럼 펼쳐 있다.

26 The Last Train — 오장환

막차를 보낸 식민지의 시인

오늘의 젊은 세대들은 오장환[1]이라는 시인도 그리고 그가 쓴 「The Last Train」이라는 시도 잘 알지 못할 것이다. 오랫동안 금제의 월북 문인 목록에 올라 있었던 탓이다. 그러나 60대 이상의 문학 애호가들이라면 절망적인 상황에 부딪힐 때마다 "저무는 역두에서 너를 보냈다/비애야!"라는 그 시구를 한 번쯤 속으로 외쳐보지 않았던 사람은 드물 것이다.

날이 저문다던가, 역두라던가 그리고 너라고 의인화해서 부른 비애라던가, 누가 읽어도 어두운 종말의식을 느끼게 한다. 더구나 "비애야"라는 짧은 한 마디 말이 시행 전체를 한숨처럼 메우고 있는 운율감도 처절하다.[2]

실상 이 시에는 '비애'란 말을 비롯하여 '청춘', '추억', '슬픔', '목놓아 울리라'와 같이 감상적이고 통속적인 낱말들이 많이 등장한다. 그리고 인생을 역이나 기차에, 그것도 막차에 비기는 우유(allegory)는 아무리 호의적으로 평한다 해도 참신하다고는 말할 수 없다.

그런데도 이 시가 주는 독창성 그리고 그 매력은 그러한 감상의 흐름을 갑자기 절단하고 돌연한 이미지로 전환하는 그 의외성에 있다. 기호론적으로 말하자면 코드 전환이다.

그 첫 번째의 의외성은 개찰구에서 대합실로 기차와 역의 코드 전환에서 발생한다. 개찰구란 말은 차표를 내고 기차를 타기 위해 통과하는 출구로서 '타다', '출발하다', '떠나다', '보내다', '흩어지다'와 같은 일련의 행위와 관련되는 코드를 생성한다.

그렇기 때문에 개찰구는 "너를 보냈다 비애야!"와 같은 시적 코드로서 "못 쓰는 차표와 함께 찢긴 청춘의 조각이 흩어져 있고/병든 역사가 화물차에 실리어간다"로 자연스럽게 연결된다. 이때 독자들은 누구나 화자를 배웅하는 사람, 즉 누군가를 떠나보내기 위해서 역에 있는 사람으로서 인식한다.

'개찰구에는'으로 시작되는 2연과 '대합실에'로 시작되는 3연은 똑같은 병렬 구조로 되어 있으나, '개찰구'와 '대합실'은 전연 색다른 코드를 나타낸다. 왜냐하면 개찰구와 달리 대합실은 문자 그대로 만남과 기다림의 코드로서 배웅이 아니라 마중의 장소다. 그래서 대합실의 코드는 역과 기차를 출발에서 도착으로, 헤어짐에서 맞이함으로 바꿔버린다.

그래서 누군가를 떠나보내는 자로서의 화자 입장이 3연에 이르면 갑자기 누군가를 기다리거나 마중 나온 자로서 바뀌게 된다.

대합실에 남은 사람은

아직도

누굴 기다려

나는 이곳에서 카인을 만나면

목놓아 울리라.(3, 4연)

이렇게 대합실의 코드는 출발의 장소인 역을, 누군가를 기다리고 있는 장소로 전환하고, 화자 역시 누군가를 기다리고 있는 사람으로 변신하게 된다.

대합실에 남아 있는 사람들은 '아직도'라는 말이 암시하고 있듯이 막차가 떠난 뒤에도 기대를 버리지 않고 기차를 타고 찾아올 사람을 기다린다. 개찰구의 사람들과 대합실의 사람들은 전연 다른 코드에서 존재하고 있다. 같은 역, 같은 차인데도 그 코드에 따라서 의미는 아주 달라진다.

두 번째의 코드 전환은 '카인을 만나면'이라는 구절에서 발견된다. 문맥적 보완이 없어 그 뜻이 아주 애매하게 들리지만 그것이 비애니 청춘이니 하는 코드와 구별된다는 것을 금세 알 수 있다. 비애와 청춘은 개인적 차원의 코드에 속해 있는 데 비해서 카인은 「창세기」적 코드로서 인류 전체의 역사나 그 종말론과 관련된다. 그러므로 갑자기 이 시에서 서정적 요소는 서사적인 요소를 띠게 되고, 감상적인 정서는 원죄와 같은 역사적 의식으로 변한다. 즉 정서에서 의식으로의 전환인 셈이다.

그래서 개찰구 코드에서 숨겨져 있던 '병든 역사'란 의미가 전면으로 나서게 되고, 정서를 의인화했던 그 대상은 상징적 대상으로 변한다. 끝없이 이마에 죄인의 표지를 달고 지구의 끝에서 끝으로 방황하는, 그래서 언제나 막차 뒤에 오는 손님으로서의 카인 – 라스트 트레인의 종말의식 속에서 살아가는 사람들은 누구나 카인인 것이다. "이곳에서 카인을 만나면"이라는 시구에서 강조된 이곳은 막차가 떠나고 난 다음의 대합실이며 "고도를 기다리며"와도 흡사한 절망의 그러나 기다림의 '희망의 장소'라 할 수 있다.

마지막 세 번째의 코드 전환은 종연의 거북이다. 기차가 거북이로 변신하는, 너무나도 돌연하고 엉뚱한 이 전환은 「라스트 트레인」전 시의 구조를 바꿔버리는 작용을 한다. 기차는 문명의 코드에 속해 있는 것이고, "기차는 빨러……"라는 아이들의 노래처럼 스피드를 나타내는 코드와 관련된다.

그러나 거북은 십장생의 하나로 전통적인 코드에 속해 있고 『이솝 우화』의 코드대로 저속을 나타내는 가장 느린 동물이다. 시의 첫 연은 '비애야!'라고 불렀는데, 이 마지막에서는 '거북이여!'로 바뀌어진다. 기차를, 막차의 이미지를 쫓아오던 사람들은 예상치 않던 거북이의 패러다임 변환으로 충격을 받는다.

The Last Train ─ 오장환

거북이여! 느릿느릿 추억을 싣고 가거라

슬픔으로 통하는 모든 노선이

너의 등에는 지도처럼 펼쳐 있다.(5연)

놀라운 전환이다. 막차는 거북으로 변신되어 있다. 기찻길의 선로가 거북의 잔등이 무늬로 변하고 다시 그것은 지도로 확산된다. '거북 무늬 선로 지도' 변환 과정 속에서 이미 화자는 전송객도 출영객도 아닌 거북의 승객이다. 어디로 가나 그 종착역은 슬픔이다. 어두운 종말 의식은 변하지 않았으나 종말을 유예하는 지속(느린 속도)과 장수의 상징마저 지니고 있는 지속의 시간—거북이에 의해서 어쩌면 문명을 횡단하는 전통문화이기도 한 그 거북이에 의해서 오장환의 종말의식은 아주 작은 희망의 언어로 바뀌어간다.

좀 더 상상력이 풍부한 독자라면 거북의 잔등이에 실은 이끼 낀 비석의 금석문자, 이제는 판독조차 할 수 없는 그 이상한 상형문자들을 떠올릴지도 모른다. 기차가 비석을 등에 실은 거북이의 대석으로 변하는 이 전율적인 시인의 상상력 속에서는 카인의 후예들이 겪고 있는 슬픔의 노선(역사)까지도 견고한 거북 무늬로 응축될 것이다.

오장환은 이 의외성에 의해서 그리고 패러다임 전환에 의해서 통속적인 역이나 기차의 상징적 가치를 높였다. 그리고 그 의미를 개인의 차원에서 민족의 차원으로, 민족의 차원에서 전인류의 차원으로 시적 의미를 심화하고 확산시켰다.

「라스트 트레인」은 식민지의 지식인만이 한숨으로 외우는 시가 아니다. 어느 시대 어느 곳이건 카인의 자손으로서 상징되는 모든 사람들의 시인 것이다. 그가 막차라는 한국말을 사용하지 않고 영어로 시의 표제로 삼아 '라스트 트레인'이라고 한 것도 그런 뜻 때문이었을까.

27 파초 — 김동명
'너 속의 나', '나 속의 너'를 추구하는 최고의 경지

파초

김동명

조국을 언제 떠났노.
파초의 꿈은 가련하다.

남국(南國)을 향한 불타는 향수
너의 넋은 수녀(修女)보다도 더욱 외롭구나.

소낙비를 그리는 너는 정열의 여인
나는 샘물을 길어 네 발등에 붓는다.

이제 밤이 차다.
나는 또 너를 내 머리맡에 있게 하마.

나는 즐겨 너를 위해 종이 되리니,
너의 그 드리운 치맛자락으로 우리의
겨울을 가리우자.

파초 — 김동명

'너 속의 나', '나 속의 너'를 추구하는 최고의 경지

"이 시는 망국(亡國)의 설움을 달래는 시정(詩情)이 파초라는 한 열대 식물에 대한 열애로 승화된 것을 본다. 원산지인 남쪽을 떠나온 파초와 나라 잃은 시인과의 아름다운 유대가 시의 전체적 골격이다." 이 글은 김동명(金東鳴)[1] 시인의 「파초(芭蕉)」를 풀이한 모씨의 말이다. 대학 수험생을 염두에 두고 쓴 것 같은 이러한 글을 읽으면 우선 누구나 안심을 하게 된다. 그래서 시를 읽는 일종의 불안으로부터 쉽게 벗어날 수 있는 것이다.

아무리 쉬운 시라고 해도 그 허술한 문맥과 사전적 의미에서 일탈된 시어들은 확실히 밤길을 걷는 것같이 발을 헛디디게 할 때가 많다. 그렇기 때문에 일반적인 시 읽기에 필요한 것은 차근차근 시를 맛보아가는 과정보다는 빨리 결론을 내려주는 모범답안이 환영받는다. 「파초」는 망국의 설움이다. 이렇게 시를 구호(口號)로 고쳐주면 불투명했던 의미들이 단순명료하게 된다. 그리고 그러한 믿음을 더욱 효과적으로 하기 위해서는 시의 텍스트를 아예 덮어버리고 지은이의 약력을 덧붙이면 된다.

과연 모씨의 그 글에서도 김동명 시인이 이 시를 썼던 곳이 함경남도 서호진(西湖津)의 처가라는 것과 그 우거(寓居)에서 일제의 탄압을 피하고 있을 때였다는 전기적 사실을 빼놓지 않고 있다. 만약에 그 처가 마당에 파초가 몇 그루 심어져 있었는지를 밝혀줄 만한 자료가 있었다면 금상첨화다.

우리는 지금까지 시 비평과 독해를 이념적인 구호로 대치해 왔기 때문에 김동명 시인의 「파초」에서 보듯 시의 한 부분만이 강조되고 그 주제와 관련이 없는 듯이 보이는 부분들은 노이즈로 제거되어왔다. 말하자면 「파초」의 경우에 있어서 풀이의 초점이 되어온 부분은 맨 첫 행의 "조국을 언제 떠났노 파초의 꿈은 가련하다"와 맨 마지막 행의 "우리의 겨울을 가리우자"이다.

조국을 떠나온 '파초'는 바로 조국을 상실한 시인과 처지가 같다. 그리고 '우리의 겨울'은 일제 식민지의 가혹한 상황을 나타내는 정형구로 생각된다. 그래서 김동명의 '머리맡'의 '가련'한 '파초'는 홍난파의 처량한 '울 밑에 선 봉선화'와 일란성 쌍둥이가 되고 만다.

그러나 그 「파초」를 문자 그대로 거두절미(去頭截尾)해서 읽지 않고 텍스트를 총체적으로 읽으면 어떻게 되는가. 무엇보다도 "이제 밤이 차다"의 '이제'는 무엇인가. 앞으로 겨울을 예고하는 말이다. 그렇다면 그때까지의 일제 식민지 상황은 봄이며 여름처럼 따뜻했다는 것인가. 「파초」가 일제 식민지 상황을 반영한 것이 아니라는 이야기가 아니다.

그런 한 가지 의미로만 읽으려고 할 때 우리는 시의 많은 부분을 제거하거나 눈감아버려야만 된다는 것을 간과하지 말라는 것이다. "이 시에서 '파초'는 과연 무엇을 의미하려고 한 것인가"라는 질문을 "이 시에서는 '파초(사물)'와 '나(시인)'의 관계가 어떻게 나타나 있는가"라고만 돌려도 시는 총체적으로 읽혀질 수밖에 없으며 그 재미와 자극도 커진다.

나와 그 대상(파초)의 관계를 두고 "조국을 언제 떠났노/파초의 꿈은 가련하다"의 첫 연과 "나는 즐겨 너를 위해 종이 되리니"의 끝 연을 읽어보면 금세 이상한 느낌이 들게 된다. 첫 연은 너가 아니라 파초라고 되어 있는데 종연에 와서는 그것이 너라고 2인칭으로 묘사되어 있다는 점이다.

두말할 것 없이 같은 대상을 놓고 그 호칭이 달라진다는 것은 나와 파초와의 관계가 말하자면 그 거리가 달라지고 있음을 나타낸다. 좀 더 자세히 읽어보면 김동명의 「파초」는 대상을 부르는 형식적인 호칭의 변화만이 아니라 그 내용에 있어서도 먼 데서 가까운 것으로 점차 접근해오는 과정을 나타내고 있다는 것을 알 수 있다.

조국을 언제 떠났노.
파초의 꿈은 가련하다.(1연)

파초 — 김동명

첫 연에서 '나'와 '파초'와의 거리는 내가 살고 있는 장소와 남국만큼 떨어져 있다. 파초의 이미지는 나와 무관한 위치에 독립해 있다. 의인화는 되어 있지만 파초는 어디까지나 파초로서 그려져 있다.

남국을 향한 불타는 향수
너의 넋은 수녀보다도 더욱 외롭구나.(2연)

그러나 2연에 오면 파초는 한결 나와 가까워져서 '파초'라는 객관적인 호칭은 '너'라는 2인칭으로 불려지면서 하나의 여성으로 의인화된다. 그러나 그 이미지는 "수녀보다도 더욱 외롭구나"로 여전히 자기와는 단절되어 있는 접근 불능의 거리를 유지하고 있다.

소낙비를 그리는 너는 정렬의 여인
나는 샘물을 길어 네 발등에 붓는다(3연)

3연에 오면 비로소 '나'라는 말이 등장하게 된다. 그리고 내 쪽에서 능동적으로 파초에 다가간다. 파초의 관찰자로서의 화자가 하나의 행위자로 바뀌면서 '나와 너'의 그 관계가 시작된다.
동시에 파초의 이미지도 변화한다. 속세와 단절된 고절(孤

節)의 수녀에서 정열의 여인으로 변한다. 그래서 나와 파초의 관계를 나타내는 거리 공간은 신체적인 공간으로 좁혀져서 '네 발등'으로까지 다가간다. 그리고 그런 접근을 가능케 하는 것이 여름 소낙비로 상징되는 여름의 계절이다.

4연에 오면

    이제 밤이 차다
    나는 또 너를 내 머리맡에 있게 하마

로서 계절은 가을 밤(서리)의 계절로 옮겨지고 나와 너의 거리는 더욱더 가까워진다. 그래서 바깥 공간은 보다 은밀한 실내 공간으로 옮겨지고 3연의 '네 발등'은 '내 머리맡'으로 교체된다. 파초와 나의 관계는 밖에서 안으로, 아래(발등)에서 위(이마)로 이동하면서 내면화하여 정신적인 일체감을 이룬다.

    나는 즐겨 너를 위해 종이 되리니,
    너의 그 드리운 치맛자락으로 우리의
    겨울을 가리우자.(5연)

5연에서는 나와 너의 관계는 독립적인 존재로부터 주인과 종처럼 완전히 종속관계로 합쳐진다. 물론 이때의 종이라는 것은 계층적 용어가 아니라 사랑하는 사람끼리 흔히 쓰는 '당신의 노예'와 같은 일체화를 나타내는 애칭이다. 그냥 겨울이 아니라 '우리의 겨울'이라고 한 것은 완전히 나-너의 관계가 하나로 결합되어 있는 관계를 보여주고 있다.

「파초」의 텍스트 전체를 정밀하게 읽으면 그 호칭이 '파초'에서 '너'로, '너'가 다시 '우리'로 변해가는 과정을 보여준다. 그와 동시에 이방의 먼 땅에 있었던 대상이 그 거리가 축소되어 실내의 머리맡까지 이르고, 너의 발등, 나의 머리맡은 하나의 치마로 가려진 따뜻한 하나의 공간으로 합쳐진다.

너와 나 사이의 거리를 변화시키는 공간의 의미는 계절의 의미와 밀착되어 있다는 것도 놓쳐서는 안 된다. 직접적인 것은 없으나 '향수', '외로움' 등 봄철의 애상이 암시되어 있고 3, 4연에는 직접적으로 여름과 가을이 겉으로 드러나 있다.

그리고 종연에는 첫 연과 마찬가지로 앞으로 올 겨울이 암시되어 있다. 이를테면 봄에서 겨울로 계절이 변할수록 나와 파초의 거리는 좁혀지고 종국에는 겨울 추위에 의해서 나-너의 관계는 '우리'라는 일인칭 복수로 마무리된다. 서정시란 무엇인가. '너 속의 나', '나 속의 너'를 추구하는 최고의 경지 속에서 서정시의 세계가 열린다. 서정시의 극치를 이루는 것이 사랑의 시라는 것을 보아도 알 수 있을 것이다.

김동명의 '파초'는 여인으로 그려져 있다. 우리의 겨울을 치맛자락으로 가리운다는 상상 속에는 강렬한 에로티시즘까지 내포되어 있다. 이 이상의 연시(戀詩)가 어디 있겠는가. 시에서 안정을 추구하려는 세력은 「파초」가 정치시인가, 연시인가 모범 답안을 빨리 써달라고 할 것이다.

그러나 시에서 일상의 논리에 길들여진 언어가 해체되는 그 거북스럽고 불안한 떫은맛을 보고자 하는 사람들은 단지 먼 남국의 파초가 밀실의 머리맡으로 다가오는 그 경이로운 시의 축지법을 즐기면 되는 것이다.

파초 — 김동명

28 나의 침실로 — 이상화
부름으로서의 시

나의 침실로

이상화

'마돈나' 지금은 밤도, 모든 목거지에, 다니노라, 피곤하여 돌아가려는도다.
　아, 너도, 먼동이 트기 전으로, 수밀도(水蜜挑)의 네 가슴에 이슬이 맺도록 달려오너라.

'마돈나' 오려무나, 네 집에서 눈으로 유전(遺傳)하던 진주(眞珠)는, 다 두고 몸만 오너라,
　빨리 가자, 우리는 밝음이 오면 어딘지도 모르게 숨는 두 별이어라.

'마돈나' 구석지고도 어둔 마음의 거리에서, 나는 두려워 떨며 기다리노라,
　아, 어느덧 첫닭이 울고-뭇개가 짖도다, 나의 아씨여, 너도 듣느냐.

'마돈나' 지난 밤이 새도록, 내 손수 닦아둔 침실로 가자, 침실로-
　낡은 달은 빠지려는데, 내 귀가 듣는 발자국-오, 너의 것이냐?

　'마돈나' 짧은 심지를 더우잡고, 눈물도 없이 하소연하는 내 마음의 촉(燭)불을 봐라,
　양털 같은 바람결에도 질식이 되어, 얄푸른 연기로 꺼지려는도다.

　'마돈나' 오너라 가자, 앞산 그르매가, 도깨비처럼, 발도 없이 이 곳 가까이 오도다.

　아, 행여나, 누가 볼는지-가슴이 뛰누나, 나의 아씨여, 너를 부른다.

　'마돈나' 날이 새련다. 빨리 오려무나, 사원의 쇠북이

우리를 비웃기 전에.
　네 손에 내 목을 안아라, 우리도 이 밤과 같이, 오랜 나라로 가고 말자.

　'마돈나' 뉘우침과 두려움의 외나무다리 건너 있는 내 침실, 열 이도 없느니!
　아, 바람이 불도다, 그와 같이 가볍게 오려무나, 나의 아씨여, 네가 오느냐?

　'마돈나' 가엾어라, 나는 미치고 말았는가, 없는 소리를 내 귀가 들음은-,
　내 몸에 피란 피- 가슴의 샘이, 말라버린 듯, 마음과 몸이 타려는도다.

　'마돈나' 언젠들 안 갈 수 있으랴, 갈 테면, 우리가 가자, 끄을려가지 말고-!
　너는 내 말을 믿는 '마리아'-내 침실이 부활(復活)의 동굴(洞窟)임을 네야 알년만……

'마돈나' 밤이 주는 꿈, 우리가 엮는 꿈, 사람이 안고 둥구는 목숨의 꿈이 다르지 않느니,
　　아, 어린애 가슴처럼 세월 모르는 나의 침실로 가자, 아름답고 오랜 거기로.

　'마돈나' 별들의 웃음도 흐려지려 하고, 어둔 밤 물결도 잦아지려는도다,
　　아, 안개가 사라지기 전으로, 네가 와야지, 나의 아씨여, 너를 부른다.

28 나의 침실로 ― 이상화

부름으로서의 시

서사시는 3인칭의 객관적 예술이고, 서정시는 1인칭의 주관적 예술이라는 문학 개론적 지식에만 익숙해져 있는 사람들에게 2인칭의 시라고 한다면 당황할지 모른다. 대부분의 서정시들은 일기를 쓰듯이 자신의 내면에 있는 느낌이나 생각을 '나'를 통해 표상한다. 하지만 야콥슨이라는 유명한 기호학자도 지적한 적이 있지만 주술적(呪術的)인 말이나 글들은 모두 2인칭으로 되어 있다.[1] "천지신명께 아뢰옵니다."라고 빌 때나 또는 "이것 먹고 어서 물러나가거라." 하고 무당이 귀신을 쫓을 때 쓰는 말은 모두 2인칭으로 구성된다. 그 주술적인 효과를 시에서 사용하게 되면 한용운의 「님의 침묵」처럼 신비한 시적 대상물을 만들어내게 된다.

한마디로 1인칭의 시가 '서정, 고백의 시'이고, 3인칭의 시가 '서경, 묘사의 시'라면, 2인칭의 시는 '부름의 시'라고도 할 수 있다.

특히 시에서의 인칭 분석은 이상화(李相和)[2]의 「나의 침실로」를 읽는 데 아주 유효하게 작용한다. 그 시는 지금까지 백조파(白潮派)니, 낭만주의니 해서³ 문학사적 가치로만 언급되어왔고 막상 텍스트 자체에 대한 검증은 별로 받아본 적이 없다. 그 시가 워낙 동어반복이 많고 그 감정도 자유분방하여⁴ 갈피를 잡기 힘들었던 탓도 있다. 심지어 어느 평자는 그 시가 18세 때 쓰여진 것이라고 치지도외하고 마는 일까지 있었다.⁵

그러나 기호학에서 곧잘 사용하고 있는 통사축과 병렬축⁶으로 텍스트를 분석해보면 산만해 보였던 언술 구조가 아주 분명하게 드러난다. 즉 그 시는 무슨 이야기를 하든 "마돈나, 밤이 새기 전에 나의 침실로 오라"로 요약되기 때문이다. 말하자면 그 텍스트의 건축물은 '마돈나'라는 대상과 '밤'이라는 시간과 '침실'이라는 장소 그리고 '오라'고 부르는 행위의 네 가지 기둥으로 세워져 있는 언어의 건축물이라고 생각하면 된다.⁷ 그리고 그 네 기둥(축)으로 세워진 집의 양식은 앞서 말한 대로 2인칭 '부름의 시'라고 보면 된다.

우선 2인칭적 대상인 '마돈나'의 인물축을 보자. 이상화의 시 전체가 '부름'의 구조로 되어 있다는 것은 그 시를 구성하고 있는 12연 모두가 '마돈나'를 부르는 말로 시작되어 있다는 것을 보아도 알 수 있다. "마돈나, 지금은 밤도 모든 목거지에 다니노라"의 첫 연에 끝 연의 "마돈나, 별들의 웃음도 흐려지려 하고……"의 끝 연까지 이상화는 마돈나라는 말을 열두 번이나 되풀이해서 부르고 있는 것이다. 그래서 언뜻 보면 연의 구분조차 느낄 수 없이 쏟아져 나오는 말들의 홍수가 마돈나라는 그 호명 작용에 의해서 구심점을 갖게 되고 지남철 같은 일정한 방향을 가리키게 된다.

마돈나는 한 대상을 때로는 '마리아'와 '나의 아씨'라고 바꿔 부르기도 한다. 그러한 호칭의 변화는 산만성 때문이 아니라 '부름의 시'의 특성을 나타내는 감정의 다양성인 것이다. 똑같은 하나의 대상을 이렇게 여러 개의 호칭으로 부른다는 것은 그 대상이 다기호 체계에 속해 있다는 것을 암시한다. 어머니가 사랑하는 아이를 여러 가지 다른 애칭으로 부르는 것을 생각해보거나, 혹은 중세의 연금술사들이 금속을 결합시키는 신비한 힘을 지닌 납을 그냥 납이라고 부르지 않고 수많은 명칭으로 불렀다는 바슐라르의 말을 기억해보면 될 것이다. 그렇기 때문에 '마돈나'[8]는 너라고 부르는 가장 가까운 육신의 연인에서부터 '마리아'나 '나의 아씨'와 같은 존경과 신앙의 대상이 되는 영적인 존재이기도 한 것이다. 이렇게 2인칭적 시에서는 '이름 만들기'와 '이름 부르기'가 시적(주술적) 효과를 창조하는 핵심이라 할 수 있다.

그런데 대체 이름이란 무엇인가. 이름을 뜻하는 한자의 名(명)은 저녁 夕(석) 자에 입 '口(구)' 자를 붙여놓은 것이다. 낮에는 손짓으로 부를 수도 있지만, 땅거미가 지는 저녁에는 입으로 부를 수밖에 없다. 이렇게 어둠 속에서 보이지 않는 것을 입으로 부르는 것이 바로 이름이다. 아담이 그랬듯이 시인은 이름을 짓고 그것을 부르는 사람이다. 그렇기 때문에 '부름으로서의 시'는 필연적으로 밤의 심연 속에서 이루어진다. 부른다는 것은 신처럼 '보이지 않는 대상'을 찾는 행위이고, 그 행위를 끝없이 지속해 가는 과정이 바로 시다.

마돈나와 밤의 관계는 마치 날이 새기 전에 귀신을 불러야 하는 무당굿과 똑같은 작용을 한다.

> 마돈나 지금은 밤도, 모든 목거지에, 다니노라. 피곤하야 돌아가려는도다. 아, 너도 먼동이 트기 전으로, 수밀도의 네 가슴에, 이슬이 맺도록 달려오너라.(1연)

첫 연부터 마리아와 밤은 동시적인 것으로 그려져 있으며, '먼동이 트기 전'에 달려오라고 밤이 지닌 시한성이 강조된다. 날이 새기 전에 빨리 오라는 마리아의 부름은 거의 매 연마다 강박 관념처럼 등장한다.

> "우리는 밝음이 오면 어딘지 모르게 숨는 두 별이어라"(2연)
> "어느덧 첫닭이 울고……"(3연)
> "낡은 달은 빠지려는데"(4연)
> "날이 새련다. 사원의 쇠북이 우리를 비웃기 전에……"(7연)

등의 표현들이 모두 동일한 의미의 패러다임을 이룬다.

장소축도 마찬가지다. 밤 자체가 주위의 모든 사물로부터 자신을 떼어놓는다. 이때의 침실은 단순한 에로티시즘의 장소가 아니라 '낮'과 밤이라 할지라도 '목거지(향연)'처럼 사교의 장소와 반대되는 나만의 밀실 공간을 의미한다. 나를 비호하는 마지막 남은 존재의 극한……. 이를테면 밤이 '영도의 시간'[10]이라면 침실은 '영도의 공간'인 셈이다. '몸'만 오너라의 그 '몸(신체성)'의 공간인 것이다. 이 시에는 인체의 모든 기관이 등장하고 있는 것을 보아도 알 수 있다. 진주와 이슬로 은유된 '눈물'과 '땀' 그리고 "내 몸에 피란 피……"라고 말한 그 피에 이르기까지 인체의 3대 액체라고 불리는 모든 것이 동원된다.

행위축은 '돌아가련도다'로 시작하여 '오라'와 '가자'의 세 가지 행위소로 축약되어 있다. '돌아옴'은 낮에서 밤으로, 목거지에서 침실로 돌아오는 나의 행위이고, 오라는 것은 마돈나를 부르는 행위이고, 가자라는 것은 나와 너, 즉 우리가 함께하는 행위이다. '나', '너', '우리'의 세 행위소의 연결에 의해서 시의 통사축이 결정된다. 그리고 나를 주체로 해서 볼 때 오라는 말은 기다린다는 뜻이고, 가자라는 말은 아름답고 오랜 것을 상징하는 꿈의 세계로 함께 가자라는 것으로 함께 '자자'라는 이야기이다. 표면적인 행위축으로 보면 누구나가 다 되풀이하는 "밤이 되면 나의 여인과 침실로 돌아가 잠자다"라는 극히 일상적인 행동의 질서를 반영하고 있는 것이다.

한용운의 시가 눈에 보이지 않는 '님'을 창조한 것처럼 이상화는 '부름의 시'의 양식으로 마돈나라는 시적 대상을 만들어냈다. 님이 무엇을 가리킨 것인지, 마돈나가 누구인지 시를 모르는 사람들은 그것을 한마디 말로 풀이해달라고 할 것이다. 그것이 산문적 언어로 뚜렷하게 기술될 수 있는 것이라면 왜 그렇게 시인 자신이 애타게 불렀겠는가? 마돈나는 먼동이 트면 사라지는 별처럼 일상적인 논리나 관습으로 옮겨놓으면 금세 증발되고 마는 유령 같은 존재다. 오직 이상화처럼 네 기둥으로 세운 언어의 집을 지어놓고 우리가 애타게 부를 때만이 그 대상은 나의 침실로 들어오는 것이다.

굳이 마돈나가 누구냐. 몇 살에 폐병 걸려 죽은 아무개라고 하는 시의 초보 운전자가 있을 것이다.[1] 그런 사람에게는 전기 비평의 맹점이 무엇인지 외재적 비평이 그동안 얼마나 시의 의미를 훼손하고 덧붙이고 개칠을 해왔는지, 그래서 왜 신비평이 생겨났는지 시의 비평사에 대해서 한 학기의 강의로도 모자라는 설명이 필요할 것이다. 이미 말한 대로 마돈나는 낮에는 만날 수 없는 대상, 밤이 깊어야만 비로소 호젓하게 둘이서만 만날 수 있는 대상, 니체의 분류법대로 낮에 만날 수 있는 대상은 아폴로형, 밤에 만날 수 있는 대상은 디오니소스형이라고 요약해줄 수도 있다. 사실은 그런 이분법도 무의미한 것이긴 하지만…….

29 웃은 죄 — 김동환
사랑의 밀어 없는 사랑의 서사시

웃은 죄

김동환

지름길 묻길래 대답했지요,
물 한 모금 달라기에 샘물 떠주고,
그러고는 인사하기 웃고 받었지요.

평양성(平壤城)에 해 안 뜬대두
난 모르오,

웃은 죄밖에

웃은 죄 ─ 김동환

29

사랑의 밀어 없는 사랑의 서사시

파인(巴人) 김동환(金東煥)은 「국경(國境)의 밤」으로 널리 알려져 있는 시인이다. 남성적이고 대륙적인 굵은 골격으로 이루어진 그의 서사시는 서정시 위주의 한국 시사(詩史)에 매우 희귀하고 특출한 자리를 차지하고 있다. 반드시 장편 서사시에 국한된 이야기만은 아니다. 「웃은 죄(罪)」와 같이 아주 짧은 시에서도 우리는 「국경의 밤」과 같은 파인의 서사시적 특성을 읽을 수 있다.

서사 문학을 쉽게 말하자면 '이야기'란 말이 될 것이고, 이야기를 풀어서 말하면 "여러 가지 사건이나 행동을 엮어 나가는 사슬"이라고 말할 수 있을 것이다. 「웃은 죄」는 다섯 행 미만의 단시(短詩)임에도 불구하고 그 안에는 서사 문학이 갖고 있는 모든 요소가 압축되어 있다.

무엇보다도 서사 문학의 가장 큰 요소인 행위의 코드¹를 보자. "지름길 묻길래 대답했지요"는 소설로 치면 발단에 해당하는 행위(사건)이다. 행위 코드를 요약하면 '지름길을 묻다'와 '대답하다(가르쳐주다)'이다. 이 문답은 하나의 행위 사슬에서 한 단위를 이룬다. 그리고 그러한 행위의 단위를 '이야기 구조'의 기능적인 요소로 요약하면 '요구하다'와 '들어주다'가 된다.

작은 이야기이든 큰 이야기이든 서사 예술에서 다루는 행위의 사슬은 '예스'와 '노'의 두 선택지의 가지를 타고 전개되어간다. 그러므로 예스의 긍정 축으로 선택된 이야기는 다시 새로운 행위로 이어진다.

"물 한 모금 달라기에 샘물 떠주고"가 그것이다. 길을 묻는 행위가 물을 달라는 행위로 이어지고, 길을 가르쳐주던 응답은 샘물을 떠주는 것으로 이어진다. 그 구조는 똑같이 '요청하다……들어주다'이다. 그리고 다시 그 행동은 3행째의 '그러고는 인사하기 웃고 받았지요'로, '인사하다(답례하다)'로 끝난다. 행동 코드로 보면 '요청하다……들어주다'의 두 행위를 마무리짓는 종결 부분에 해당된다.

서사 예술의 구조를 '시작……중간……끝'으로 정의한 아리스토텔레스의 고전적 이론 그대로 길을 묻고 대답하는 첫 행은 발단 부분의 시작(起)이고, 두 행째의 물 한 모금 달라기에 떠주었다는 것은 '중간(承)' 그리고 마지막 인사를 주고받는다는 '끝(結)'에 해당한다.

그러나 '요청'하고 '받고' 하는 행위는 행위의 주체가 있음으로써 비로소 가능하다. 「웃은 죄」에서는 표면적으로 드러나 있지는 않지만 행위주(行爲主)의 신분과 성격을 나타내는 인물 코드가 곳곳에 숨어 있다. '지름길 묻길래'라는 행위를 행위주의 신분과 성격을 나타내는 코드로 분석하면 '나그네'가 되고, 길을 가르쳐주는 측(側)은 그 고장에 사는 사람으로, '마을사람/바깥사람', '정착자/여행자'의 대립적인 인물 코드를 형성한다.

그러나 두 번째의 물 한 모금 달라와 샘물을 떠주는 행위항(行爲項)에서는 남/여의 성별을 드러내게 된다. 샘물을 떠주는 것으로 그 화자는 행동의 장소가 샘터라는 사실과 샘물을 떠주는 행위주는 샘터에서 일하고 있었던 여성이었음을 알려준다.

여기에서 우리는 서사 예술의 또 다른 요소인 문화적 코드[2]를 찾아낼 수가 있는 것이다. 왜냐하면 샘터는 문화 풍속으로 볼 때 여성에 속하는 젠더 공간이며, 봉건적인 규방 문화에 얽매여 있던 여성들에게는 유일한 열려진 공간으로 낯선 외간 남자와 만날 수 있는 로맨스의 극적 장소의 하나인 까닭이다. (목마른 나그네에게 샘물을 떠주고 거기에 버들잎을 띄워주는 것으로 남녀의 사랑이 싹트는 이야기들은 민요, 민속, 속담과 같이 문화적 코드에 속한다.)

그러나 이 시에서 기술된 행동의 연쇄가 서사 예술로서의 의미를 갖게 되는 것은 마지막 연에서 이루어진다. 우리 민담이나 옛날이야기의 대표적인 서사 구조는 "잘살다 죽었다더라."의 기승전결의 결말이다. 그런데 아리스토텔레스와 달리 한국의 서사 구조에는 '기승결'이 아니라 '전'이라는 것이 나타난다.

웃은 죄 — 김동환

평양성(平壤城)에 해 안 뜬대두

난 모르오,

웃은 죄밖에(2, 3연)

이렇게 '웃은 죄'라는 한마디 시구 속에서 우리는 오 헨리(O. Henry)의 단편소설을 보는 것 같은 서프라이즈 엔딩의 충격을 맛본다. 그 결구는 행위의 수수께끼를 푸는 해석학적 코드[3] 그리고 동시에 상징 코드의 역할을 하는 '전(turning)'을 이루고 있는 것이다.

'웃은 죄'라는 말은 웃음이라는 행위 속에 감춰진 진짜 의미를 알려주는 것으로, 실은 '인사하다……인사받다'가 행위의 종결이 아니라 시작이라는 사실을 알 수 있게 한다. '길을 묻다', '물을 달라고 하다', '인사를 하다'의 세 행위항의 연쇄에서 마지막 '인사하다'도 실은 앞의 것과 마찬가지로 '요청하다……받아들이다'로 풀이된다. 즉 인사는 구애의 프로포즈이고, 인사를 받다에서 그 웃음은 단순한 인사에 대한 받아들이다가 아니라 그 프로포즈에 대한 예스로, 또 하나의 긍정축이었던 셈이다.

그뿐 아니라 행위 코드에서는 단순히 인사를 '받아들이다'의 표시지만, 상징 코드로 보면 웃음은 욕망의 금제나 억제와 대립하는, 닫힌 것으로부터 열린 곳으로 나가는 의미가 된다. 즉 사랑의 상징 코드인 것이다. "평양성에 해 안 떠도 나는 모르오"는 일종의 문화 코드이기도 하지만 해석적 코드와 상징 코드에 속한다.

해석 코드는 규방 처녀가 길 가던 나그네와 사랑을 하게 되었다는 숨겨진 사건 찾기가 되고, 문화 코드로 보면 남녀유별(男女有別)의 도덕적 파계나 사회적 관습에서 일탈된 한국적 애정이나 그 정서를 보여주는 것이다.

평양성에 해가 안 뜬다는 것은 천륜을 어기거나 사회적 질서의 일탈성과 파괴로 일어나게 되는 것을 천변(天變)과 관련시킨, 일종의 속담 같은 봉건사회에서의 문화 코드라고 할 수 있다.

동시에 이러한 말에서 우리는 사랑을, 어쩌면 첫사랑을 하게 된 시골 처녀의 수줍고 천진한 성격을 짐작하게 한다. 즉 인물 코드의 역할을 하게 된다. 그리고 이 화자의 연극적 대사를 통해서 우리는 앞에서 읽은 모든 행동의 연쇄를 거슬러 다시 읽게 만든다.

처음에는 그냥 단순한 길 묻기, 물 달래기, 인사하기로만 보여졌던 일련의 행위들이 다시 거슬러 읽게 됨으로써 실은 그 두 사람의 거리가 점차 가까워지고, 그 요청과 응답도 역시 심도와 은밀성을 증대시켜가는 것으로 인식된다. 말하자면 해석학적 코드의 역할을 하고 있는 것이다.

「웃은 죄」에는 일체의 정감적 언어가 배제되어 있다. 사랑이라는 말, 그리움이라는 말, 혹은 그 비밀을 간직하고자 하는 혼자만의 고민 등이 단 한마디도 등장하지 않고 있다. 그러나 그 모든 것이 서사 예술의 기법과 연극적 대사를 통해서 선명하게 드러난다.

행위 코드, 인물 코드, 해석적 코드, 상징적 코드 그리고 문화적 코드의 다섯 가지 코드[4]에 의해서 「국경의 밤」과 같은 사랑의 서사시를 그려내고 있는 것이다. 행위에 의해서 객관적으로 그려진 한 여인과 그 사랑의 발견……. 평양시가 아니라 평양성이라고 부르던 옛날 북녘 시골 여인의 정감을 우리는 마치 장터에서 팔던 딱지 소설이 아니면 구성진 변사의 목소리와 함께 돌아가던 무성영화처럼 그리움 속에서 바라볼 수가 있는 것이다.

짧은 시지만 이 시는 긴 소설이 갖고 있는 사랑 이야기와 그것도 사랑이 죄가 되는 봉건시대의 결혼 전 여성과 남성의 은밀한 정사를 그린 로맨스의 모든 요소를 갖추고 있는 서사 예술이다. 롤랑 바르트(Roland Barthes)가 『S/Z』에서 시도한 서사예술의 다섯 가지 코드를 모두 내포하고 있는 까닭이다.

30 귀고(歸故) — 유치환
출생의 모태를 향해서 끝없이 역류하는 시간

귀고(歸故)

유치환

검정 사포를 쓰고 똑딱선(船)을 내리면
우리 고향(故鄕)의 선창가는 길보다도 사람이 많았소
양지 바른 뒷산 푸른 송백(松柏)을 끼고
남(南)쪽으로 트인 하늘은 기(旗)빨처럼 다정(多情)하고
낯설은 신작로 옆대기를 들어가니
내가 크던 돌다리와 집들이
소리 높이 창가하고 돌아가던
저녁놀이 사라진 채 남아 있고
그 길을 찾아가면
우리 집은 유 약국
행이불언(行而不信) 하시는 아버지께선 어느덧
돋보기를 쓰시고 나의 절을 받으시고
헌 책력(冊曆)처럼 애정(愛情)에 낡으신 어머님 옆에서
나는 끼고 온 신간(新刊)을 그림책인 양 보았소.

30 　귀고(歸故) ― 유치환

출생의 모태를 향해서
끝없이 역류하는 시간

정지용의 「고향」과 청마(靑馬) 유치환의 시 「귀고(歸故)」를 놓고 "어느 쪽이 더 시적으로 느껴지는가"라고 물으면 어떻게 될까. 백이면 백 모두가 정지용 쪽을 손꼽을 것이다. 노래 가사로 널리 불려졌기 때문만은 아니다. 고향 풍경을 묘사한 이미지도 음율도 그리고 그 정서에 이르기까지 모두가 그렇게 느낄 것이다.

그에 비해 선창가에서부터 고향집에 돌아와 부모님에게 절을 하기까지의 과정을 순서대로 나열해놓은 청마의 「귀고」는 시라 하기보다는 무슨 중학교 학생이 쓴 작문 한 토막 같다고 할지 모른다.

그러나 "고향에 고향에 돌아와도 그리던 고향은 아니로뇨"의 지용의 시에서 반복적인 음악성을 제거하고 '아니로뇨'와 같은 종결어미를 '아니다'로 바꿔놓으면 "고향에 돌아와도 옛날 고향이 아니다"라는 지극히 밀도 없는 산문적 서술이 되고 만다.

그렇게 생각하면 오히려 산문적인 것은 지용 쪽이라는 사실을 금세 깨닫게 된다. 그런 말은 귀향객들 누구에게라도 쉽게 들을 수 있는 상투적인 말이기 때문이다. 어떤 현란한 시적 수식어를 붙여도 지용의 「고향」은 근본적으로 "고향은 옛날 고향이 아니다"의 예문(例文)처럼 항목화한 것에 지나지 않는다. 하지만 "헌 책력처럼 애정에 낡으신 어머님 옆에서/나는 끼고 온 신간을 그림책인 양 보았소"라는 「귀고」의 고향은 일상적 의미 공간으로는 환원 불가능한 시적 고향인 것이다. '고향 선창가'의 바다로부터 시작한 그 '물리적 고향'은 책력이나 그림책과 같은 '책의 공간'으로 전환되어가고 있기 때문이다.

그러므로 우리가 「귀고」의 고향을 읽는다는 것은 바로 일상적인 고향 공간이 시적 언어 공간으로 바뀌어가는 그 변형 과정을 읽고 있는 것이라고 할 수 있다.

> 양지 바른 뒷산 푸른 송백을 끼고
> 남쪽으로 트인 하늘은 기빨처럼 다정하고
> 낯설은 신작로 옆대기를 들어가니
> 내가 크던 돌다리와 집들이
> 소리 높이 창가하고 돌아가던
> 저녁놀이 사라진 채 남아 있고
> 그 길을 찾아가면
> 우리 집은 유 약국 (3-10행)

넓은 바다가 남쪽으로 트인 조각난 하늘과 송백의 산으로 바

귀고(歸故) — 유치환

뀌고, 그것이 다시 돌다리와 집들이 들어서 있는 마을로 그리고 그 마을은 다시 유약국이라는 고향집으로 좁혀진다. 이러한 공간의 수축 작용은 집에서 대문으로, 대문에서 문지방으로, 문지방에서 방 안으로 이어지고, 이윽고 그 내부의 구심점에는 아버지와 어머니가 자리하게 된다.

밖에서 안으로 들어오는 공간 이동은 행동축과 연계되어 있다. '배에서 내리다'로 시작된 고향으로의 접근 행동은 무수한 경계 영역을 통하여 아버지에게 '절을 하다'로 이어진다. '절하기'는 아버지의 몸과 자기의 몸의 거리를 최소한으로 좁혀주는 접근 운동이기도 한 것이다. 이렇게 고향과 자신의 거리는 절하기에 의해서 거의 제로(zero) 상태가 된다.

하지만 고향에의 접근을 멈추지 않고 거기에서 더 한 발짝 들어간 것이 이 시의 마지막 행에 나타나 있는 어머니의 몸이다. 아버지의 신체 공간이 돋보기로 줄어들듯이 어머니의 몸은 책력이라는 비유에 의해서 공간과 그 시간이 모두 응축된다. 돋보기가 아버지의 시간을 나타내는 환유[1]이고(아버지께선 어느덧 / 돋보기를 쓰시고 나의 절을 받으시고), 책력은 어머니의 시간을 나타내는 은유[2]이다(헌 책력처럼 애정에 낡으신 어머님 옆에서).[3] 돋보기, 책력들은 모두 책 읽기라는 행위소를 지니고 있는 것으로, 청마는 이 독서의 추상 공간으로 고향의 물리적 거리를 넘어선다.

> 행이불언(行而不言)하시는 아버지께선 어느덧
> 돋보기를 쓰시고 나의 절을 받으시고
> 헌책력처럼 애정에 낡으신 어머님 옆에서
> 나는 끼고 온 신간을 그림책인 양 보았소(11-14행)

실제 물리적 거리를 놓고 보더라도 인사를 하고 받는 아버지와 나 사이에는 어느 정도의 거리가 있어 보이지만, 어머니 옆에서 신간을 읽고 있는 나는 거의 거리를 느낄 수 없게 좁혀져 있다. 내가 끼고 온 신간이라는 말에서도 엿볼 수 있듯이 여기의 신간은 자기 자신의 몸과 일체성을 나타내는 환유로서 어머니의 몸으로 비유된 헌 책력의 은유와 대비를 이룬다.[4]

이 대비를 통해서 지금까지 나와 고향 사이의 공간적 거리가 시간적 거리로 그 위상이 바뀌어진 것을 알 수 있다.

새 책과 헌 책으로 상징되는 나와 어머니의 신체적 차이는 책 읽기에 의해서 소멸되고, 내가 모태 속으로 회귀해가는 시간의 소급 운동이 시작된다. 그것이 바로 "신간을 그림책인 양 보았소"라는 언표에 의해서 드러난다.

'어머니의 곁에서 책 읽기'란 어른들이 읽는 '신간'을 유아들이 보는 옛날 '그림책'으로 바꿔놓는 내면적 행위이다. '책 읽기에서 책 보기'로, '문자에서 그림으로', '어른의 몸에서 아이의 몸'으로 어머니의 몸(고향)은 그 시간성을 역류시킨다. 그렇게 해서 고향은 아버지와 어머니의 몸(신체성)으로 수축되고, 그 몸은 다시 책으로 상징되는 언어 공간으로 그리고 그것은 시간을 나타내는 책력장의 숫자나 유아의 그림으로 환원된다. 고향의 섬이 육지 = 도시와 대비되는 공간을 해체하고 있듯이 신간을 그림책처럼 읽고 있는 어머니 몸의 그 공간은 지식(책 읽기)과 역사성(신간)을 모두 해체해버린다.

그래서 도시에서 해안가 작은 마을로, 어른에서 아이로, 책 읽기에서 책 보기로 끝없는 구심점을 향한 공간의 수축 작용과 모태로 돌아가는 시간의 소급 행위의 이중 렌즈에 찍힌 「귀고」의 고향은 우리가 추석 때 돌아가는 그런 고향의 의미와는 다른 것이 되어버린다. 그것은 시적 공간 속에서만 만날 수 있는 고향인 것이다. 일상적 공간은 많은 경계 영역으로 이루어져 있다. 「귀고」의 시에도 다섯 개의 경계 영역이 나타나 있음을 발견할 수 있다.

첫 번째 경계가 바다와 뭍 사이에 있는 선창가이고, 두 번째 경계가 마을 안과 마을 밖을 나누는 '돌다리'의 경계 영역이다.

세 번째는 유약국으로 이 시에서는 무표항(無標項)으로 되어 있으나 그것은 담이라는 경계 영역으로 표시된다. 넷째 경계 영역은 아버지, 어머니와 나의 몸이라고 하는 생체적 경계 영역으로 성명(姓名)처럼 추상적인 것과 피부처럼 구상적인 것으로 혼합되어 있는 것이다.

하지만 마지막 경계 영역이라 할 수 있는 마음이라는 경계 영역은 완전히 눈으로는 식별할 수 없는 추상적인 내면의 경계 영역에 속한다. '절을 하다'와 '절을 받다'는 아버지와 나의 경계 영역과 그것을 넘어 들어가는 행위를 나타낸다. 그리고 어머니 곁에서 어린아이의 마음으로 되돌아가 신간을 그림책처럼 보고 있는 것이 바로 내부 영역 안에서 이루어지는 행위들이다.

고향은 이같이 많은 삶의 경계 영역을 돌파하여 보이지 않는 내부의 구심점까지 돌아가려는 공간과 시간으로 출현한다. 인간의 행위와 역사는 크게 말해서 안에서 밖으로 나가는 원심 운동과 밖에서 안으로 들어오는 구심 운동으로 되어 있다. 그 원심 운동에서 생겨난 것이 객지(客地)이고, 그 구심 운동에서 탄생되는 것이 고향이다.

"고향에 고향에 돌아와도"라고 한탄한 지용의 고향이 '시적으로 표현된 산문적인 고향'이라고 한다면 "어머니 옆에서 내가 끼고 온 신간을 그림책인 양 보았소"라고 한 청마의 「귀고」는 산문적으로 표현된 시적 고향이라고 할 수 있을 것이다.

청마는 고향을 묘사한 것이 아니라 무수한 경계 영역을 넘어 끝없이 수축해 들어가는 구심적 공간 그리고 출생의 모태를 향해서 끝없이 역류하는 시간으로서 고향의 의미를 창조해내고 있는 것이다.

귀고(歸故) — 유치환

31 풀—김수영
무한한 변화가 잠재된 초원의 시학

풀

김수영

풀이 눕는다
비를 몰아오는 동풍에 나부껴
풀은 눕고
드디어 울었다
날이 흐려서 더 울다가
다시 누웠다

풀이 눕는다
바람보다도 더 빨리 눕는다
바람보다도 더 빨리 울고
바람보다 먼저 일어난다

날이 흐르고 풀이 눕는다
발목까지
발밑까지 눕는다
바람보다 늦게 누워도
바람보다 먼저 일어나고
바람보다 늦게 울어도
바람보다 먼저 웃는다
날이 흐리고 풀뿌리가 눕는다

31 풀—김수영

무한한 변화가 잠재된 초원의 시학

왜 당구대는 초록색인가. 이상스럽게도 카드 놀이나 룰렛판이나 서양의 놀이판은 모두가 초록빛으로 되어 있는 것이 많다. 『유럽의 색채』를 쓴 미셸 파스투로(Michel Pastoureau)[1]는 그것이 16세기 때부터 내려오는 풍습이라고 말한다. 여러 가지 원인이 있겠지만 푸른 잔디밭에서 축구를 하고 골프를 하는 스포츠를 보면 그것이 어디에서부터 비롯되었는지 짐작하기 어렵지 않다.

유럽의 지중해성 기후는 농작물을 기르는 데는 적합지 않지만 양떼나 젖소가 뜯는 목초를 기르는 데는 이·상적이다. 그래서 유럽 사람들의 생활은 목장의 풀밭과 뗄 수 없는 관계를 맺고 있다. 그래서 서구 문학에서는 풀이 생명과 활력의 상징물이 되었으며, 그 대표적인 것이 월트 휘트먼(Walt Whitman)의 『풀잎(Leaves of Grass)』[2]이다. 서구 사람들이 이상으로 삼아온 '풀뿌리 민주주의'라는 것도 그와 같은 맥락에서 나온 말이다.

그러므로 당구대에 깔린 초록색 나사는 지금도 집집마다 잔디를 심는 서양 사람들의 풍속처럼 초지에 대한 향수를 담고 있는 목장 문화의 흔적이라고 볼 수 있다. 김수영 시인의 「풀」 읽기는 당구대의 놀이판과 대단히 흡사한 데가 있다. 풀에 대한 그리움과 찬양만이 아니라 당구대 위에 흩어진 당구공처럼 그 시인의 언어 역시 희고 붉은 양 색깔로 선명하게 나뉘어 있다.

'날이 흐리다', '바람이 불다'와 같이 기상 조건을 나타내는 말들이 '흰 공'이라면 풀에 관한 말들은 그와 대비를 이루는 '붉은 공'이라고 할 수 있다. 그렇기 때문에 그 시는 '바람'과 '풀'의 두 언어가 서로 부딪힐 때 생겨나는 '눕다'와 '일어나다'의 서술어를 중심으로 전개되어간다. 이 시에는 거의 명사를 수식하는 형용사는 나오지 않는다. 그러나 행위(동사)에 관련된 부사들은 도처에 그리고 시적 메시지를 좌우하는 결정적 요소로 등장한다.

풍미한다는 한자말이 암시하고 있듯이 바람이 불면 모든 풀잎은 일제히 한쪽 방향으로 나부끼며 쓰러진다. 풀이 눕는다는 것은 곧 바람에 굴복하고 순응하는 풀의 패배이며, 일종의 작은 죽음이다.

그러나 풀이 일어난다는 것은 그와는 정반대로 생명과 자유를 되찾는 것이며, 독립적인 의지를 나타내는 승리인 것이다. 이렇게 '눕다/일어서다'의 대립항을 어떻게 선택해가고 또 그것을 어떻게 다루는가에 따라서 그 언어의 공이 굴러가는 성질과 속도 그리고 그 방향과 미묘한 부딪힘이 결정된다. 그러므로 이 시에서는 그 움직임을 제어하는 부사가 당구대의 쿠션과 같은 역할을 하게 된다.

'눕다'에 중점을 둔 1연의 풀들을 보면 안다.

풀이 눕는다

비를 몰아오는 동풍에 나부껴

풀은 눕고

드디어 울었다

날이 흐려서 더 울다가

다시 누웠다(1연)

그 풀들은 바람 부는 대로 움직인다. 바람의 힘에 의해서 일방적으로 억눌리고 쓰러지는 순응의 풀이며 수동적인 풀이다. '풀이 눕는다'로 시작하는 그 시행은 계속 그 뒤에도 '나부끼다'와 '울다'로 이어져갈 뿐이다.

그러나 주어와 술어에는 아무런 변화가 일어나지 않지만, '드디어 울었다', '더 울다가', '다시 누웠다'에서 '드디어', '더', '다시'와 같은 부사가 누워 있는 풀 속에서 움직이고 있는 미묘한 움직임의 변화를 나타낸다. 드디어 울었다는 것은 참고 있었던 풀의 의지를 그리고 '더 울었다'는 증대되어가는 좌절의 의미를, 그리고 '다시 누웠다'의 그 다시는 계속 일어나려고 노력하던 풀의 잠재된 행위와 그 지속성을 묻어둔다.

풀이 눕는다

바람보다도 더 빨리 눕는다

바람보다도 더 빨리 울고

바람보다 먼저 일어난다(2연)

그래서 풀의 의지를 숨겨두었던 그 부사들이 2연째에 오면 '빨리'와 '먼저'로 발전해서 "바람보다도 더 빨리 눕는다"와 "바람보다도 더 빨리 운다"의 능동적인 풀을 만들어낸다. 바람보다 빨리 눕는다는 것은 수동적이었던 풀이 이제는 자기 의지를 갖고 움직이는 능동적 풀로 변해가고 있음을 보여주는 것이다. 바람과 풀의 행위는 이미 같지 않다.

이 같지 않은 속도의 그 작은 틈새 속에서 '풀'의 자유와 의지가 번뜩이기 시작한다. 그것을 더욱 극적으로 표현한 것이 "바람보다 빨리 일어난다"이다. 일어난다는 것은 저항이며 생명이며 희망이자 승리이다. 그것은 풀들의 작은 혁명이다.

날이 흐르고 풀이 눕는다

발목까지

발밑까지 눕는다

바람보다 늦게 누워도

바람보다 먼저 일어나고

풀 — 김수영

바람보다 늦게 울어도

바람보다 먼저 웃는다

날이 흐리고 풀뿌리가 눕는다 (3연)

'눕다/일어나다'의 대비를 극대화한 것이 3연의 풀이다. 1연의 바람에 눕는 풀이 2연에 오면 바람보다 빨리 눕는 풀로, 그리고 그것이 3연에 오면 바람보다 늦게 눕고 바람보다 빨리 일어서는 풀이 된다.

그래서 이 전체의 시적 구조는 음악 용어로 말하자면 크레센도로 되어 있다고 할 수 있다. 1연의 나부끼는 풀이 3연에서는 뿌리째 눕는 것으로 되어 있는 것 하나만 보아도 알 수 있다. 바람의 강도와 흐린 날씨의 정황은 '발목까지', '발밑까지' 내려와 결국엔 '풀뿌리가 눕는다'로 증대된다.

풀뿌리가 눕는다는 말은 이미 그 풀이 단순한 식물 언어가 아니라는 것을 보여준다. 사실적인 풀의 경우는 뿌리가 뽑히는 경우는 있어도 바람에 눕는 일은 없다. 그래서 풀뿌리 민주주의라고 할 때의 바로 그 풀뿌리처럼 이 풀들은 식물 언어에서 정치적 이념어로 전환된다.

그러므로 바람에 눕는 1연의 사실적인 풀이 바람보다 빨리 눕는 2연의 비사실적인 풀로 옮겨가고, 그것이 다시 3연째의 바람보다 늦게 눕고 바람보다 빨리 일어서는 반사실적인 풀로 바뀌어가게 된다.

그와 마찬가지로 '눕다/일어서다'의 대립적 행위를 수식하는 언어들 역시 '다시'에서 '빨리'로, 그 '빨리'에서 '늦게'로 바뀌어지면서 시 전체의 긴장과 풀의 의미 변화를 가져온다.

그리고 눕다와 동격인 '운다'란 말이 3연에 오면 '웃는다'로 바뀌고 바람과 풀의 대응 관계를 나타내는 비교어 역시 '빨리/늦게', '먼저/늦게'의 대비로 무력한 풀의 의미를 반전시켜 '거대한 풀뿌리'를 만들어낸다.

'풀이 눕는다'로 시작한 이 시가 마지막에 오면 '풀뿌리가 눕는다'로 그 상황이 한층 더 가열한 것으로 변해 있는데도 '우는 풀'은 '웃는 풀'로 변신되어 있다. 김수영의 식물원에서 자라는 풀들은 이파리를 나부끼게 하는 바람보다도 뿌리를 흔들어놓은 바람 속에서 더욱 자유롭고 강한 풀이 되는 까닭이다.

풀을 압도하고 압도하는 바람, 이파리와 줄기와 그 뿌리까지 누이는 거대한 바람의 힘 그리고 비를 몰고 오는 흐린 날의 기상은 대체 무엇인가. 그 풀이 '풀뿌리 민주주의'라고 할 때의 바로 그 풀뿌리라고 한다면 그 바람과 흐린 날은 민초, 그 당시 유행하던 말로 하자면 민중의 자유를 억압하고 그 생존을 위협하는 정치세력들이라는 것은 너무나 뻔하다.

그런데도 김수영 시인의 언어들이 다른 정치 이념을 구호화한 시와 비교될 수 없는 것은 바로 그 뻔한 알레고리[3]에서 벗어나

풀 — 김수영

있기 때문이다. 예이츠의 말이었던가. 시를 쓰는 데 있어 가장 경계해야 할 것은 알레고리에 빠지지 않게 하는 일이다.

당구는 직선 운동이면서도 그것을 치는 큐의 변화에 의해서 그리고 쿠션을 이용한 간접적인 작용에 의해서 표적구를 때린다. 김수영 시인은 시를 총으로 생각하지 않고 당구대의 큐로 생각하였기 때문에 흰 공, 붉은 공의 그 단순한 도식의 언어들을 갖고서도 무한한 변화와 우연성 그리고 최대의 유희성을 획득한 초원의 시학을 만들어내는 데 성공할 수 있었던 것이다.[4]

32 새 — 박남수
시인은 결코 죽지 않는다

새

박남수

이제까지 무수한 화살이 날았지만
아직도 새는 죽은 일이 없다.
주검의 껍데기를 허리에 차고, 포수들은
무료(無聊)히 저녁이면 돌아온다.

이제까지 무수한 포탄이 날았지만
아직도 새들은 노래한다.
서울에서, 멀지 않은 교외에서
아직도 새들은 주장(主張)한다.

농(籠) 안에 갇힌 새라고 할지라도
하늘에 구우는 혀끝을 울리고 있다.
철조망(鐵條網)으로도 수용소(收容所)로도
그리고 원자탄으로도 새는 죽지 않는다.

더럽혀진 하늘에, 아직도
일군(一郡)의 새들이 날고 있다.
억척같은 포수(砲手)들은, 저녁이면
무료(無聊)히 주검의 껍데기를 허리에 차고 돌아올 뿐이다.

새 — 박남수

시인은 결코 죽지 않는다

박남수¹ 시인은 새에 대하여 많은 시를 썼다. 더구나 그것들은 보통 시와 달리 '메타 시'의 성격을 띠고 있다는 점에서 더욱 주목할 만하다. 말하자면 새에 관한 그 시들은 보통 시가 아니라 시나 시인을 대상으로 한 '시로 쓴 시론'이라고 할 수 있다.

새는 여러 가지 점에서 시인과 유사한 점이 많다. '새'의 촉매어는 '운다'와 '날다'이고, 시인의 그것은 '노래하다'와 '상상하다'이다. '운다'는 시인의 '언어(노래)'를 그리고, '날다'는 시인의 '상상력'과 연결된다. 그리고 그러한 행위는 땅과 대칭을 이루는 하늘에 속해 있다.

   이제까지 무수한 화살이 날았지만
   아직도 새는 죽은 일이 없다

「새」의 이 시작 행에서 '새'를 시나 시인으로 바꿔놓아도 별로 어색하게 들리지 않을 것이다. 더구나 새를 죽이는 화살이 2연에 오면 포탄으로 바뀌고, 3연에서는 철조망과 수용소 그리고 원자탄으로 바뀐다. 화살이라면 몰라도 포탄이나 원자탄은 새를 죽이기 위해 있는 것이 아니다. 그렇기 때문에 '새'보다는 '인간'과 관련된 말이라는 것을 알게 된다.

　새에 대한 언술 역시 마찬가지다. "아직도 새는 죽은 일이 없다"라는 첫 연의 시구가 2연에 오면 "아직도 새는 노래한다"로, 그리고 다음에는 다시 "아직도 새는 주장한다"로 바뀐다. 병렬법으로 된 그 언표를 보면 새의 생명은 곧 노래하는 것이고, 노래한다는 것은 자기 존재를 주장하는 것이다. 역시 죽은 일이 없다는 새의 생명은 뒤에 갈수록 인간화하여 주장이라는 말로 바뀌어 있는 것이다. 원자탄이 새를 죽이는 것과 관계가 없듯이 주장이라는 말 역시 새에게는 어울리지 않는 말이다.

　이렇게 처음 시작한 새와 화살의 관계가 새와 전쟁 무기(포탄, 원자탄)로 추상화하면 새를 가둔 조롱 역시 철조망과 수용소처럼 새와는 관련이 없는 인간들의 감금 장소가 된다. 여기에서 우리는 끝없이 새와 인간(시인)이 병렬 관계를 이루면서 전 시의 작품을 관통하고 있음을 쉽게 발견할 수가 있다.

　이러한 시적 구조에서 당연히 문제되는 것은 시의 첫 행과 마지막 행에 다 같이 반복되어 있는, 무료히 저녁이면 주검의 껍데기를 허리에 차고 돌아오는 포수와 새의 관계이다. '새와 화살'에서 '새와 원자탄'의 관계를 수렴하면 결국 새를 죽이는 '포수'로 수렴된다. 표면상으로는 포수가 새를 쏘아 죽이는 것으로 되어 있고, 새는 죽은 것으로 되어 있다. 그러나 시인은 그것을 '주검의 껍데기'일 뿐이라고 말한다. 그리고 그것을 허리에 차고 저녁에 돌아오는 포수의 행동을 '무료히'라고 말함으로써 새는 결코 죽지 않았다는 말을 정당화한다.

  그 짧은 시에 '아직도'라는 말이 네 번씩이나 되풀이해 나오는 것을 보아도 알 수 있듯이 포수는 어떤 특수한 시대의 한 상황을 대표하는 인간들이라기보다 역사를 지배하고 그 문명을 이끌어오는 지상적인 힘의 총체라고 할 수 있다. 그리고 그것은 뜨겁게 노래하고 자유롭게 날고 무한과 영원의 하늘을 지향하는 생명체, '새 = 시'의 세계와 반대편에 있는 세속적인 현실들이다.

  포수들은 '저녁에 – 돌아온다'라는 말에서 매일매일 아침에 직장에 나갔다가 저녁에 돌아오는 일상의 생활, 반복하는 삶 속에서 살아가는 바로 우리들 자신일 수도 있다. 감동도 꿈도 노래도 없는 산문적인 무료한 나날들은 새를 죽이며 살아가는 반시적인 행동으로 영위되는 삶이라 할 수 있다.

    더럽혀진 하늘에 아직도
    일군의 새들이 날고 있다.(4연)

  우는 새에서 시작하여 나는 새로 끝나는 이 시의 마지막 상황은 '더럽혀진 하늘'로 요약된다. 물리적인 의미로는 공해로 오염된 자연 파괴를 의미하는 것이기도 하고, 기호론적 의미로는 무한, 영원, 성스러움과 같은 온갖 세속 문화와 대조를 이루는 신성 문화의 붕괴 또는 물질과 육체와 땅의 언어에 대한 정신과 영혼의 세계가 더럽혀진 것일 수도 있다. 그 어느 것으로 해석되든 포수는 도식적으로 한정할 수 있는 대상이 아니라 오늘날 우리를 에워싸고 있는 비시적 환경을 총칭하는 뜻을 지니고 있는 말이다.

인간의 역사와 문명은 날이 갈수록 비시 또는 반시의 방아쇠를 당긴다. 노래하는 것, 아름다운 것, 순수한 것, 사랑하는 것, 작고 가볍고 날개를 가진 모든 것들이 추락하고 있는 시대에 우리는 살고 있다.

그러나 '새 = 시'를 조롱이나 철조망과 수용소 속에 가두는 것은 전쟁과 정치만이 아니다. 박남수 시인은 「새1」이라는 다른 시에서 "새는 울어 뜻을 만들지 않고 지어서 교태로 사랑을 가식하지 않는다"라고 말하면서 "포수는 한 덩이 납으로 그 순수를 겨냥한다"라고 말하고 있다.

포수는 어마어마한 역사, 문명만이 아니라 작게는 시인 자신이나 비평가들일 수도 있다. 노래 속에 뜻을 담으려 하는 이데올로기 지향 그리고 억지로 가식하여 시를 꾸미고 풀이하는 시인과 비평가들까지도 실은 새를 죽이는 음모자의 편에 서 있는 자이다.

새의 노래를 노래 자체의 아름다움으로 듣지 않고 그 속에서 무슨 목적성을 지닌 뜻을 찾으려고 한 그 많은 시 비평과 시론가들이야말로 어쩌면 "몇 마디의 이념적 언어로 그 순수를 겨냥한" 포수들이라고 할 수 있다.

그리고 보면 「다시 읽는 한국 시」의 마지막 회를 박남수 시인의 「새」로 끝맺게 된 것은 우연 이상의 의미를 갖는다. "신은 죽었다."가 19세기의 선언이었다면, "시인은 죽었다."는 20세기의 선언이다. 오역된 영화 제목이기는 하나 우리는 정말〈죽은 시인의 사회(Dead Poets Society)〉에서 살고 있는 것일까. 박남수 시인은 "새는 죽은 일이 없다."고 선언함으로써 반명제를 내놓는다.

아마도 내 자신이 이 연재에서 보여주려고 하였던 것도 시인들의 부활, 결코 시인은 죽지 않는다는 것을 증명하기 위한 것이었다고도 할 수 있다. 시를 다시 읽는 행위를 통해서 포수들의 옆구리에 찬 껍데기뿐인 새의 주검에 다시 생명을 불어넣어주는 작업들이 이루어져야 한다는 소망으로 이 글을 쓰기 시작했으니 말이다.

오스카 와일드(Oscar Wilde)는 언젠가 이런 농담을 한 적이 있다. "시인은 결코 죽지 않는다. 다만 오식이 시인을 죽인다." 오식을 오독이라고 고쳐도 좋다. 시를 몇 가지 틀과 목적론에 의해서 자의로 해석하려는 순간, 비평이라는 그 납덩이의 언어들은 살아 있는 새의 날개를 찢고 심장을 꿰뚫는다.

그 결과로 단지 껍데기의 주검만이 남는다. 비평가의 허리에 찬 그러한 시의 주검들을 우리는 수없이 보아왔다. 시에 정독이 있다는 개념 자체가 오독을 낳는 요인이기는 하다. 시는 끝없이 의미를 생성하고 있는 텍스트로, 그 의미는 복합적이며 그 구조는 변형적인 것이다. 새소리를 새소리 그대로 들으려는 노력과 태도만이 더럽혀진 하늘에서도 시를 자유롭게 날게 할 수 있는 유일한 방법이 될 것이다.

이 글을 써온 내 자신이 그 "순수를 겨냥해 산탄을 쏜" 그 많은 포수꾼들의 하나일지도 모른다. 하지만 그것은 단지 오발이었을 뿐 껍데기의 주검을 허리에 차기 위한 것은 결코 아니다.

나는 상을 당한 가운데서 이 글을 모두 끝낸다. 나의 아버지는 19세기 말에 태어나셔서 101세로 세상을 떠나셨다. 그것은 나의 아버지의 죽음이자 마지막 남은 19세기의 죽음이기도 하다. 10년 전에 아버지는 우리를 위해 작은 책자 하나를 남기셨는데, 그 책 제목은 『새는 울되 눈물을 흘리지 않나니』였다. "이제까지 무수한 화살이 날았지만 아직도 새는 죽은 일이 없다." 이 말이 왜 이처럼 위안이 되는가.

덧붙이기

원본시 · 작가 소개 · 주석

인덱스

• 원본시 편집, 시인 소개, 주석 작업을 맡아주신 김옥순 박사께 감사드립니다.

● 원본시·작가 소개·주석

| 01 | 엄마야 누나야 — 김소월

≫ 원본시

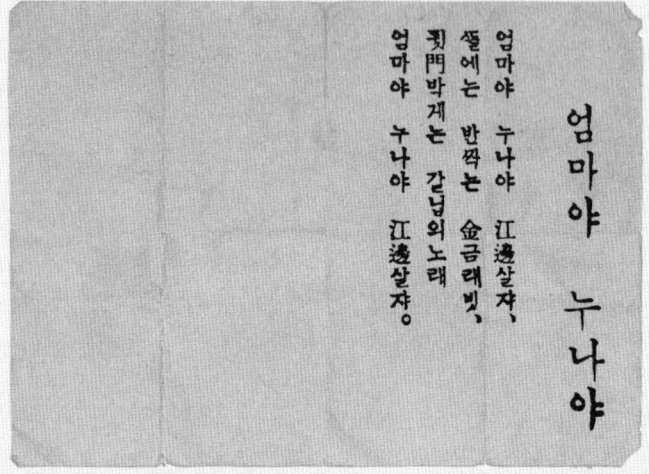

시집 『진달래꽃』(매문사, 1925년) 중에서

≫ 작자

김소월(金素月, 1902~1934)
본명은 정식(廷湜)이다. 소월(素月)은 필명이자 동시에 아호이다. 1902년 평안북도 구성군 왕인동(외가)에서 아버지 김성도(金性燾)와 어머니 장경숙(張景淑)의 장남으로 태어났다. 1923년 배재고보(培材高普)를 졸업하고 도일(渡日)하였다. 동경상대(東京商大) 예과에 한 학기를 수료할 무렵 관동대지진이 발생하고 급거 귀국했다. 소월의 생애에서 경력이라고 할 만한 것은 없었다. 다만 처가가 있는 구성군 남시(방현)에서 《동아일보(東亞日報)》 지국을 열었고 사망할 때까지 10년 동안 지국장을 맡았던 것이 그의 유일한 경력이라 할 수 있다. 1920년 3월 《창조(創造)》의 동인이었던 스승 안서의 배려로 《창조》통권 5호에 「낭인(浪人)의 봄」 외에 「야(夜)의 우적(雨滴)」, 「무과(無過)의 읍(泣)」, 「그리워」, 「춘강(春岡)」 등 다섯 편을 발표하며 창작 활동을 시작했다. 1920년 7월호 《학생계(學生界)》에 시 「거친 풀 흐트러진 모래등으로」를 발표한 뒤 1년여의 공백기를 두고 「금잔디」, 「엄마야 누나야」, 「봄 밤」, 「진달래꽃」, 「개여울」, 「먼 후일」, 「삭주구성(朔州龜城)」 등의 시를 《개벽(開闢)》지에 발표했다. 시 외에 소설 「함박눈」(《개벽》, 1922)과 평론 「시혼(詩魂)」(《개벽》, 1925), 등의 수필도 남겼다. 소월(素月)은 1934년 평북 구성군 남시에서 사망했다.

주석

1 시 「엄마야 누나야」는 《개벽》(19호, 1922년 1월)에 처음 발표하였다. 뒤에 시집 『진달내꼿』(매문사, 1925)에 실렸다. 이 시집은 출판물로는 최초로 '근대 문화재'로 선정되었다.

2 젠더 공간: 젠더(gender)는 이반 일리치(Ivan Illich)가 『젠더』(1982)에서 성(sex)과 구별하여 사용한 용어다. 일리치는 여성과 남성이 자급자족(vernacular)하는 사회생활을 영위하던 시대를 젠더의 시대라고 부른다. 남성과 여성이 각기 점유하는 공간과 도구가 따로 있어 분업하면서도 상보적인 관계를 잘 유지하는 전-자본주의 시대를 말한다. 남자의 영역(주막, 카니발을 준비하는 원형장, 교회 광장의 양지 바른 벤치), 남성의 도구(도리깨), 남성의 생산물이 있다면, 여성의 영역과 여성의 도구(체), 여성의 생산물이 있다고 한다. 자급자족의 젠더는 가정에서 만들고, 가정에서 짜고, 가정에서 기른 것으로, 시장에 내다 팔 것이 아니라 가정에서만 사용하기 위한 생활을 한다.(『젠더』, 도서출판 따님, 1996)

3 유음(流音, liquid): 구강에 기류의 막힘이 있으나 마찰을 일으킬 정도가 아닌 계속음(continuant)을 유음이라 한다. 영어에는 /l/과 /r/의 두 가지 유음이 있다. 에이드리언 애크마지언(Akmajian 외,

1984)에 의하면 유음이란 말은 음이 듣기 좋고 쉽게 흐른다는 것을 나타내기 위한 용어다. 유음은 자음과 모음의 자질을 모두 공유하고 있다. (김순택, 『영어학사전』, 신아사, 1990, 690쪽.)

4   로만 야콥슨은 언어의 구성 요소를 6가지로 보았다. "이 6개 요소 하나하나가 각기 서로 다른 언어 기능을 갖지만 이 가운데 단 하나의 기능만으로 성립하는 언어 메시지란 거의 없다. 메시지의 언어 구조는 무엇보다도 그 지배적 기능이 무엇이냐에 따라 달라진다.(……) 수신자를 지향할 때 언어는 능동적 기능을 갖는데 그 순수한 문법적 표현은 호격과 명령법이다. 이들은 통사적으로 형태적으로 때로는 음운적으로도 다른 명사적, 동사적 범주와 다른 꼴을 보인다. 명령문이 평서문과 근본적으로 다른 것은 후자가 진위의 결정이 가능한 데 반해 전자는 그럴 수 없다는 데 있다.(……) 주술적, 주문적 기능은 존재하지 않거나 무생물인 '3인칭을 능동적 메시지의 수신자로 전환하는 종류의 기능이다." "다래끼여 없어져라, 투, 투, 투, 투."(리투아니아의 주문), "물이여, 강의 여왕이여 새벽이여! 푸른 바다 너머로, 바다 밑으로 슬픔을 쫓아내라."(북부 러시아의 주문), "태양아 너는 기브온 위에 머무르라, 달아 너도 아얄론 골짜기에 그리할지어다."(「여호수아」 10:12) (로만 야콥슨, 「언어학과 시학」, 『문학 속의 언어학』, 신문수 편역, 문학과지성사, 1989.)

5   하이데거는 인간이 돌이나 나무처럼 그냥 단순히 여기 있는 것이 아니라, 그가 계획하는(그쪽을 향해 자신을 던지는) 방향의 가능성들 안에서 그리고 그 가능성들로부터 산다는 것을 보여주었다. 하이데거는 데카르트 이후 근대 철학이 그래왔던 것처럼, 인간을 인위적인 고립 속에 그대로 남겨두지 않았다. 오히려 그는 모든 인간이 자신의 '세계'를 가지며, 그가 다른 존재들 사이에서 다른 인간들과 함께 존재한다고 말한다. 그는 인간이 '세계 안에 있음'과 '다른 것들과 함께 있음'을 말한다. 이런 개념에서 보면 인간은 그가 개입하지 않으면 닫힌 채로 남아 있는 세계가 그를 통해서 열리고, 세계가

인간에 의해 관찰되고 인식되고 감각된다는 점에서 다른 모든 존재보다 뛰어나다. '있는 것(존재자) 전체 속으로의 침입'을 통해 이 전체가 '열리게' 된다. 하이데거는 이것을 인간의 여기 있음의 '초월성'이라 불렀다. 초월성이란 표현은 인간이 감각을 넘어선 존재나 감각을 넘어선 세계와 관계를 맺는다는 뜻이 아니다. 하이데거의 언어 사용에서 초월성이란 인간이 있음의 관점에서 모든 있는 것을 넘어섰다는 뜻이다. 있음은 모든 이해, 감각, 인식의 지평을 이룬다. (빌헬름 바이셰델,『철학의 에스프레소』(1966), 안인희 역, 아이콘 C, 2004, 450-451쪽.)

6 전경화(foregrounding): 전경화(前景化)는 쉬클로프스키의 '낯설게 하기' 개념에서 유리 티니아노프가 사용하였다. 이를 체코 프라하 학파의 무카로프스키가 발전시킨 것이다. 음운, 어휘, 통사 등의 층위에서 일군의 요소가 전경화되고 나머지는 배경화(backgrounding)된다. 전경화된 요소 가운데서 우위를 차지하는 것이 지배소이고 나머지는 종속적인 조직 체계가 된다.

쉬클로프스키는 '낯설게 하기'가 예술의 중요한 기술임을 날카롭게 지적하였다. 간단히 요약하면 다음과 같다. "예술은 존재하여 사람들이 생의 감각을 되찾을 수 있게 한다. 또 예술의 존재는 사람들이 사물을 느낄 수 있게 하여 돌을 '돌답게' 만들어준다. 예술의 목적은 사물에 대한 감각을 알려져 있는 대로가 아니라 지각된 대로 부여하는 것이다. 예술의 기법은 사물을 '낯설게' 하고 형식을 어렵게 하며, 지각을 힘들게 하고 지각에 소요되는 시간을 연장한다. 왜냐하면 지각의 과정은 그 자체가 미학적 목적이고 따라서 되도록 연장해야 하기 때문이다. 예술은 한 대상의 예술성을 경험하는 방법이며, 그 대상은 중요한 것이 아니다.(……)톨스토이는 친숙한 대상물을 명명(命名)하지 않음으로써 친숙한 것을 낯선 것으로 만든다. 그는 하나의 대상을 마치 그가 그것을 처음 본 것처럼, 하나의 사건을 그것이 최초로 일어난 것인 양 묘사한다. 이런 것을 묘사

할 경우 그는 그 대상의 어느 부분에 대한 수락된 명칭을 피하고 대신에 다른 대상에서의 그에 상응하는 부분의 명칭을 갖다 붙인다. 예컨대 「수치」라는 작품에서 톨스토이는 이 방법으로 태형의 관념을 '낯설게 한다.' 즉 '범법자들의 옷을 벗기고 그들에게 욕설을 퍼부으며 엉덩이를 회초리로 친다.'"(빅토르 쉬클로프스키, 「기술로서의 예술」,『러시아 형식주의 문학이론』, 1980, 월인재, 34-35쪽.)

7 역설적인 구조: 클리언스 브룩스(1906-1994)의 『잘 구워진 항아리』 (The Well Wrought Urn, 1961 Penguin Books: CHATO & WINDOS, 종로서적, 1982)에서 처음 나타난다. 그는 시의 언어가 역설(paradox)의 언어라고 말한다. "역설은 야무지고 반짝반짝하고 기지에 넘친 궤변의 언어다. 따라서 그것은 영혼의 언어가 아니다. (……) 시인이 말하는 진리는 역설을 통해서만 접근할 수 있다."라고 말한다.

김소월의 시가 유행가로 떨어지지 않고 시로 불리는 근거가 바로 역설적인 상황을 일으키는 패러독스의 구조로 되어 있음이다. 이중에서도 시 「엄마야 누나야」는 미래/과거의 시제상의 패러독스를 보여준다.

8 병렬법의 정의: 로버트 로즈는 "시의 어떤 1행이 다른 1행과 대응하는 것을 병렬법이라고 부르려 한다. 어느 명제가 나타나고 거기에 또 하나의 명제가 추가될 경우, 즉 그 밑에 그려져 먼저 것과 의미상으로 맞먹거나 또는 대립되거나, 또는 문법적 구조의 형태에 있어서도 서로 닮은 데가 있는 경우, 그것을 병렬 시행(parallel lines)이라고 부르려 한다."라고 말했다. (Roman Jakobson, *Selected Writings* Ⅲ, Mouton, 1981, p. 99. 이어령,『詩 다시 읽기』, 문학사상사, 1995, 156-157쪽 재인용.)

9 갈잎의 노래에 대한 해석 문제: 일반적으로 갈댓잎이라고 해석하는데 나의 견해는 다르다. "송충이가 솔잎을 먹어야지 갈잎을 먹으면 죽는다."는 속담을 예로 들 수 있다. 사전에는 갈잎에 대해 세 가지 뜻풀이가 있다. 1. '가랑잎'의 준말. 2.『식물』=떡갈잎. 3.「명사」=

갈댓잎.(국립국어원 표준국어대사전). 한 수종을 가리키기보다는 1, 2, 3의 뜻풀이 전체를 아우르는 다양한 수종의 나뭇잎, 즉 활엽수를 뜻하는 것으로 보는 것이 이 시의 전체 맥락에 맞는 것으로 보인다. 강변이라고 했기 때문에 갈대라고 말하기 쉽지만 강과 대립되는 배산임수(背山臨水)의 공간 배치로 보면 갈잎은 나무숲으로 보는 것이 타당할 것이다. 설령 갈잎이 갈댓잎일지라도 뒷문 밖은 허허벌판의 갈대밭이 아니라, 수직의 닫힌 공간인 산을 배경으로 하고 있다고 생각해야 한다.

02 진달래꽃 — 김소월

⚘ 원본시

진달래 욧

김소월
『진달래 욧』(매문사, 1925년)

나보기가 역겨워
가실쌔에는
말업시 고히 보내드리우리다

寧邊에藥山
진달래욧
아름따다 가실길에 샏리우리다

가시는거름거름

덧붙이기 — 원본시 · 작가 소개 · 주석

노힌그곳츨
삽분히즈려밟고 가시옵소서

나보기가 역겨워
가실쌔에는
죽어도아니 눈물흘니우리다

※ 주석

1   과거형: 나 보기가 역겨워/가신 그대를/말없이 고이/보내드렸었지요
       현재형: 나 보기가 역겨워/가시는 그대를/말없이 고이/보내드립니다
       미래형: 나 보기가 역겨워/가실 때에는/말없이 고이/보내드리우리다

2   평자들은 "가시는 거름거름/노힌 그 곳츨/삽분히 즈려밟고 가시옵소서"(2연)에 보이는 화자의 행위를 '산화공덕(散花功德)'으로 풀이하거나(문덕수,「소월에 있어서의 임·자연·향수」, 정한모,『한국현대시연구』 155쪽) 축복의 행위로 보았다.(서정주,『한국의 현대시』, 일지사, 1969, 72쪽.)(윤영천,「소월시의 현실인식」,『한국근대문학사론』, 한길사, 1982. 재인용.)

3   "나 보기가 역겨워/가실 쌔에는/죽어도 아니 눈물흘니우리다"(4연)에서 어디까지나 가상적인 상황 아래 개진된 이 시의 주제는 이별의 정한이다. 그러나 그 이별의 정한은 작품의 전면에 전혀 노출되지 않고, 작중화자의 엄격한 감정 통제로 말미암아 그의 내면 깊숙이 은폐되어 있다. 그래서 이별에 대한 그의 태도도 일견 단순해 보인다. 그러나 실은 그 정반대라고 해야 옳다. 떠나가는 임에게 시를 바친다는 것부터가 그에게는 이별이 절망적인 사태임을 뜻한다. 그런데도 무엇이 그로 하여금 표면적으로나마 의연한 자세를

취하게 만들었을까? 소월이 어떤 대상에 대해 항상 일정한 거리를 유지하면서 자기 감정이나 정서를 적절히 규제할 수 있었기 때문이라고 하면 그만일까? 결코 그렇지는 않을 것이다. 그러나 시인의 날카로운 감각과 절박한 감정이 나타나지 않고 절제(윤재근, 「시적 표현의 배경과 변용」, 《문화비평》 제4호)되어 있다는 점에서 1920년대 시의 일반적인 결함으로 지적되곤 하는 감정의 무분별한 방출, 감상적 차원에로의 시의 전락 현상을 극복한 좋은 본보기로서 높이 평가되어야 할 것이다.(윤영천, 앞글, 348쪽.)

4 역설(paradox)이란 겉으로 보기에는 명백히 모순되고 부조리한 듯하지만 표면적인 논리를 떠나 자세히 생각하면 근거가 확실하거나 진실된 진술 또는 정황을 말한다. 역설은 본래 수사법의 하나로서 청중의 주의력을 환기시키는 데 효과적인 방법의 하나였다. "무신론자처럼 신의 존재에 대하여 관심이 큰 사람은 없다."라든가 "죄가 많은 곳에 또한 하나님의 은혜가 많다."라든가 "도를 도라 할 수 있으면 도가 아니다." 등은 모두 역설이다.(이상섭, 『문학비평용어사전』, 민음사, 2001, 243-244쪽.)

5 "여기에 나오는 '즈려'는 지금까지 그 해석이 상당히 문제가 되어 온 것으로 안다. 적어도 서울말에서는 이에 해당되는 것이 발견되지 않는다. 이것은 정주 방언의 '지레' 또는 '지리'에서 온 것으로 볼 수밖에 없지 않은가 한다. '지레밟다' 또는 '지리밟다'는 발밑에 있는 것을 힘을 주어 밟는 동작을 가리킨다. 『평북사전』에 '지리디디다'(발밑에 든 물건이 움직이거나 빠져나가지 못하도록 짓눌러 디디다)가 보인다.

문제는 이렇게 볼 때, '즈려밟고'와 그 위에 있는 '삽분히' 사이에 의미상의 어긋남이 생기는 점이다. 그러나 이렇게 생각하는 것은 잘못이다. 풀밭을 걸어갈 때, 아무리 가만히 밟아도, 풀이 발밑에서 쓰러진다. 이렇게 힘을 준 것과 동일한 결과가 될 때, 역시 '지리밟다'를 쓰는 것은 정주 방언에서는 조금도 어색한 일이 아니다. 위의 시에서는 꽃을 밟는 동작인데, 이 경우는 아무리 사뿐히 한다 해도 잔혹한 결과가 된다. 이렇게 볼 때, '삽분히 즈려밟고'란 표현의 참뜻을 이해하게 된다."(이기문, 「소월 시의 언어에 대하여」, 『한국시가문학연구』, 신구문화사, 1983.)

6 클리언스 브룩스, 『잘 빚은 항아리』, 이명섭 옮김, 종로서적, 1984, 5-7쪽에서 요약.

| 03 | 춘설(春雪) ― 정지용

✦ 원본시

春雪

정지용
시집 『백록담(白鹿潭)』(1941년) 중에서

문 열자 선뜻!
먼 산이 이마에 차라.

雨水節 들어
바로 초하로 아츰,

새삼스레 눈이 덮힌 뫼뿌리와
서늘옵고 빛난 이마받이 하다.

어름 금가고 바람 새로 따르거니
흰 옷고롬 절로 향긔롭어라.

옹숭거리고 살어난 양이
아아 꿈 같기에 설어라.

미나리 파릇한 새순 돋고
옴짓 아니거던 고기입이 오믈거리는,

꽃 피기전 철아닌 눈에
핫옷 벗고 도로 칩고 싶어라.

작자

정지용(鄭芝溶, 1902~?)

1902년 음력 5월 5일에 충청북도 옥천군 옥천면 하계리 40번지에서 아버지 정태국(鄭泰國)과 어머니 정미하(鄭美河) 사이에 장남으로 태어났다. 일본 유학 시절 일본의 시 잡지《근대풍경(近代風景)》에 시 20편, 산문 3편 등 총 23편을 발표했다. 1939년 2월부터《문장(文章)》지의 시 부문 심사위원이 되어 조지훈, 박두진, 박목월, 박남수 등을 데뷔시켰다. 해방 직후, 이화여전(梨花女專) 교수로 취임해 문과과장을 역임했다. 경도 유학생 잡지인《학조(學潮)》창간호에「카페 프란스」,「슬픈 인상화」등을, 이후「이른봄 아침」(《신민(新民)》22호, 1927. 2),「바다」(《조선지광(朝鮮之光)》64호, 1927. 2),「향수(鄕愁)」(《조선지광》65호, 1927. 3) 등을 발표했다. 1930년《시문학(詩文學)》동인으로 창간호에「이른 봄 아침」,「경도압천(京都鴨川)」,「선취(船醉)」등을, 2호에「바다」,「피리」,「저녁 햇살」등을 발표했다. 1933년에 창간한《카톨릭청년》지에「해협의 오전 두시」,「곤려봉(昆盧峯)」,「임종(臨終)」,「별」,「시계(時計)를 죽임」,「불사조」,「나무」등을 발표했다.『정지용 시집(鄭芝溶詩集)』(1935)에 89편,『백록담(白鹿潭)』(1941)에 33편의 시가 수록되어 있다. 6·25동란이 일어난 후 7월경 좌익계 제자들에게 연행되어 납북되었다.

※ 주석

1   옹숭거리고: 몸을 옹그리고. 움짓 아니거던: 움직이지 않던. 핫옷: 솜옷.《문장》1권 3호(1939년 4월)에 발표.(이숭원 주해,『원본 정지용 시집』, 깊은샘, 2003, 243쪽.)

2   「춘설(春雪)」은 1939년《문장》지 4월호에 발표, 1941년 간행된 정지용의 두 번째 시집『백록담』에 수록되었다. 「춘설」이 실린 시집『백록담』을 평자들은 후기 시로 보는데, 동양적 고전주의에 침잠하는 은일의 정신으로, 시 형식의 특질을 동양적 전통에 회귀하는 산수시로 특징짓기도 하고(최동호, 「산수시의 世界와 隱逸의 精神」) '자연서정시'로 명명하기도 한다. (김종태,『정지용 詩의 空間과 죽음』, 월인, 2002, 127쪽.) 배호남, 「『백록담』의 시 형식 연구」,《한국시학연구》제35호, 2012년 11월 재인용.

3   서늘옵고 빛난: 정지용은『시의 위의(威儀)』(《문장》10호, 1939년 11월, 142쪽.)에서 "안으로 熱(열)하고 겉으로 서늘옵기란 일종의 생리를 압복시키는 노릇이기에 심히 어렵다. 그러나 시의 위의는 겉으로 서늘옵기를 바라서 말지를 않는다."라고 말하고 있다.

    "이 구절은 그의 시관을 이루는 핵심이 되고 있다고 평자들이 말하는데 시 「춘설」에 같은 구절이 나타나서 흥미롭다. 시작(詩作)에 있어서 안으로 열하고 겉으로 서늘옵게 하는 것은 시의 위의에만 국한되는 것이 아니라, 시작 원리로서 그의 시작 과정에 적용되고 있는 것이 아닐까 한다. 정지용의 이러한 태도는 감정의 절제로 나타나는데, 그의 시작에서는 슬픔이나 눈물과 같은 감정의 속성이 거의 드러나지 않고 있다."(김학동,『정지용 연구』, 민음사, 114~115쪽.)

4   매화 옛 등걸에 봄절이 도라오니 / 옛 퓌던 가지에 피염즉도 하다마는 / 춘설(春雪)이 난분분(亂紛紛)하니 필동말동하여라. (작자: 매화(梅花),『청구영언(靑丘永言)』수록.)

5   "호지무화초(胡地無花草) 춘래불사춘(春來不似春)." (모래 땅에 화초와 풀이 없을 테니 / 봄이 와도 봄을 느끼지 못했을 것.) 전한(前漢) 말기, 절세

미인 궁녀 왕소군(王昭君)이 흉노의 선우(왕)에게 시집갔다. 흉노를 달래기 위한 화친 혼인이었다. 훗날 시인은 모래로 뒤덮인 오랑캐 땅에서 삭막한 삶을 살았을 그녀를 노래했다.

6   토머스 드 퀸시, 『어느 영국인 아편쟁이의 고백(Confessions of an English Opium-Eater)』(김석희 옮김, 시공사, 2010) 참조.

| 04 | 광야 — 이육사

⚡ 원본시

광야

이육사
『陸史詩集』(서울출판사)

까마득한 날에
하늘이 처음 열리고
어데 닭 우는 소리 들렸으랴

모든 산맥(山脈)들이
바다를 연모(戀慕)해 휘달릴 때도
참아 이곳을 범(犯)하던 못하였으리라

끊임없는 광음(光陰)을
부즈런한 계절이 피어선 지고
큰 강(江)물이 비로소 길을 열었다

덧붙이기 — 원본시 · 작가 소개 · 주석

지금 눈 나리고
매화향기(梅花香氣) 홀로 아득하니
내 여기 가난한 노래의 씨를 뿌려라

다시 천고(千古)의 뒤에
백마(白馬) 타고 오는 초인(超人)이 있어
이 광야(曠野)에서 목놓아 부르게 하리라

❧ 작자

이육사(李陸史, 1904~1944)

본명은 이원록(李源祿)이다. 아호 겸 필명인 육사는 대구 형무소에 투옥되었을 때의 수인 번호가 64(또는 264)였던 데서 유래한 것으로 전해진다. 이원록은 1904년 4월 4일에 경상북도 안동군 도산면 원천동 881번지에서 퇴계 이황의 13대손 이가호(李家鎬)의 차남으로 출생했다. 그가 독립운동을 하게 된 것은 독립운동에 투신한 외가의 영향이 컸다. 그는 국내외에서 모두 17회 정도나 투옥되었다고 전해진다. 1926년 2월에 《문예운동(文藝運動)》 창간호에 시 「전시(前時)」를, 1930년 4월 《대중공론(大衆公論)》 2권 3호에 「삼익십이방(三翼十二房)」을 발표했다. 1933년 《신조선(新朝鮮)》에 발표한 「황혼(黃昏)」은 초기의 대표작이다. 1942년 《조광》 1월호에 실린 「계절(季節)의 표정(表情)」(수필)은 그가 마지막에 발표한 글이다. 그는 1926년부터 1942년까지 시 30편, 수필 9편, 평론 9편, 번역 3편 등 50여 편을 발표했다. 1943년 6월에 동대문경찰서 고등계 형사에게 체포되어 북경으로 압송되었는데 1944년 1월 16일, 중국 북경시 내구 동창호동 1호에서 40세의 나이로 사망했다. 1946년 10월 20일에 그의 유고를 정리한 『육사시집(陸史詩集)』이 발간되었다.

❧ 주석

1 荊人有遺弓者„ 而不肯索, 曰:"荊人遺之, 荊人得之, 又何索焉?" 孔子

聞之曰:"去其'荊'而可矣." 老聃聞之曰:"去其'人'而可矣." 故老聃則
至公矣(『呂氏春秋』'孟春記''貴公』).

　　(형나라 사람 중 활 잃은 자가 있으나 찾고자 하지 않으며 말하기를, "형나
라 사람이 잃었으니 형나라 사람이 얻을 것, 어찌 또 찾으리요?"라고 하였다. 공
자가 이를 듣고 말하기를 "그 '형(荊)' 자를 뺀다면 좋겠구나."라고 하였다. 노
자가 이를 듣고 말하기를 "그 '사람'이라는 단어를 빼면 좋겠구나."라고 하였다.
고로 노자가 더 위공되다 할 수 있다. ─『여씨춘추 맹춘기 귀공』.)

2　　"육사(陸史, 1904~1944) 이활(李活)은 1904년 갑진(甲辰) 음력 4월
초 4일 경상북도 안동군 도산면 원촌리 881번지에서 났다. 아은공
이가호와 김해 허씨 범산 허형의 따님 사이에서 원기(源祺), 활(活),
원일(源一), 원조(源朝), 원창(源昌) 등 5형제 중 둘째로 태어났다. 본
관은 진성(眞城), 퇴계 이황 선생의 14대손이요, 문과급제하여 삼사
(三司)를 거쳐 형조참판을 역임한 사은(仕隱) 이구운의 6대손이다.

　　초명은 원록(源綠), 두 번째 이름은 원삼(源三), 후에 활(活)이란
이름을 지어서 썼다. 자는 태경(台卿)이고 육사(陸史)란 그의 아호이
니 1927년 첫 번째 투옥에서 놈들(일본인들)이 부르는 수인번호를
취음(取音)해서 지었다고 한다. 뿐만 아니라 어떤 때에는 죽일 육자
'육사(戮史)'라고 쓴 적도 있었다."(이동영, 「이육사의 독립운동과 생애」,
《나라사랑》제16집, 1974, 110쪽.)

3　　"'까마득한 날에 / 하늘이 처음 열리고 / 어데 닭우는 소리 들렸으
랴', 이 부분의 뜻을 잘못 파악하게 하는 것은 셋째 행의 '들렸으랴'
라는 축약형이다. 이것이 축약된 어형임을 알게 하는 것은 시에 있
어서의 상상의 논리에 대한 통찰이기 때문에 그 통찰에 이르지 못
하는 독자에게는 그것이 축약형으로 보이지 않는 것이다. 그리하여
그 행을 '닭 우는 소리는 아무 데도 들리지 않았다'는 뜻으로 읽는
독자가 적지 않은 것이다. 이 행은 의문문이 아니라 추리 내지 상상
을 나타내는 문장으로 닭 우는 소리가 '들리지 않았다'는 것이 아니
라 '들렸을 것이다'라는 뜻으로 '들렸으랴'는 '들렸으리라'가 축약

된 어형인 것이다."(김종길,「육사의 시」,《나라사랑》제16집, 1974, 76쪽.)

4   광야의 시간: 우주론적으로 파악된 상황

전세(前世)—천고 전	신
현세(現世)—천고 전과 후 사이	인간
후세(後世)—천고 후	초인

5   광야의 원초적인 공간 언어: 근원적 공간 전개

1차	하늘
2차	산맥과 바다
3차	강물

6   시「광야」의 시적 변용.

실존적 세계		우주론(cosmology)
264	→(변용)	李陸史
죄수번호	→(변용)	땅과 대륙의 역사
개인, 나라의 역사	→(변용)	천지(天地)의 차원
감옥	→(변용)	광야

05 남으로 창을 내겠소 — 김상용

※ 원본시

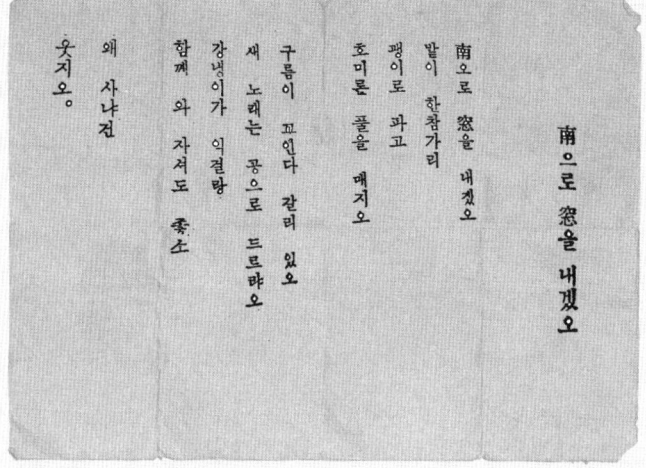

시집 『망향(望鄕)』(1937년) 중에서

※ 작자

김상용(金尙鎔, 1902~1951)

김상용(金尙鎔)은 본명이고 호는 월파(月坡)다. 1902년 음력 8월 27일 경기도 연천군 군남면 왕림리에서 태어났다. 1927년 일본 릿쿄대학 영문과를 졸업하고 1928년 이화여자전문대학에서 영문과 교수로 재직했다. 태평양전쟁을 일으킨 일본이 영문학 강의를 폐강시키자 교수직을 사임했다. 해방 후 이화여자대학교에 복귀하여 영문학을 가르치다가 1946년 보스턴대학으로 유학을 떠나 3년 동안 영문학을 공부한다. 1926년《동아일보》에 시「일어나거라」를 발표하면서 문단 활동 시작했고, 그 뒤「이날도 앉아서 기다려 볼까」,「무상(無常)」,「그러나 거문고 줄은 없고나」등을 발표했다. 그의 시가 주목을 받게 된 것은 1935년《시원(詩苑)》에「나」,「무제(無題)」,

「마음의 조각」 등 몇 편의 가작을 발표한 후부터다. 1939년에 출간된 『망향』에 「남으로 창을 내겠소」, 「괭이」, 「노래 잃은 버꾹새」, 「어미소」, 「여수」, 「향수」 등이 실려 있다. 광복 후 수필집 『무하선생방랑기(無何先生放浪記)』를 발간하였다. 또한 영문학자로서 에드거 앨런 포(Edgar Allan Poe), 키츠(John Keats), 램(Charles Lamb)의 시를 번역하여 소개했다. 1951년 음력 6월 22일 부산에서 피난 중 김활란(金活蘭)의 집에서 먹은 음식의 식중독으로 사망했다.

주석

1 이반 일리치는 책임 있게 도구를 제한하는 사회로서 절제(conviviality)의 사회를 상정하였다. 이는 절제의 사회를 수립하기 위해 도구를 재구성한다는 의미를 담고 있다. 일리치는 '기술' 대신 보다 넓은 개념으로 '도구'라는 말을 사용하지만 우리에게 익숙한 말은 아니다. 일리치가 말하는 도구란 어떤 목적을 달성하기 위해 만들어진 장치, 수단으로 기술적 도구뿐만 아니라 제도도 포함된다.

도구는 인간의 통제를 벗어나 성장할 수 있다. 그 결과 도구는 인간의 주인이 되고, 이어 인간을 처형하는 사형집행인이 된다. 도구는 인간의 예상보다 더 빠르게 인간을 지배할 수 있다. 자연의 복수는 선조보다 생존 능력이 부족한 자손을 낳을 수 있고, 후손에게 더욱 적합하지 않은 세계에 태어나게 할 수 있다. 도구를 사용하는 인간은 마법사의 제자가 될 수도 있다.

일리치는 산업주의적 사회를 반대하고 반산업주의적인 절제의 사회를 옹호하는데, 그가 반대하는 산업주의적 사회란 인간에게 교육이란 미명으로 학교를, 건강이란 미명으로 병원을, 편리와 속도란 미명으로 자동차를 강제하는 것과 같은 사회를 말한다. 반면 그가 옹호하는 절제의 사회는 인간이 스스로 배우고 병을 고치며 걷거나 스스로 바퀴를 굴려 이동하는 자율적 사회를 말한다. (이반 일리치, 『절제의 사회(Tools for Conviviality)』 박홍규 옮김, 생각의나무, 2010.)

2 이백(李白)의「산중문답(山中問答)」: 問余何事棲碧山(문여하사서벽산)/笑而不答心自閒(소이부답심자한)/桃花流水杳然去(도화유수묘연거)/別有天地非人間(별유천지비인간); 왜 산에 사느냐 묻길래/웃기만 하고 아무 대답 아니했지/복사꽃잎 아득히 물에 떠가는 곳/여기는 별천지라 인간 세상 아니라네.

---

06 모란이 피기까지는 ─ 김영랑

원본시

모란이 피기까지는

김영랑
《문학》3호(1934년 3월)

모란이 피기까지는
나는 아즉 나의봄을 기둘리고 잇을테요
모란이 뚝뚝 떠러져버린날
나는 비로소 봄을여흰 서름에 잠길테요
五月어느날 그하로 무덥든날
떠러져누은 꼿닙마져 시드러버리고는
천지에 모란은 자최도 업서지고
뻐처오르든 내보람 서운케 문허젓느니
모란이 지고말면 그뿐 내 한해는 다 가고말아
삼백예순날 하냥 섭섭해 우옵내다
모란이 피기까지는
나는 아즉 기둘리고잇을테요 찬란한슬픔의 봄을

덧붙이기 ─ 원본시 · 작가 소개 · 주석

※ 작자

김영랑(金永郎, 1903~1950)

본명은 윤식(允植)이다. 영랑(永郎)은 그의 아호인데, 《시문학》 창간호에 시를 발표할 때부터 필명으로 사용했다. 1902년 음력 12월 18일(1903년 1월 16일) 전라남도 강진군 강진읍 남성리 221번지에서 아버지 김종호(金鍾湖)와 어머니 김경무(金敬武) 사이에 장남으로 태어났다. 1920년에 일본 동경으로 건너가서 청산학원(青山學院) 중학부에 편입했으나 1923년 관동 대지진으로 귀국했다. 1930년 3월 5일에 창간된 《시문학》 1호에 「동백잎에 빛나는 마음」, 「언덕에 바로 누워」, 「누이의 마음아 나를 보아라」, 「제야(除夜)」, 「쓸쓸한 뫼 앞에」, 「원망」 등 6편과 4행으로 된 시 「四行小曲 七首」 등 13수의 시를 발표하면서 문단 생활을 시작했다. 그리고 사망하기까지(1950년) 계속 시를 썼다. 《시문학》 2호와 3호에 16수의 시를, 《문학》에 8수의 시를 발표했다. 1951년 발행된 첫 시집 『영랑시집(永郎詩集)』에 53편의 시가 수록되었다. 1939년 《시림(詩林)》 1호에 「전신주(電信柱)」, 《문장》 10호에 「독(毒)을 차고」 등을, 1940년 「한줌 흙」(《조광》 6권 3호), 「집」(《인문평론》, 8월), 「춘향(春香)」(《문장》, 9월) 등을 발표했다. 1950년 6월에 《신천지》에 발표된 「오월한(五月恨)」은 그의 마지막 작품이다. 1950년 9월 29일 오전 1시, 서울 성동구 신당동 290번지의 4호에서 전쟁 중 아군과 적군의 공방전 틈에서 총탄을 맞고 사망했다.

※ 주석

1   허신(후한, 서기전 58-147), 설문해자(說文解字).

2   설총이 지은 「화왕계(花王戒)」에서 모란은 왕으로 의인화. 화왕(花王:모란)이 아첨하는 미인(美人: 장미)과 충간하기 위해 베옷에 가죽띠를 두른 차림으로 찾아온 백두옹(白頭翁:할미꽃)을 두고 누구를 택할까 망설이자, 백두옹이 화왕에게 했다는 이야기다. 설총이 신문왕(神文王)을 깨우치기 위해 지었다 한다.

3   모란의 상징: [부귀, 미인, 공명]: 신부의 예복인 원삼이나 활옷에 모

란꽃을 수놓았다. 또 왕비나 공주의 옷도 모란 문양으로 장식했다. 덕스럽고 복 있는 미인을 활짝 핀 모란꽃에 비겼다. 또 선비의 청운의 꿈이 담긴 책거리에도 모란꽃을 그렸는데, 부귀와 공명을 상징하기 때문이다. [화목] 모란은 여러 그루가 함께 피어야 아름답다. 그러한 모습은 부귀와 영화를 누리며 화목하게 지내는 가정을 상징한다. 그래서 모란으로 꾸민 병풍을 모란병이라 하여 혼인식 등 경사스러운 날에 썼다. [중국: 황제의 꽃]: 모란은 양에 속하는 꽃으로, 국화나 난초가 여성 상징인 것에 대응되는 남성 상징의 꽃이다. 빛, 영광, 사랑, 행운, 여름, 청춘을 상징한다. 모란에는 꿀벌 이외의 곤충은 가까이하지 못한다고 생각되어 황제의 꽃이라 불렸다. [풍류] 중국인은 모란을 매우 사랑하여 모란꽃 아래서 죽는 것을 풍류로 여긴다. [성실] 모란은 중국적 부귀와 사치의 꽃으로 윈난(雲南)이 본고장이라는 설이 있다. 연꽃이 인도산으로 불교와 관계 깊음에 비해 모란은 중국이 원산으로 부귀와 성실을 상징하여 중국인이 가장 좋아하는 꽃이다. 모란의 명소로는 중국인이 가장 좋아하는 자은사, 서명사, 숭경사, 여태사 등을 꼽았다. (『한국문화상징사전』, 1995, 221-222쪽.)

4   『시시포스의 신화』: 카뮈의 나이 29세이던 1942년 『시시포스의 신화』라는 철학평집에서, 도대체 이 세상에서 산다는 게 무슨 의미인가? 이런 의문을 품고 그리스 신화의 세계로 들어가 시시포스가 무엇 때문에 그토록 삶에 연연했던가를 관찰했다. 카뮈가 이런 고민에 빠진 것은 나치즘의 발호 속에 수천만의 인간들이 파리 목숨으로 전락하던 시기를 배경으로 한다. 그리고 한참 뒤에 그는 두 팔을 번쩍 들며 "시시포스 만세"를 외쳤다. 그가 보기에 시시포스는 승리자였다. 왜 그런가? 인간이 죽어야 한다는 것은 참으로 부조리한 운명이다. 도대체 말이 안 된다. 그런데 사실 세계란 것은 원래가 그렇게 말이 안 되는 것이다. 시시포스는 그 부조리에 도전했다가 패배함으로써 부조리한 자신의 존재를 자각한 자이다. 이 자각은 그리

스 비극의 주인공들에게 공통되는 것, 그렇듯 부조리한 세계를 직시하는 것이야말로 인간의 승리라고 카뮈는 결론짓는다.

『시시포스 신화』: 시시포스는 고대 그리스 신화의 인물로서 코린토스 시를 건설한 왕이었다. 시시포스는 꾀가 많은 것으로 명성을 떨쳤는데 욕심이 많고 속이기를 좋아했다. 시시포스는 죽음의 신 타나토스가 그를 데리러 오자 오히려 타나토스를 잡아 족쇄를 채워 한동안 아무도 죽지 않았다. 결국 전쟁의 신 아레스가 와서 타나토스를 구출하고 시시포스를 데려갔다. 하지만 시시포스는 죽기 전 꾀를 내어 아내에게 죽으면 제사를 지내지 말라고 일러뒀다. 그래서 저승에서 제사를 받지 못하자 저승의 신 하데스에게 아내에게 제사를 지내도록 설득하기 위해 이승으로 다시 보내줄 것을 부탁했다. 그러나 코린토스에 가서는 저승에 돌아오기를 거부해 나중에 헤르메스가 억지로 돌려보냈다. 그는 저승에서 벌로 큰 돌을 가파른 언덕 위로 굴려야 했다. 정상에 올리면 돌은 다시 밑으로 굴러 내려가 처음부터 다시 돌을 굴려 올리는 일을 시작해야 했다.

5 역설적 발언이, 일상적인 용도에서는 서로 모순되는 두 용어를 결합할 때에는 당착어법, 모순어법(oxymoron)이라고 말한다. 예를 들면 테니슨의 "오, 삶 속의 죽음, 사라진 날들(O Death in life, the days that are no more)", 또는 "쾌락의 고통", "나는 불타면서 얼어붙는다", "사랑의 증오" 등을 들 수 있다.

6 영랑의 개인사를 보면, 대숲과 모란으로 둘러싸인 탑골 고가(古家)에서 바라다 뵈는 다도해 연안, 영랑은 그곳에서 태어나 자랐고, 또 그 생애의 대부분을 보내면서 시를 썼다.(『한국현대시인연구 3, 김영랑』, 문학세계사, 김학동 편저, 186쪽.) 영랑은 정원에 수백 그루의 모란을 가꾸고 호쪽과 북을 벗 삼아 시심을 가꾸고 있었다. 그리고 그의 집 옆에 정구장을 닦아 자신의 건강관리를 위해 정구를 치기도 하였다. 휘문 재학 시절에는 축구 선수였다고 한다.(『한국현대시인연구 3, 김영랑』, 문학세계사, 김학동 편저, 170쪽.)

영랑은 국악을 좋아했는데 그중에서도 특히 남도창을 무척 좋아했다고 서정주가 쓴 「永郎의 일」에 언급된다. "남창(男唱)으론 임방울의 소리를 좋다 하고 여창(女唱)으론 이화중선(李花中仙)과 그 아우 이중선(李中仙)의 소리를 좋다고 소개하면서, 특히 이중선의 소리엔 '촉기(燭氣)'가 있어 더 좋다고 했다. 촉기라 하는 것은 무엇인가 물으니, 그것은 같은 슬픔을 노래 부르면서도 그 슬픔을 딱한데 떨어뜨리지 않는 싱그러운 음색의 기름지고 생생한 기운을 말하는 것이라 했다."(『한국현대시인연구 3, 김영랑』, 문학세계사, 김학동 편저, 190쪽.)

07 깃발 — 유치환

❧ 원본시

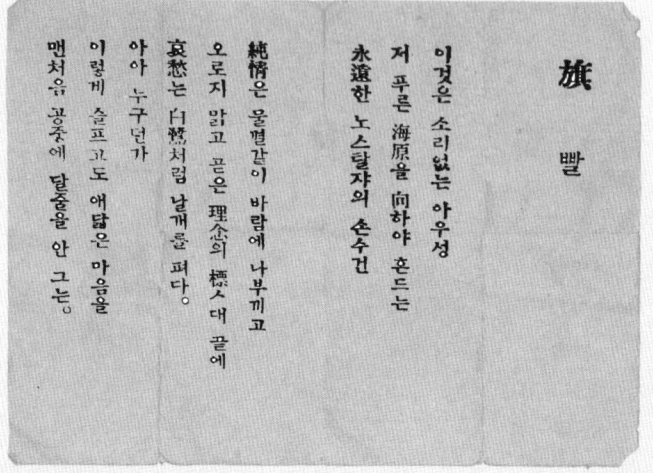

『청마시초』(1939년)에 수록된 旗빨

❧ 작자

유치환(柳致環, 1908~1967)

유치환(柳致環)은 그의 본명이다. 아호는 청마(靑馬)로 본명 이상으로 널리 알려져 있다. 1908년 7월 14일에 경남 통영군 통영면 동부동(현 충무시 태평동) 5통 16호에서 아버지 유준수(柳焌秀)의 5남 3녀 중 차남으로 태어났다. 1927년 4월에 연희전문 문과에 입학했다가 바로 중퇴하고 낙향했다. 1928년에 도일한 그는 사진 학원에 다니다 1929년에 귀국했다. 1935년에 부산 화신연쇄점에 취직하여 1년간 근무했다. 통영협성상업학교(統營協成商業學校), 통영여자중학교 교사를 거쳐 경남 안의중학교(安義中學校) 교장, 경주고등학교(慶州高等學校) 교장, 경북대학교(慶北大學校) 문리대 강사, 경주여자중고등학교(慶州女子中高等學校) 교장, 대구여고(大邱女高) 교장, 경남여자고등학교(慶南女子高等學校) 교장으로 근무한 후, 다시 부산남여자상업고교(釜山南女子商業高校) 교장으로 근무했다. 1932년 12월 《문예월간》 제2호에 「정적(靜寂)」을 발표함으로써 문단에 데뷔했다. 1967년 2월 13일 오후 9시 30분 부산시 좌천동 미성극장 앞길에서 교통사고로 사망했다.

주석

1. 「깃발」은 1936년 1월 《조선문단》에 발표되었다. 1939년 청마의 첫 시집 『청마시초(靑馬詩抄)』에는 시구가 수정되었다. 현재 알려진 "이렇게 슬프고도 애닲은 마음을"은 《조선문단》에서 "이렇게 슬프고도 삼가한 마음을"로 수록되었다.

2. 청마의 시 「아꾸(鮫鱇)」: 어부의 집인가//푸른 바닷가/푸른 장대 끝/영광처럼 높다랗게/짜개서 매달린 한 마리/아꾸//승천하는 어물이여/너는 본시/저 해심의 밀림 속/박암의 욕정에 엎드려 살며/욕된 생식만을 사명 살던 자//그런 수렁 같은 너의 아집으론/오직 괴괴스런 저승이던 여기/정녕 눈부신 빛보라 속/그 칙칙한 올개니즘일랑 말끔히 갈라/무한 순수의 깃발//(생략)

3. * 청마의 문학사적 위치: "1930년대의 또 하나의 대표적 경향은 세칭 인생파라고 불리는 일군이다. 다분히 윤리와 의지를 서정(抒情)하는 시인들─직접적으론 모더니즘의 감각성, 부박성(浮薄性), 그 말단의 기교주의에 반기를 들고 일어선 시인으로 이 경향을 대표한 시인은 유치환, 서정주, 오장환이다. 유치환의 준열한 논고, 서정주의 반항의 몸부림, 오장환의 통곡은 그 당시의 시대적 배경이 그러했고 현대 정신의 심연에 직면하여 또는 시단의 경박한 풍조에 반항하여 어쩔 수 없는 자세로 나타나게 된 것이다. 여기에 이 일군 시인들의 시사적 의의가 있다. 유치환의 이 자세는 아직도 변함이 없으나 서정주는 긍정의 세계로, 신비주의로 달리고, 오장환은 월북하여 당에의 복무를 노래하여 이 일군의 경향은 색조가 많이 달라지

게 되었다.(조지훈,《한국시》제1집, 1960. 4.)

* 청마론:「무기교의 기교」(김동리,『유치환시선』(정음사, 1958.) /「지사기질(志士氣質)」(김윤식, 김현,『한국현대시론비판』, 1976.) / :「대가시(大家詩)」(김종길,「非情의 철학」,『詩論』, 탐구당, 1965, 56-57쪽.) (오탁번,「청마유치환론」,《어문론집》21집, 고려대학교, 1980. 4.)

* 대가(大家)의 조건: (1) 시력(詩歷)이 길고 작품량이 많을 것, (2)작품의 수준과 그 지속, (3)시의 풍격(風格) (김종길,「풍격(風格)과 수사(修辭)」,『심상』, 1977. 4.)

* 청마는 의지(意志)의 시인, 더 구체적으로 '허무의 의지'를 수용한 시인으로 불리어왔고, 또 이런 문학적 초상으로 문학사에서 중요한 자기 위치를 확보했다.(김준오,「허무와 비의지적 자아」,『한국 현대시 평설』, 문학세계사, 1983, 191-192쪽.)

08 나그네 — 박목월

❧ 원본시

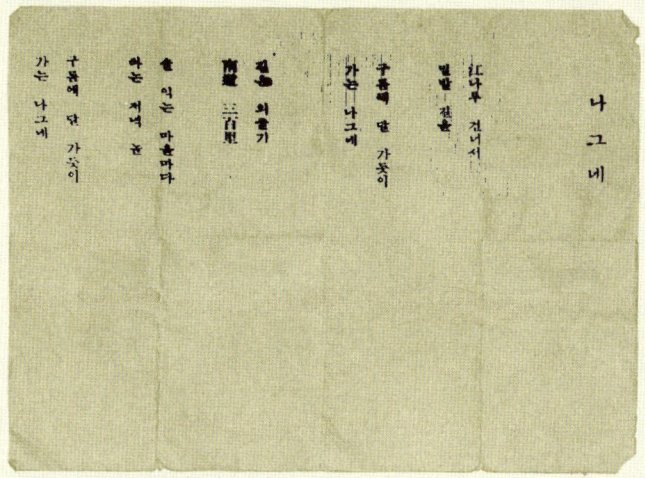

시집 『청록집』(1946년) 중에서

❧ 작자

박목월(朴木月, 1916~1976)

본명은 영종(泳鍾)이며 목월은 필명이다. 1916년 1월 6일 경상북도 월성군 서면 건천리 모량마을 571번지에서 아버지 박준필(朴準弼)과 어머니 박인재(朴仁哉) 사이의 2남 2녀 중 장남으로 태어났다. 1947년 대구 계성중학교(啓聖中學校)를 거쳐, 1949년에는 서울 이화여고(梨花女高)의 교사로 근무했다. 1953년에는 서라벌예대와 홍익대 강사로 활동했으며, 1956년 한국시인협회(韓國詩人協會)를 결성했고, 기관지 《현대시(現代詩)》와 연간 시집 『시(詩)와 시론(詩論)』을 발행했다. 1962년 한양대 국문과 교수로 임용되었고, 그 다음해에 당시 대통령 영부인 육영수(陸英修)의 개인 교수로 발탁되었고, 1968년 2월에는 한국시인협회(韓國詩人協會) 회장에 취임해 사망 전까지 활동하였다. 문단에는 1939년 정지용의 추천으로 데뷔했다. 1939년 《문장》지 9월호에 「길처럼」, 「그것은 연륜(年輪)이다」로 1회 추천, 12월호에 「산그늘」이 2회 추천, 1940년 9월호에 「가을 어스름」과 「연륜(年輪)」이 3회 추천됨으로써 정식으로 문단에 데뷔했다. 그의 시 세계는 초기 『청록집(靑鹿集)』(1946), 『산도화(山桃花)』(1954)의 세계, 중기 『난(蘭)·기타(其他)』(1959), 『청담(晴曇)』(1964)의 세계, 후기 『경상도(慶尙道) 가랑잎』(1968), 『무순(無順)』(1976), 신앙 시집 『크고 부드러운 손』(1979)의 세계로 구별된다. 1976년 12월 24일 오전 8시 서울 용산구 원효로 4가의 자택에서 숙환인 고혈압으로 사망했다.

※ 주석

1 "'차운산 바위 우에 하늘은 멀어/산새가 구슬피 울음 운다.//구름 흘러가는/물길은 칠백 리//나그네 긴 소매 꽃잎에 젖어/술 익는 강마을의 저녁 노을이여.//이 밤 자면 저 마을에/꽃은 지리라//다정하고 한 많음도 병인 양하여/달빛 아래 고요히 흔들리며 가노니……' (조지훈, 「완화삼(玩花衫)-목월에게」) 이것은 「완화삼」, 그(조지훈)가 나(박목월)를 위하여 준비해온 작품의 한 절이었다. 육필로 씌어진 그의 작품을 처음으로 대하게 된 것도 이 작품이었다. 큼직하고도 아름다운 모조지에 연한 보랏빛(인가)으로 인쇄된 원고지-그 독특한 지훈의 필체로 획 하나 헛갈리지 않게 씌어진 것이었다. 이 작품의 동양적인 발상과 감각, 화사하면서도 신비로운 이미지, 유창하면서도 구슬픈 율조는 내가 처음 대하는 그의 전신에서 풍기는 것과 다를 바가 없었다."(박목월, 「지훈 회상」, 조지훈, 『저 바람 속에 꽃이 피리라』, 열음사, 1985.)

2 Let us then, you and I,/When the evening is spread out against the sky/Like a patient etherised upon a table; ("자 가세, 너와 나,/마취되어 수술대 위에 누워 있는 환자 모양/저녁이 하늘을 뒤로 하고 널부러져 있을 때:) (T. S. 엘리엇, 「프루프록의 사랑 노래」, 『황무지』, 황동규 옮김, 민음사, 1995, 1절.)

09 향수(鄉愁) — 정지용

❉ 원본시

鄉愁

정지용

《조선지광》 65호(1927년 3월)

넓은 벌 동쪽 끝으로
옛이야기 지줄대는 실개천이 회돌아 나가고,
얼룩백이 황소가
해설피 금빛 게으른 울음을 우는 곳,

―그 곳이 참하 꿈엔들 잊힐리야.

질화로에 재가 식어지면
뷔인 밭에 밤바람 소리 말을 달리고,
엷은 조름에 겨운 늙으신 아버지가
짚벼개를 돋아 고이시는 곳,

―그 곳이 참하 꿈엔들 잊힐리야.

흙에서 자란 내 마음
파아란 하늘 빛이 그립어
함부로 쏜 활살을 찾으려
풀섶 이슬에 함추름 휘적시든 곳,

덧붙이기 ― 원본시 · 작가 소개 · 주석

―그 곳이 참하 꿈엔들 잊힐리야.

傳說바다에 춤추는 밤물결 같은
검은 귀밑머리 날리는 어린 누의와
아무러치도 않고 여쁠것도 없는
사철 발벗은 안해가
따가운 해ㅅ살을 등에지고 이삭 줏던 곳,

―그 곳이 참하 꿈엔들 잊힐리야.

하늘에는 석근 별
알 수도 없는 모래성으로 발을 옮기고,
서리 까마귀 우지짖고 지나가는 초라한 집웅,
흐릿한 불빛에 돌아 앉어 도란 도란거리는 곳,

―그 곳이 참하 꿈엔들 잊힐리야.

※ 주석

1 지줄대다: ① 낮은 목소리로 자꾸 지껄이다. ② 새 따위가 서로 어울려 자꾸 지저귀다.(최동호 편저, 『정지용 사전』, 고려대학교 출판부, 2003, 295쪽.)

2 해설피: 해가 설핏하게 기울어진 모양('설핏'은 해의 밝은 빛이 약해진 모양을 말한다)[해가 설핏한 무렵에(유종호), 해가 기울어 그 빛이 약해진 모양 또는 해질 무렵(문덕수/이승훈/김재홍/김학동), 헤프고 슬프게(민병기), 입을 어설프게 또는 헤벌쭉하게 벌리고 있는 모양(박경수), '어설피'의 이형으로 꼭 짜이지 못하여 조밀하지 않다는 뜻(이희중)] (최동호 편저, 앞책, 344쪽.)

3 귀밑머리: 조선시대에 결혼 안 한 여자들이 많이 하던 머리 모양으

로, 양쪽 귀밑머리를 뒤에서 모아 다른 머리와 함께 다시 하나로 땋
은 뒤 홍색 댕기를 드리웠다. 이때 양반집 처녀는 귀밑머리로 귀를
가린 데 반해 평민의 경우 귀를 가리지 않았다. (『두산백과』)

4 줏던: 줍던 (최동호, 앞책, 291쪽.)
5 석근: 여러 모양의 별들이 섞여 빛나는 모습, [사이가 뜬 혹은 섞인(유
종호), 크고 작은 별들이 섞인 모습(민병기), 듬성듬성한 또는 뒤섞여
있는(김학동), 사이가 배지 아니하고 뜨다(사에구사 도시카스), 크고 작
은 별들이 얼크러져 있는 모습(김재홍), 듬성듬성한(이숭원), 저녁의
어스레한 때의 별(박경수)] (최동호 편저, 앞책, 179쪽.)
6 서리 까마귀: 찬 서리가 내리는 가을철의 까마귀들[힘없고 초라한
까마귀(민병기), 무리를 이룬 떼 까마귀(김재홍/사에구사 도시카스), 서
리 병아리의 창조적 변형(유종호)].(최동호 편저, 앞책, 178쪽.)
7 Who has seen the wind?/Neither I nor you/But when the leaves
hang trembling/The wind is passing through.//Who has seen the
wind?/Neither you nor I/But when the trees bow down their
heads/The wind is passing by (누가 바람을 보았는가/나도 너도 보지 못
했다/하지만, 나뭇잎이 흔들릴 때/바람은 지나간 것이다.//누가 바람을 보았
는가?/너도 나도 보지 못했다./하지만 나무들이 그들의 머리를 숙일 때/바람
은 지나간 것이다.) ─ 크리스티나 로제티, 「누가 바람을 보았는가」.
8 최동호는 「산수시의 世界와 隱逸의 精神」에서 정지용의 시를 세 단
계로 구분했다. 첫째가 '1925년경부터 1933년경까지의 감각적인
이미지즘의 시'의 단계인데 시 「향수」가 여기에 해당된다. '1933년
「不死鳥」이후 1935년경까지의 가톨릭 신앙을 바탕으로 한 종교적
인 시' 그리고 「玉流洞」(1937), 「九城洞」(1938) 이후 1941년에 이르
는 '東洋적인 정신의 시' 등이 그것이다. (최동호, 「산수시의 世界와 隱
逸의 精神」, 『하나의 道에 이르는 詩學』, 고려대출판부, 1997, 127쪽.)
9 "정지용이 그린 세계가 물질적 궁핍과 힘겨운 노동에서 자유롭지
못한, 다시 말해서 유토피아로서 갖추어야 할 최소한의 물질적 기

반을 갖추지 못한 공간이지만, 주목해야 할 것은 이와 같은 궁핍과 노동의 고통이 별로 비극적이거나 절실하게 느껴지지 않는다는 점이다. 이는 궁핍과 고달픈 노동의 흔적이 이 시의 서정적 아름다움에 압도되기 때문이다. 이는 향수의 농촌 공간이 사실적인 공간이 아니라 어떤 특별한 가치, 즉 도시나 근대가 결여한 어떤 가치를 향토로 되살려낸 것이다. 이 가치의 핵심은 따뜻한 소통이 가능한, 즉 가족을 포함한 공동체와 그것을 에워싼 아름답고 조화로운 세계로서, 일종의 의사 유토피아적 공간으로 읽혀지는 것은 이 때문이다. 이것은 그가 어떤 특별한 시각, 다시 말해 근대 체험과 서구적 교양을 통해 형성된 눈으로 농촌을 바라보고 있음을 말해준다."(오성호, 「'향수'와 '고향' 그리고 향토의 발견」, 《한국시학연구》 제7호, 2002.11.15. 한국시학회, 175-180쪽.)

10. 「향수」의 공간 이동:

첫 연	→	끝 연
수평적 공간	→	수직적 공간
벌판으로 퍼져가는 황소 울음소리	→	도란거리는 인간의 속삭임
열린 바깥 공간	→	닫힌 집 안의 공간
밝은 태양	→	희미한 등불
벌판의 확산	→	방 안의 응축

10 사슴 ─ 노천명

✣ 원본시

사슴

노천명
『산호림』(1938년)

목아지가 길어서 슬픈 짐승이여
언제나 점잔은편 말이 없구나
冠이 香그러운 너는
무척 높은 族屬 이었나 부다

물속의 제 그림자를 듸려다 보고
일헛든 傳說을 생각해 내곤
어찌 할수 없는 鄕愁에
슬픈목아지를하고
먼데山을 처다본다

✣ 작자

노천명(盧天命, 1911~1957)
노천명은 1911년 9월 1일에 황해도 장연군 전택면 비석포(리) 281번지에서 아버지 노계일(盧啓一)과 어머니 김홍기(金鴻基)의 사이에 차녀로 출생하였다. 1930년 이화여자전문학교 영문과에 입학해 1934년 3월 졸업하고《조선중앙일보》학예부 기자로 입사했다. 1938년《여성(女性)》지를 거쳐 1943년《매일신보》문화부,《서울신문》,《부녀신문》에서도 근무했다. 6·25동란이 일어났을 때 피난을 가지 못해 서울에 남아 있다 부역 혐의로 큰 고초를 당한다. 처녀시집인 『산호림(珊瑚林)』(1938년)에는 「자화상(自畵像)」, 「사슴」, 「장날」, 「연잣간」, 「생가(生家)」 등 49편이 수록되어 있다. 1945년 2월에 출간된 시집 『창변(窓邊)』에 「길」, 「고향(故鄕)」, 「푸른 오월(五月)」, 「촌경(村景)」, 「춘향(春香)」 등 시 29편이 실려 있다. 1950년 1월에 《문예》지에 「검정나비」를 발표했다. 1953년에 시집 『별을 쳐다보며』에 「별을 쳐다보며」, 「희망(希望)」, 「설중매(雪中梅)」, 「검정나비」, 「북(北)으로 북(北)으로」, 「눈보라」 등 40편을 발표했다. 1957년 사망할 때까지 시 「어머니」, 「오월(五月)의 노래」, 「가난한 사람들」, 「나에게 레몬을」 등을 발표했다. 1957년 6월 16일 새벽 1시 30분에 서울특별시 종로구 누하동 자택에서 사망했다. 1958년에 유고 시집 『사슴의 노래』가 출판되었다.

※ 주석

1   시집 『산호림』(천명사, 1938)에서는 '생각해내곤', '쳐다본다'가 시집 『별을 쳐다보며』(희망출판사, 1953)에서는 '생각해내고는', '바라본다'로 되어 있다.

2   사슴이 작가의 자아, 혹은 자화상이라는 견해:

    * "이 8행밖에 안 되는 짧은 시 속에 천명의 상(像)이 잘 담겨져 있다. 물속의 제 그림자를 들여다보고 잃었던 전설을 되찾는 향수는 천명이 무한히 갈구하는 정신인 것이다. 「사슴」은 한마디로 천명의 고독의 표상이었다." (이성교, 「노천명연구」, 『성신여자사범대학연구논문집』 1집, 1968.)

    * 흔히 '사슴'은 노천명의 대명사처럼 불리었다. 모가지가 길어서 '슬픈 짐승' 함부로 얼리어 영합하지 못하는 "높은 족속이기에 고독할 수밖에 없다고 본 사슴. 그러기에 인파 속에 오히려 고독하고, 고독은 체질화되어 결국 파라솔을 접듯이 마음을 접고 안으로 들어야 하는 비극. 천명이 표방했던 이 특질." (박요순, 「노천명시연구」, 《한국언어문학》, 8, 9집, 1970.12.)

    * 현실과 타협할 줄 몰라 대자연의 품으로 돌아가고 싶어 하는

한 마리의 사슴, 그것이 노천명의 표상(김용성, 「한국현대문학사탐방」, 1973, 336쪽, 허영자, 『한국현대시사연구』, 일지사, 1983.)

* 이인복은 시인이 '길다, 점잖다, 향기롭다'라는 세 가지 형용사로서 사슴을 자기 동일화시키면서 자기 존재의 고독을 풀이한다고 보았다. 사회현실을 직시하는 것이 아니라 자기의 모습, 그것도 그림자의 형태를 바라봄으로써 자애적 정체성에 빠졌다고 보고, 이러한 나르시시즘에서 도출해낼 수 있는 것은 잊혀졌던 전설, 잃어버린 과거의 시간밖에 없다고 보았다. (이인복, 「자애와 고독의 시인 노천명」, 『사슴』, 미래사, 1991.)

3   김현자는 "정돈된 호흡과 절제된 감수성으로 사슴이라는 대상을 통하여 자아의 높은 이상을 그려내고 있다는 점에서 자아 성찰의 세련된 면모를 보여준다. 사슴은 높은 것과 향기로운 것, 귀한 것들을 추구했던 노천명의 이데아이며 시적 지향으로 존재한다고 보았다."
(김현자, 「식물적 상상력과 절제의 미감」, 『사슴』, 노천명전집 1, 솔, 1997.)

11　저녁에 — 김광섭

❋ **원본시**

저녁에

김광섭
시집 『겨울날』(창작과비평사 刊, 1975년)

저렇게 많은 중에서
별 하나가 나를 내려다본다
이렇게 많은 사람 중에서
그 별 하나를 쳐다본다

밤이 깊을수록
별은 밝음 속에 사라지고
나는 어둠 속에 사라진다

이렇게 정다운
너 하나 나 하나는
어디서 무엇이 되어
다시 만나랴

❋ **작자**

김광섭(金珖燮, 1905~1977)
김광섭은 1905년 9월 22일에 함경북도 경성군 어대진에서 출생했다. 1924년 일본 와세다대학 영문학과에 입학했다. 1932년 대학을 졸업한 후 귀국하여 1933년 모교인 중동학교의 영어교사로 근무했다. 1927년 창간한 순문학동인지 《해외문학》과 1931년 창간한 《문예월간》에 「고독」, 「푸른 하늘의 전략」, 「고민의 풍토」 등을 발표했다. 1933년 《삼천리》에 「현대영길리시단」을 번역, 발표했고, 같은 해 시 「개 있는 풍경」을 《신동아》에, 평론 「문단 빈곤과 문인의 생활」을 《동아일보》에 발표했다. 1934년 《문학》에 「수필문학고」, 《조선문학》에 「현대영문학에의 조선적 관심」을 발표하는 등 여러 장르에 걸쳐 활발한 문학 활동을 전개했다. 1938년 첫 번째 시집 『동경』을 간행했다. 광복 후에 발표한 시로는 「속박과 해방」, 「민족의 제전」 등이 있다. 1949년 제2시집 『마음』을, 1957년 간행된 세 번째 시집 『해바라기』를 간행했다. 고혈압으로 쓰러진 후 오랜 투병생활 가운데 쓴 네 번째 시집 『성북동비둘기』(1969)와 다섯 번째 시집 『반응』을 펴냈다. 1974년 『김광섭 시 전집』을, 1975년 70세의 나이로 시선집 『겨울날』을, 이듬해인 1976년에는 『나의 옥중기』를 펴내는 등 매해 한 권 정도의 저서를 출간했다. 1977년 5월 23일, 서울 여의도 차남의 집에서 72세로 생을 마감한다.

※ 주석

1 "We are dealing with astrology, for consider is thought to be from the Latin con, 'with', and sidus, 'star.' When the ancients considered a matter in an effort to come to a decision, They consulted 'with' the 'star'." (Wilfred Funk, Litt. D. *Word Origins*, A Classic Exploration of Words and Language, Gramercy Book, New York, 1950.)

2

	1연 1, 2행		1연 3, 4행
언술의 주체	별	vs	나(사람)
배경	하늘	vs	땅
행위	내려다보다	vs	쳐다보다

3 "타자는 지옥이다(Les Autres est l'enfer)" : 1944년에 초연되었던 사르

트르의 희곡 『닫힌 문』에서 나온 말이다. 타자의 시선에 의해서 자신이 실존으로서가 아니라 하나의 대상으로 전락하게 된다는 철학 이론을 지옥이라는 배경을 통해 보여주고 있는 극. 이 극에서 지옥은 밖으로부터 닫힌 방을 의미한다. 그들은 들어올 수는 있지만, 임의적으로 자신이 선택하여 이 방 밖을 나갈 수는 없다. 『닫힌 문』에서의 핵심은 타자의 시선과 자유에 있다. 인간은 의식하고 자유로이 선택하고 행동할 수 있기에 즉자존재가 될 수 없는데도 타자의 시선은 언제나 나를 사물처럼 고정시킬 위험이 있다. 타자의 시선은 나를 규정하고 판단하므로 나의 존재는 결국 타자에게 달려 있는 것이며 타자의 시선은 내게 지옥이 되는 것이다. 타자의 시선이라는 이 지옥은 비록 육체적인 고통은 없지만 나를 실존적인 주체의 지위에서 떨어뜨려 하나의 대상으로 전락시키기에 그 어떤 고통보다도 더한 고통이다.

4   1969년 김광섭 발표 詩 「저녁에」/1970년 김환기 그림: 17- VⅡ-71 〈어디서 무엇이 되어 다시 만나랴〉; 코튼에 유채; 292 x 216cm; 1971년 《한국일보》 주최, 한국미술대상 수상 작품/1970년 최인훈 희곡 『어디서 무엇이 되어 다시 만나랴』 발표 연극 초연/1977년 이원영 각본 영화 〈어디서 무엇이 되어 다시 만나랴〉 개봉/1980년 유심초 가요 〈어디서 무엇이 되어 다시 만나랴〉 발표.

12　청포도 — 이육사

🌿 원본시

청포도

이육사
《문장》(1939년 8월)

내 고장 七月은
청포도가 익어가는 시절

이 마을 전설이 주저리주저리 열리고
먼 데 하늘이 꿈꾸려 알알이 들어와 박혀

하늘 밑 푸른 바다가 가슴을 열고
흰 돛단배가 곱게 밀려서 오면

내가 바라는 손님은 고달픈 몸으로
靑袍를 입고 찾아온다고 했으니

내 그를 맞아 이 포도를 따 먹으면
두 손은 함뿍 적셔도 좋으련

아이야 우리 식탁엔 은쟁반에
하이얀 모시 수건을 마련해 두렴

※ 주석

1   7월에 대하여: 이육사 5형제가 그들의 모친 회갑연을 맞아 『시경』의 빈풍칠월장(豳風七月章)을 필사한 병풍을 만들어 모친께 헌사하였다고 한다. 그리고 이와 관련한 사실로, 육사가 남경에 있을 당시 어느 골동점에서 모시칠월장(毛詩七月章) 한 편을 새긴 비취인장을 얻어 그것을 몹시 아꼈음을 수필 「연인기(戀印記)」에서 밝히고 있다. (김학동, 『이육사전집』새문사, 1986, 228쪽.)

2
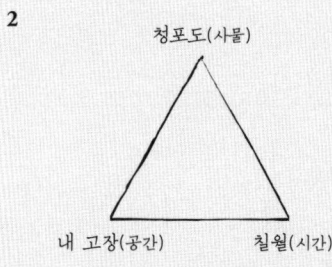

3
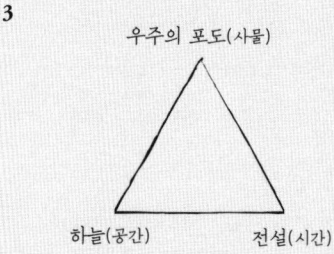

4
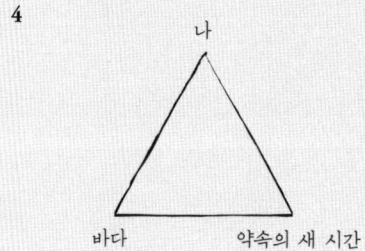

5

포도 이미지의 변화

1연	2연	3, 4, 5, 6연
7월의 청포도 (눈으로 보는 포도)	하늘, 전설 (상상하는 우주적 포도)	따먹는 포도

| 13 | 군말 — 한용운

❧ 원본시

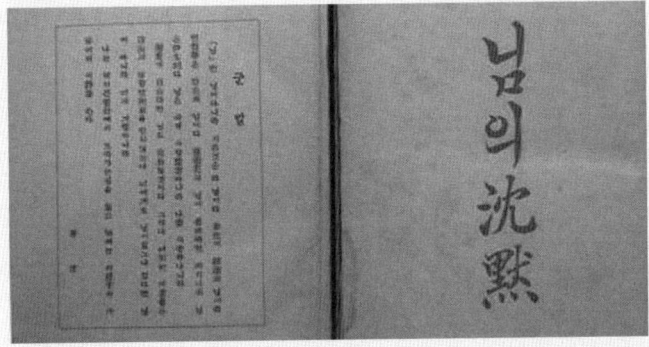

시집 『님의 침묵』(회동서관 刊, 1926년) 초판본

❧ 작자

한용운(韓龍雲, 1879~1944)
본명은 한유천(韓裕天)이고 용운(龍雲)은 그의 법명이고 만해(萬海)는 법호다. 1879년 8월 29일에 충청남도 홍성군 결성면에서 아버지 한응준(韓應俊)과 어머니 창성 방씨(方氏) 사이에 차남으로 출생했다. 1905년에 백담사의 김연곡(金蓮谷) 스님을 만나 불교에 귀의한다. 1913년 『조선불교유신론(朝鮮佛敎維新論)』을 발표하고, 1914년 대장경을 간추려 『불교대전(佛敎大典)』을 발간했다. 1919년에는 33인 민족 대표로 「독립선언서」에 서명하고 앞장서서 활약하였다. 1930년에 비밀결사단체 만당(卍黨)을 조직하여 10여 년 동안 조국 독립을 위한 민족 투쟁을 벌인다. 처음으로 발표한 시는 1918년 9월 《유심(惟心)》지 1호에 게재한 「심(心)」이다. 1926년 5월 20일에 발표한 시집 『님의 침묵(沈默)』에 대표 시 「님의 침묵(沈默)」을 비롯해 시 90여 편이 실려 있다. 수필 「고학생(苦學生)」(《유심》, 1918), 「전가(前家)의 오동(梧桐)」(《유심》, 1918), 「남모르는 나의 아들」(《별건곤(別乾坤)》, 1930), 「비바람」(《불교》, 1931), 「겨울밤 나의 생활(生活)」(《혜성(彗星)》, 1931), 「서백리아(西伯利亞)를 거쳐 서울로」(《삼천리》, 1933), 「최후(最後)의 오분간(五分間)」(《조광》, 1935) 등 여러 편을 발표하였다. 그 외에 5편의 소설과 다수의 불교 평론과 유작 시 50여 편이 『한용운연구(韓龍雲研究)』 및 『한용운전집(韓龍雲全集)』에 실려 있다. 만년에 중풍으로 고생하였는데, 영양실조까지 겹쳐 1944년 6월 29일 성북동 심우장(尋牛莊)에서 사망했다.

주석

1 사포(Sappho, 기원전 612-560) : 그리스의 작은 섬, 레스보스에 살던 여류 시인. 사포는 자신이 살아가고 사랑하며 느끼는 모든 것들을 시로 표현해냈다. 그녀의 시는 당대 그리스 사람들의 마음을 움직였고 오늘날까지도 그 시의 일부분은 남아 시대를 초월한 보편적인 인간의 감정을 잘 표현하는 서정시의 대명사로 알려져 있다.

2 「기미독립선언문」: 독립선언서는 조선이 주권을 가진 독립국임을 선언한 문서로 1919년 3월 1일의 독립운동 때 민족 대표 33인이 독립을 선언한 글이며 한용운이 낭독했다.

3 『조선불교유신론』: 한용운이 저술하였으며 총 17개 항목으로 구성된 불교 유신운동의 이념을 담고 있다. (1913.5. 불교서관 간행) 한용운은 불교유신을 우상 파괴로부터 시작해야 한다고 강조하고 승려들도 현대 교육을 시키고 승려들의 결혼을 허용해야 하며, 깊은 산속

에 있는 사원이 도시로 진출해야 하며, 승려들도 노동을 해서 생활해야 하며 염불당을 폐지하고 미신 신앙, 기복 신앙을 타파하자고 주장한다.(한용운, 이원섭 옮김, 『조선불교유신론』, 운주사, 1992.)

4 마치니(Giuseppe Mazzini, 1805-1872): 이탈리아의 정치 지도자. 청년 이탈리아당 및 청년 유럽당을 결성하고 밀라노 독립운동에도 참가하였으며 빈곤한 망명 생활을 하며 여러 차례 군사 행동을 일으켰으나 전부 실패하였다. 1827년 카르보나리당에 입당하는 한편 낭만주의 문학을 연구하여 이탈리아의 도덕적 혁신의 필요성을 강조하였다. 1830년 카르보나리당의 비밀 활동이 발각되어 체포되었다가 마르세유로 망명하였다. 사르데냐 왕국의 왕 카를로 알베르토에게 이탈리아 통일에 앞장서줄 것을 요청하였고, 1831년 청년 이탈리아당을 결성하여 자유, 독립, 통일을 표방, 이탈리아를 공화 정치로 통일할 것을 호소하였다. 1834년 청년 유럽당을 창설하여 유럽 각 국민에게 협력을 호소하였다. 1836년 스위스에서 추방되어 이듬해 런던으로 망명하였다. 1848년 밀라노의 독립운동에 참가하였으며 사르데냐 왕국에 의한 롬바르디아 합병에 반대, 끝까지 통일 공화국을 추구하였다. 밀라노에서의 운동이 실패한 후 루카노로 망명하였다. 1849년 로마로 가서 로마 공화국 정부의 3인위원회의 위원이 되었다. 프랑스군의 개입에 대한 저항운동을 지도하였으나 실패하고 다시 외국으로 망명하였다. 순수한 정열을 지닌 불굴의 공화주의자로 국가 통일기의 초창기 청년층에게 지대한 영향을 끼쳤다.(두산백과)

5 길을 잃고 방황하고 있는 양(「시편」 119:176; 「마태복음」 18:12-14): 길 잃은 어린양의 우화는 예수님이 말씀하신 우화다. 「마태복음」 (18:12-14)과 「누가복음」(15:3-7)에 따르면, 목자가 잃어버린 한 마리의 양을 찾으려고 99마리 양떼를 떠난다. 바리새인과 종교 지도자들이 죄인들을 환영하여 함께 식사하는 예수를 비난하자 예수께서 말씀하신 구제에 대한 세 가지 중 첫 번째 비유다. 이는 비유적으

로 불신자를 말하는 것이 아니라 믿음을 잃어가고 있는 성도, 혹은 제대로 보호받지 못한 채 버려져 있는 연약한 인생을 가리킨다. 선한 목자는 예수님을 가리킨다.

14 화사(花蛇) — 서정주

☆ 원본시

花蛇

서정주
《시인부락》 2호(1936년 12월)

麝香薄荷의 뒤안길이다.
아름다운 베암……
을마나 크다란 슬픔으로 태여났기에
저리도 징그라운 몸둥아리냐

꽃다님 같다.
너의 할아버지가 이브를 꼬여 내든 達辯의 혓바닥이
소리 잃은 채 낼룽그리는 붉은 아가리로
푸른 하눌이다.…… 물어뜯어라, 원통히 무러뜯어,

다라나거라. 저놈의 대가리!

돌팔매를 쏘면서, 쏘면서, 麝香 芳草ㅅ길
저놈의 뒤를 따르는 것은

우리 할아버지의 안해가 이브라서 그러는 게 아니라
石油 먹은 듯…… 石油 먹은 듯…… 가쁜 숨결이야
바눌에 꼬여 두를까 부다.
꽃다님보단도 아름다운 빛……

크레오파투라의 피먹은양 붉게 타오르는
고흔 입설이다.…… 슴여라, 베암!

우리 순네는 스믈난 색시, 고양이같이 고흔 입설…… 슴여라, 베암!

❋ 작자

서정주(徐廷柱, 1915. 5.18~2000)

서정주의 호는 미당(未堂)이다. 1915년 5월 18일 전북 고창군 부안읍 선운리 578에서 서광한(徐光漢)의 장남으로 출생했다. 1933년 박한영(朴漢永) 대종사 문하생으로 입문하여 박한영 대종사의 권고로 중앙불교전문학교에 입학했다. 《동아일보》 신춘문예에 시 「벽(壁)」으로 당선되었고, 11월에는 《시인부락》의 편집인 겸 발행인이 되었다. 동인으로는 김동리, 이영희, 오장환 등이 있다. 첫 시집 『화사집(花蛇集)』(1941)을 필두로, 제2시집 『귀촉도(歸蜀途)』(1946), 제3시집 『서정주 시선(詩選)』(1955), 제4시집 『신라초(新羅抄)』(1960), 제5시집 『동천(冬天)』(1968), 『서정주문학전집 全5권』(1972), 제6시집 『질마재 神話』(1975), 『서정주육필시집』(1975), 제7시집 『떠돌이의 詩』(1976), 제8시집 세계기행시집 『西으로 가는 달처럼』(1980), 제9시집 한국 역사 시집 『鶴이 울고 간 날들의 詩』(1982), 제10시집 『안 잊히는 일들』(1983), 제11시집 『노래』(1984), 제12시집 『팔 할이 바람』(1988), 제13시집 『山詩』(1991) 등을 출간했다. 아내 방옥숙(方玉淑, 81) 여사가 2000년 10월 10일 노환으로 작고한 뒤 곡기를 끊고 비통에 잠겨 맥주만으로 연명하다가 두 달 뒤인 2000년 12월 24일 아내의 뒤를 따라갔다. 향년 85세였다.

☆ 주석

1   snake는 앵글로색슨어로 뱀을 뜻하는 가장 예사스런 말이다. serpent는 '기다'를 뜻하는 라틴어 단어를 어원으로 한다. 이런 동물은 배로 기어다닌다. 학술적이고 신화적인 뱀, 초현실적인 뱀을 뜻할 때 쓰인다.

2   기독교적 원형 이미지로서의 이브의 뱀: 「창세기」(3:1-15)에서는 유혹당한 이브를 꼬여 천국의 질서를 파괴한 존재이며, 질서의 새로운 형식인 지식의 비전적 전수자인 것이다. 크리스처니즘은 뱀을 불길한 힘과 동일시하고 있으며 성 조르주와 성 미카엘이 투쟁한 그 화신인 용과 동일시하고 있다. 이것이 그리스도가 흔히 뱀을 발로 짓밟고 있는 것으로 나타나는 이유다. 「요한계시록」에서 고대의 뱀은 악마와 동일시되고 있다. 이렇게 기독교 창세기에서 나타나는 이브와 뱀의 선악과 문제는 헤브라이즘의 근간을 이룬다.……

    뱀의 침묵의 잔인함, 그의 알 수 없는 미끄러짐, 그의 차가운 감촉, 그의 매료시키는 시선, 그의 독(毒) 같은 것들은 그로부터 악의 상징이나 자연의 가장 모호한 근저에서 나타나는 위협, 자연의 질서 속에 하나의 변칙적인 것을 만드는 것과 같은 특성에서 기인하는 것이라 하겠다. (아지자, 올리비에리, 스크트릭 공저, 『문학의 상징·주제 사전』, 장영수 옮김, 청하, 1989, 301-303쪽.)

3   헬레니즘적 심미성을 지닌 클레오파트라와 뱀의 연관성- (1) 안토니우스는 클레오파트라에게 항상 '내 나일의 뱀(my serpent of old Nile)'이라고 했다고 한다. (2) 클레오파트라는 뱀이 있는 왕관을 쓰고 다녔다고 한다. (3) 클레오파트라는 노예나 사형수에게 뱀에 물리게 하는 생체 실험을 해서 독을 수집하고 연구했다는 설이 있다. 그녀는 결국 독사가 든 광주리에 손을 넣어 물려서 자살했다고 한다. 아스프(ASP)라는 이집트 뱀독은 신경을 마비시키기 때문에 무통분만이나 수술할 때 평온해지고 마약을 먹는 것처럼 기분 좋게 죽는다는 것이다.(안토니우스, 『플루타크 영웅전』 7, 김병철 옮김, 범우사,

1994, 255쪽.) 이렇게 클레오파트라라는 전기적 전설적 인유를 통해서 이집트와 희랍 사상이 합쳐진 헬레니즘 문화를 보여준다.

4 뱀에 대한 민속신앙에는 업이라는 것이 있다. 업은 흔히 "집안 살림이 그 덕이나 복으로 늘어가는 것으로 믿고 소중히 여기는 동물이나 사람"이라고 한다. 또 업 동물로는 구렁이가 일반적이다. 또 업단지는 살림을 늘게 해주는 신을 모신 단지로서, 주로 쌀이나 돈을 넣는다. 제주도의 뱀 신앙은 개별 가정 신앙인 칠성신과 마을 공동제사인 여드렛당신으로 이분된다. 또 제주도에는 칠성본풀이라는 신화가 있다. 즉 귀한 집 외동딸이 중의 자식을 배어 쫓겨나, 제주에 들어와서 뱀이 되었다. 그리고 7마리 새끼뱀을 낳았는데, 어미뱀은 안칠성, 새끼뱀들은 밭칠성이 된 것으로 풀이된다. (『한국문화상징사전』, 동아출판사, 1992,326쪽.)

5 사향은 무스크라고 한다. 사향노루는 고라니 비슷하게 생긴 사슴의 일종이다. 그런데 무스크, 수컷 노루들은 향기를 내는 분비선이 있다. 그래서 사향노루라고 한다. 그것이 향내를 풍기는 것이다. 그리고 박하라고 하는 것은 일종의 잡초다. 굉장히 향기롭다. 그러니까 사실상 이 향기라고 하는 것은 누구를 유혹할 때 쓰는 가장 육체적이고 관능적인 것이다. 무엇인가가 자기에게 가까이 가지 않으면 이 향기는 나지 않는다. 가까이 접근하는 사람을 위해서 뿌리는 것이다. 없는 것도 같고 있는 것도 같아서 가까이 와서 맡아보게 만드는 것이 향기의 매력이다. 이 사향은 특히 남자를 홀리는 성적인 매력을 주는 것이기 때문에 향기로운 '사향박하의 뒤안길'이라고 하는 것은 관능적이고 이성으로 제어할 수 없고 분할이 안 되는 것이다. 이런 뒤의 공간이라고 하는 것이 바로 뱀의 공간이다. 우리들의 무의식이라고 하는 것, 억압된 성적인 세계, 이런 것들이 사향박하 향기가 나는 뒤안길이다. (이어령, 〈월요강좌〉에서, 2011.)

6 "바늘에 꼬여 두를까 부다"에 나타난 의도적 오류(intentional fallacy) 분석: 뱀을 바늘에 꼬여 두른다는 것이 땅꾼들처럼 목에 두른다는

것인지 그 뜻이 애매하여, 필자가 서정주 시인에게 물어봤더니 '휘두르다'의 뜻이었다는 것이다. 그러나 시인이 그렇게 썼다고 하더라도 시의 전체적인 구조적 기능을 필자가 살펴볼 때 "바늘에 꼬여 두를까 부다"는 '목에 두른다', '몸에 붙인다'는 뜻으로 풀이하는 것이 작품 전체의 구조에 어울린다고 보겠다. 꽃대님과 뱀의 비유적 구조 체계를 찾아보면, (1) 뱀도 대님도 길이가 길다는 것이다. 이렇게 뱀이 끈의 이미지니까 선조성(linear)을 갖고 있다는 것이다. (2) 두 번째 공통점은 아름답다는 것이다. 꽃뱀이기 때문에 꽃으로 연상되는 뱀의 울긋불긋한 색채와 무늬가 아름답고, 대님은 원래 울긋불긋하지는 않은데 여러 색깔이 있어야 꽃대님이라고 한다. 뱀도 보통은 한 색인데 꽃뱀은 여러 색, 특히 붉은 색깔이 많다. (3) 뱀과 대님의 세 번째 공통된 특징이 밀착성이다. 뱀은 똬리를 트는 속성이 있다. 길었던 뱀이 똬리를 틀듯이 길었던 대님을 발에다 칭칭 감는다. 뱀이 감기는 것과 대님이 감기는 것이 비슷하다. (4) 네 번째는 발과 관련된 접근성이다. 뱀이 사람의 발뒤꿈치를 문다. 대님은 꽃끈인데 허리띠가 아니고 발에다 갖다 붙였다. 이런 전체적인 비유적 맥락으로 볼 때 '두를까 부다'라는 말은 휘두른다는 의미보다 '두른다'의 밀착성의 기능으로 구조화된다고 보인다.

작품 구조 분석에서 작자의 의도가 문제가 있다고 보았을 때 이것을 '의도적 오류(intentional fallacy)'라고 한다. 비어즐리와 윔셋이라는 미국의 두 이론가가 1946년 발표한 이론인데, 그들은 작가의 본래의 의도와 작품에서 성취된 의도 사이에는 근본적 차이가 있음을 밝히고 그것을 혼동하는 데에서 작품의 이해와 평가가 잘못된다고 하였다. 또 한편으로 이들은 작품에서 받은 영향이 독자마다 다를 수밖에 없으므로 작품의 본질적 성격과 그 가치를 규명하기 위한 근거를 영향에 두는 것도 결국 작품과 영향을 동일시하여 생길 수 있는 평가라고 보고 이것을 '영향론적 오류(affective fallacy)'라고 정의하였다. 이렇게 작품의 평가에 있어 작가의 의도나 독자의 영향을 참조하는 것이 무원칙한 인상주의가 되지 않게 하기 위해서는 시 언어 자체의 구조, 언표 작용을 중시해야 한다고 주장하는 것이 신비평(New Criticism)이다.

15 해 — 박두진

※ 원본시

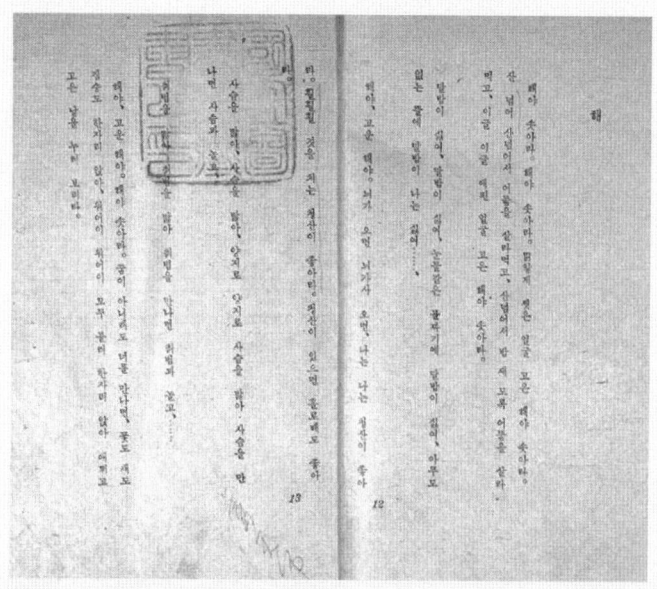

《상아탑》 6호(1946년 5월)

※ 작자

박두진(朴斗鎭, 1916~1998)
1916년 3월 10일 가난한 소작농의 아들로 경기도 안성에서 태어났다. 경성사범학교를 졸업하고 서울 우석대학교(現 고려대학교) 국어국문학과를 졸업했다. 1955년 연세대학교 전임강사, 조교수, 1970년 이화여자대학교 부교수, 연세대학교 교수직을 역임했다. 단국대학교 초빙교수, 1986년 추계예술학교 교수직을 역임했다. 문단에는 1939년 정지용의 추천을 받아 《문장》에 시 「향현(香峴)」, 「묘지송」, 「낙엽송」, 「의蟻」 등을 발표하며 등단했다. 1946년 박목월, 조지훈과 『청록집(靑鹿集)』을 펴냈다. 1949년에 첫 번째 개인 시집 『해』를 펴냈다. 시집 『오도(午禱)』(1953), 『거미와 성좌』(1962), 『인간밀림』(1963) 등은 한국 전쟁을 거치면서 경험한 현실을 반영한 작품들이다. 말년에는 수석 수집에 심취해 『수석열전』, 『속 수석열전』, 『수석연가』 등 3부작 시집을 출간했다. 시집으로 『박두진시선』(1956), 『사도행전』(1973), 『하늘까지 닿는 소리』(1973), 『야생대』(1981), 『불사조의 노래』(1987), 『폭양에 무릎을 꿇고』(1995) 등이 있고 시선집 『청록집 기타』(1968), 『청록집 이후』(1968), 『예레미야의 노래』(1981) 등이 있다. 그밖에 수필집으로 『시인의 고향』(1968), 『언덕에 이는 바람』(1973) 등과 시론집으로 『한국현대시론』(1970) 등이 있다. 1998년 9월 16일 83세로 세상을 떠났다.

주석

1 〈오봉일월도〉 그림. 다섯 개의 산봉우리와 해, 달, 소나무를 그린 그림. 예전에 용상(龍床) 뒤에 장식으로 그렸다.

2 〈십장생도〉: 건강이나 장수를 기원하는 의미에서 그려진 십장생도에는 보통 해, 구름, 산, 물, 바위, 학, 사슴, 거북, 소나무, 불로초를 그려 넣는 것이 대부분이었는데 경우에 따라서는 대나무나 천도복숭아를 그려 넣기도 했다. 십장생도는 8폭, 혹은 10폭 병풍으로 제작되어 궁중에서 연회를 위해 사용되거나 왕의 자리를 상징하는 곳에 놓이기도 했다. 그림뿐만 아니라 집 안에서 사용되는 다양한 가구나 의복, 생활용품들에 조각되기도 하고 실로 수를 놓기도 하면서 백성들과 함께해온 친근한 그림이기도 하다.

3 현재 우리나라 달력은 달의 운행 변화 주기를 기준으로 정한 역법으로 윤달을 두어 태양력과 일치시키는 '태음태양력'을 사용하고 있다. 태양력은 태양을 중심으로 지구의 공전을 기준한 것이기에 계절과 일치하는 장점을 가지고 있지만 태음력은 달이 지구를 공전하는 기준이므로 계절과는 아무런 관련이 없어서 윤달을 두지 않고 놔두면 설날이 겨울에 올 때도 있고 더운 여름에 올 때도 있다. 그래서 윤달을 주기적으로 두어 양력과 발을 맞추는 것이다.

음력은 달의 움직임을 이용해서 날짜를 센다. 그런데 지구의 공전주기와 달의 공전 주기가 딱 맞아떨어지면서 돌고 있는 것이 아니다. 그래서 음력에서는 4년에 한 번씩 그 차이를 보정하는 달을 하나 두는데 그것이 윤달이다. 양력의 윤달 또한 4년에 한 번씩 생기는데 2월에 29일 하루를 추가하는 방법을 사용한다. 그 이유는 지구의 공전 또한 지구의 자전과 정확히 맞아떨어지면서 돌고 있는 게 아니기 때문이다. 약 여섯 시간 정도의 차이가 발생하는데 이것을 4년에 한 번씩 보정하는 것이 윤달이다. 태양력의 장점은 계절과 일치하므로 전 세계 모든 국가들이 채택하고 있다.

현재 우리나라가 쓰는 태양력은 그레고리력이다. 우리는 음력을 사용하지만 달력을 보면 24절기라고 해서 양력을 사용한다. 1년을 15일 단위로 해서 양력을 만들어 쓴 것이다. 음력에 맞는 양력이라고나 할까. 이것은 바로 농사짓는 데 필수적이다.

4   "태양이 모래 위에서, 오 잠든 여전사여,/네 머리칼의 황금 속에 나른한 목욕물을 덥히고,/적의에 찬 그대의 뺨 위에 향불을 사르며, 사랑의 음료에 눈물을 섞는다.//이 백열의 타오름이 잠시 요지부동으로 멈추는 틈에 너는 말하였지, 구슬프게, 오 내 겁먹은 입맞춤들./우리는 결코 단 하나의 미라로 되진 않으리라/이 고대의 사막과 행복한 종려수 아래!//그러나 너의 머리칼은 따뜻한 강,/우리에게 들린 혼이 떨림도 없이 거기 잠겨들어/그대가 알지 못하는 저 허무를 만나리//나는 네 눈꺼풀에서 눈물 젖은 분을 맛보며,/너에게 상처입은 이 심장이 얻을 수 있을지 알아보련다/저 창공과 돌의 무감각함을." (스테판 말라르메, 「여름날의 슬픔」, 황현산 옮김, 문학과지성사, 2005, 67쪽.)

5   prose(산문)는 'oratio prosa 〉 prosa 〉 proversa'로 변환되어온 말로, '앞으로 전회하는 〉 곧바로 나감 〉 직선적인 말'로 바뀌어 오늘의 산문과 같은 뜻이 되었다. 그런데 그와 정반대로 운문과 시를 뜻하는 verse는 '전회, 회기'를 나타내는 'versus'에서 나온 말이다. 어원으로 볼 때 시는 산문처럼 앞으로 똑바로 나가는 글이 아니라, 되돌아가고 반복하는 글임을 암시한다. 그래서 로만 야콥슨은 그 어원적인 뜻이 시사하는 대로 "시적 기법의 본질은 언어의 모든 층위에 걸쳐서 반복적인 회기를 나타내는 데 있다."고 말했다. (Roman Jakobson, *Grammatical Parallelism and Its Russian Facet, Selected Writings* III, Mouton, 1981, p.98., 이어령, 『시 다시 읽기』, 문학사상사, 1995, 155쪽 재인용.)

6   paradigmatic relation(병렬 관계): 선택 관계라고도 하며 통합 관계(syntagmatic relation)에 대립한다. 문을 횡적으로 쓸 때 하나하나의 요소에는 보이지 않는 종적 선택 관계가 작용한다. 예를 들어 A-B-C와 같이 나열된 요소로 구성된 문이 있을 때, 이 A, B, C가 어떤 관계에 있고, 어떤 구성 요소로 이루어져 있는가를 기술할 때, 이를 통합축이라 한다. 이와 달리, A라는 한 요소가 어떤 환경에서 사용되지 않고 A′, A″, A‴라는 요소 중 하나가 선택될 수 있는 경우에 A′, A″,

A‴는 계열 관계(병렬 관계)에 있다. (나병모, 『언어학사전』, 신아사, 1990. 851쪽.)

16 오감도 詩 제1호 — 이상

❖ 원본시

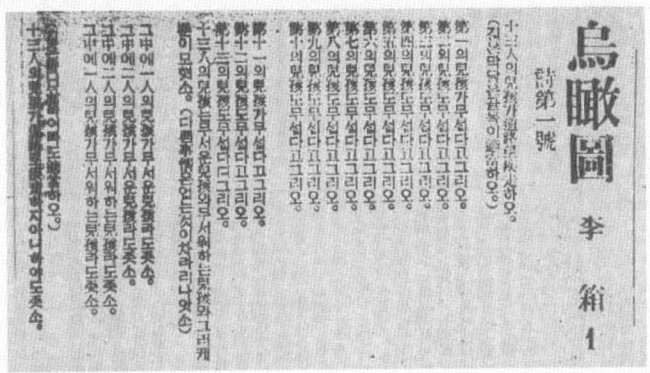

《조선중앙일보》(1934년 7월 24일)

❖ 작자

이상(李箱, 1910~1937)

본명은 김해경(金海卿)이고, 이상(李箱)은 필명이다. 1910년 9월 23일에 서울 사직동의 이발소에서 아버지 김연창(金演昌)과 어머니 박세창(朴世昌) 사이에 장남으로 출생했다. 조선총독부 내무국 건축과 기수로 일하다 궁방회계과(宮房會計課) 영선계로 옮겨 만 4년 동안 근무했다. 1933년 황해도 백천온천으로 요양을 떠났다 돌아온 후 종로1가에서 다방 '제비'를 개업하여 2년 동안 경영하다 폐업했다. 그 후 화가 구본웅(具本雄)의 도움을 받아 창문사(彰文社)에서 문예 담당 직원으로 일했다. 이것이 그의 마지막

직업이었다. 1930년 조선총독부의 선전 잡지 《조선》(2월~12월)에 연재한 (9회) 중편 「12월 12일」이 그의 첫 발표작이다. 《조선(朝鮮)과 건축(建築)》(1931. 7)에 「이상(異常)한 가역반응(可逆反應)」 외에 5편의 시를 발표했다. 《조선과 건축》에 「오감도(烏瞰圖)」 8편, 「삼차각설계도(三次角設計圖)」 7편, 「건축무한육면각체(建築無限六面角體)」 7편을 발표했다. 1933년에 《카톨릭 청년》에 시 「1933·6·1」, 「꽃나무」, 「이런 시(詩)」, 「거울」을 발표했다. 1936년 「정식(正式)」, 「지비(紙碑)」, 「명경(明鏡)」, 「위독(危篤)」, 「파첩(破帖)」 등의 시와 「지주회시」, 「날개」, 「봉별기(逢別記)」 등의 소설을 발표했다. 이상은 사망하기까지 5년 남짓 폐병을 앓다, 1937년 4월 17일 새벽 4시경 동경제대(東京帝大) 부속병원에서 사망했다.

❧ 주석

1. 노스럽 프라이(Herman Northrop Frye, 1912. 7. 14~1990. 1. 23) : 캐나다 사람으로 문학평론에서 가장 뛰어난 평론가 중 하나로, 문학 연구의 과학적 접근을 주장하였다. 20세기에 가장 영향력 있는 지식인으로 평가된다. 블레이크의 시 「장미 병들다(*The Sick Rose*)」의 해석에 관한 예화는 1963년 CBC 방송 강연인 〈The Educated Imagination〉에서 알려졌다.
2. 「13인의 아해와 최후의 만찬」, 임종국(1956), 『이상전집』(고대문학회 간행), 404-406쪽, 장윤익(1983), 「오감도 연구」, 『한국 대표시 평설』, 문학세계사, 177쪽 재인용.
3. 「13인의 아해와 조선 13도의 숫자」, 서정주(1969), 『한국의 현대시』, 일지사, 김효신, 앞글 18쪽 재인용.
4. "한편 이상은 이태준이 문화부장으로 있던 《조선중앙일보》에 이태준의 주선으로 「烏瞰圖」를 발표했다. 이것이 나가자 난해시로서 독자들의 항의 반발은 엄청났다. '미친놈의 잠꼬대냐?', '무슨 개수작이냐' 하고 날이면 날마다 산적하는 투서! 이태준이 사표를 주머니에 준비한 채 연재(1934.7.24-8.8.)를 강행했지만 마침내 도리가 없었

다. 30편 계획이 15편으로 중단될 때 이상은 아래의 '「오감도」 작자의 말'을 준비했지만 그나마 발표가 안 되고 말았던 것이다. '왜 미쳤다고들 그러는지 대체 우리는 남보다 수십 년씩 떨어져도 마음 놓고 지낼 작정이냐. 모르는 것은 내 재주도 모자랐겠지만 게을러빠지게 놀고만 지내던 일도 좀 뉘우쳐보아야 하지 아니하느냐. 여남은 개쯤 써보고서 시 만들 줄 안다고 잔뜩 믿고 굴러다니는 패들과는 물건이 다르다. 2천 점에서 30점을 고르는 데 땀을 흘렸다. 31년 32년 알에서 용 대가리를 떡 꺼내어놓고 하도들 야단에 배암 꼬랑지커녕 쥐 꼬랑지도 못 달고 그만두니 서운하다. 깜빡 신문이라는 답답한 조건을 잊어버린 것도 실수지만 이태준, 박태원 두 형이 끔찍이도 편을 들어준 데는 절한다. 철(鐵)- 이것은 내 새 길의 암시요 앞으로 제 아무에게도 굴하지 않겠지만 호령하여도 에코우가 없는 무인지경은 딱하다. 다시는 이런-물론 다시는 무슨 다른 방도가 있을 것이고 우선 그만둔다. 한동안 조용하게 공부나 하고 따는 정신병이나 고치겠다.'" (임종국,「이상의 생애와 예술」,『이상시집』, 정음사, 1973, 165-166쪽.)

5 시 제목을 제1호, 제2호(……) 등으로 단 것은 쉬르레알리슴에서 흔히 시도된 것이며, 그것은 전통적으로 음악이나 회화 등에서 흔히 쓰이던 방법을 시에도 적용시키려 한 것이다. 왜냐하면 의미 있는 제목을 달면 미리 독자가 어떤 선입견을 가져 시적인 다양한 의미를 한정, 빈약하게 하기 때문에, 시 자체가 지닌 총체적 의미를 훼손시키지 않으려는 시도라고 할 수 있다. (이어령,『李箱詩全作集』, 갑인출판사, 1978, 15-16쪽.)

6 이상은 시나 산문에서 의식적으로 띄어쓰기를 하지 않는 경우가 많다. 강물처럼 지속하는 '의식의 흐름' 수법을 쓰는 경우 그것은 활자 자체에서 오는 시각적 표현과 단절되지 않는 언어의 연결성을 주는 데 효과를 자아내고 있기 때문이다. 시 제1호가 인간관계의 공간성을 나타낸 것이므로 시 형태가 매스게임을 하듯 바둑판처럼 나

열되어 있다. (이어령, 앞글, 17쪽.)

7 아이를 굳이 한자 '兒孩'로 표기한 것은 한자가 지닌 시각성과 일상어의 의미를 어원적 의미로서 환원하여 새로운 느낌을 주려는 방법 가운데 하나로 볼 수 있다.(이어령, 앞글, 16-7쪽.)

8 「오감도 시 제1호」 연구사:

1930년경의 우리나라는 전위예술의 불모지에 다름없었다. 초기에 「지구와 빡테리아」(1927) 같은 다다이즘 시를 쓴 임화 및 자칭 다다이스트 김화산 등은 전위문학의 시작 단계에 머물고 만 시인들로서, 이상처럼 다다이즘, 쉬르레알리슴, 입체파(Cubism)와 미래파를 동시적인 공감과 이해의 대상으로 삼아 작품에 반영시킬 수 없었다는 점에서 진정한 아방가르드 시인이라고 할 수 없었다.(이보영, 「이상(李箱) 아방가르드 문학의 원동력」, 《문예연구》 통권 23, 1999 겨울호, 25쪽/신진, 「한국 현대 시의 '전위'의 맥락 검토」, 《한국시학연구》 제22호, 2008. 8.15. 246쪽 재인용.) 누가 보아도 우리 현대 시사에 있어 진정한 의미의 전위성 혹은 전위의식이 드러나는 것은 1930년대의 시인 이상에서부터라 할 것이다. (신진, 앞글)

평자들은 「오감도 시 제1호」에 특별히 주목하는데, 그것은 이상이 써두었던 2천여 편 가운데 첫 번째로 《조선중앙일보》 1934년 7월 24일자에 발표한 작품으로서 그의 시가 어떻게 전개될지를 선언적으로 보여주고 있기 때문이다. 특히 숫자의 상징성, 모순어법 혹은 부정어법, 불안과 공포와 절망과 같은 현대 사회의 병리학적 징후, 반복의 형식 등 그의 시적 특성이 집약적으로 드러난다는 점 등에서 주목을 받고 있다. 무엇보다도 길지 않은 한 편의 시에서 같은 문장을 13번에 걸쳐 강박적으로 반복하면서 시적 긴장과 의미의 진폭을 견지해낼 수 있었던 그 실험성은 우리 현대 시사에 전무한 것이었다. (정끝별, 「이상 시의 상호텍스트성 연구」,-「오감도-시 제1호」의 시적 계보를 중심으로, 《한국시학연구》 제26호, 2009.12.15.)

이런 이상의 천재성을 처음 인정한 이는 김기림으로 "이상은 사실 우리 중에서 누구보다도 가장 뛰어난 슈르리얼리즘의 이해자다. 이 시도 역시 슈르리얼리즘의 시라고 규정해도 조흘 것 같다.(……) 독자가 이 시를 대할 때는 위선 과거의 전통적인 어법이나 문법의 고색창연한 규정을 내던지라는 것이다. 시인은 오히려 거진 고의로 그러한 것을 이 시 속에서는 무시하였다. 그러한 낡은 옷을 이러한 발랄한 운동시 우에 억지로 입히는 것은 위험하고도 무용한 일이다"(김기림,「현대시의 발전」, "하기예술강좌 문예편",《조선일보》1934년 7월. 김효신,「李箱의 '烏瞰圖 시제1호'에 대한 수용미학적 소고」,《한민족어문학》제39집, 2001.12.30. 283쪽 재인용)라고 찬사를 보냈다. 그 뒤 조연현은「시 제1호」를 "문자의 주관적 쾌락 원리에 의한 解辭的 표현 방법이 난해성을 유발하고 있다."며 최초의 비판적 수용이 이루어졌다. (조연현,「근대 정신의 해체」,《문예》1949.11. 김효신, 앞글 재인용.)

다시 1950년대에 들어서 이어령의 이상 연구(이어령,「이상론-순수 의식의 뇌성과 그 파벽」,《서울 문리대학보》, 1955. 9./김윤식 편『이상문학전집 4』, 문학과지성사, 1995./---,「나르시스의 학살-이상의 시와 그 난해성」,《신세계》, 1956.10, 1957. 1./--,「묘비 없는 무덤 앞에서-추도, 이상 20주기」,《경향신문》, 1957. 4.17./---,「속, 나르시스의 학살-이상의 시와 그 난해성」,《자유문학》, 1957. 7./---,「이상의 소설과 기교, 상, 하-失花와 날개를 중심으로」,《문예》1959.10.12./---.「날개를 잃은 증인-이상론」,『한국단편문학대계』, 삼성출판사, 1969 = 김용직(편),『이상』, 문학과지성사, 1977./---,「이상 문학의 출발점」,《문학사상》, 1975. 5./---,「이상 연구의 길 찾기」,『이상문학 연구 60년』, 문학사상사, 1998.)와 함께 평론가 임종국, 김우종의 연구, 1960년대 이보영, 정명환의 연구, 1970년대 들어 정신분석학적 접근으로 김종은, 김열규, 장윤익이 새롭게 등장했고, 1980년대 이승훈, 1990년대 들어서서 다량의 이상 관련 논문들이 나왔다.(김효신, 앞글 재인용.)

모든 시는 앞선 시와의 관련 속에서 태어나며 앞선 시를 억압

하고 방어하는 과정이 시의 역사라고 말한 헤럴드 블룸의 말처럼 한 시의 의미란 앞선 시에 관한 고통의 신음이며, 한 편의 시란 늘 앞선 시의 그늘 속에서 성장한다.(헤럴드 블룸(1973), 정끝별(2009) 재인용 68쪽.) 이런 연구 수용사와 더불어 「시 제1호」가 시인들에게 '문학적 사건'으로서 어떤 상호 텍스트성을 일으켰는지(정끝별, 앞글) 조명하기도 하였다.

    1940년대 시인들 중에서 「오감도 시 제1호」와의 상호 텍스트성을 갖는 시인으로 윤동주의 「팔복」을 꼽고 있다. 1960년대 시인으로는 김수영, 김춘수를, 1970-1980년대 시인으로는 황지우, 오규원, 김혜순, 함민복, 1990년대 시인으로는 이원, 함기석, 2000년도에는 이승훈, 김승희, 성귀수의 시를 꼽으면서 이상의 「시 제1호」가 후대의 한국 시에 끼친 영향이 지대함을 말하고 있다. 오세영(1996)의 시 「브루클린 가는 길」 또한 예외는 아닐 것이다.

> 제1의 백인이 걸어가오.
> 제2의 백인이 걸어가오.
> 제3의 백인이 걸어가오.
> ....
> ....
> 제13의 백인이 걸어가오.
>
> 길은 화려한 데파트먼트 앞 네거리가 적당하오.
>
> 제1의 백인이 가슴에 총을 숨겼다 해도 좋소.
> 제2의 백인이 가슴에 총을 숨겼다 해도 좋소.
> 제3의 백인이 가슴에 총을 숨겼다 해도 좋소.
> ....
> ....

제13의 백인이 가슴에 총을 숨겼다 해도 좋소.

총은 38구경 리벌버 6연발 피스톨이오.

제1의 흑인이 걸어가오.
제2의 흑인이 걸어가오.
제3의 흑인이 걸어가오.
....
 ....
제13의 흑인이 걸어가오.

길은 한적한 은행 빌딩 모퉁이가 적당하오.

제1의 흑인이 가슴에 총을 숨겼다 해도 좋소.
제2의 흑인이 가슴에 총을 숨겼다 해도 좋소.
제3의 흑인이 가슴에 총을 숨겼다 해도 좋소.
....
....
제13의 흑인이 가슴에 총을 숨겼다 해도 좋소.

그들은 모두 무서워하는 사람과 무서운 사람들뿐이오.

제1의 백인이 '하이' 하고 웃소.
제2의 백인이 '하이' 하고 웃소.
제3의 백인이 '하이' 하고 웃소.
....
....
제13의 백인이 '하이' 하고 웃소.

제1의 흑인이 '하이' 하고 웃소.
제2의 흑인이 '하이' 하고 웃소.
제3의 흑인이 '하이' 하고 웃소.
....
....
제13의 흑인이 '하이' 하고 웃소.

그들은 그렇게 무서우니까 웃는 사람과, 무서워서 웃는 사람들 뿐이오.

'하이' 하고 제1의 황인이 뒤늦게 걸어가오.
(오세영, 「브루클린 가는 길」,《현대시학》1996. 1.)

| 17 | 그 날이 오면 — 심훈

❊ 원본시

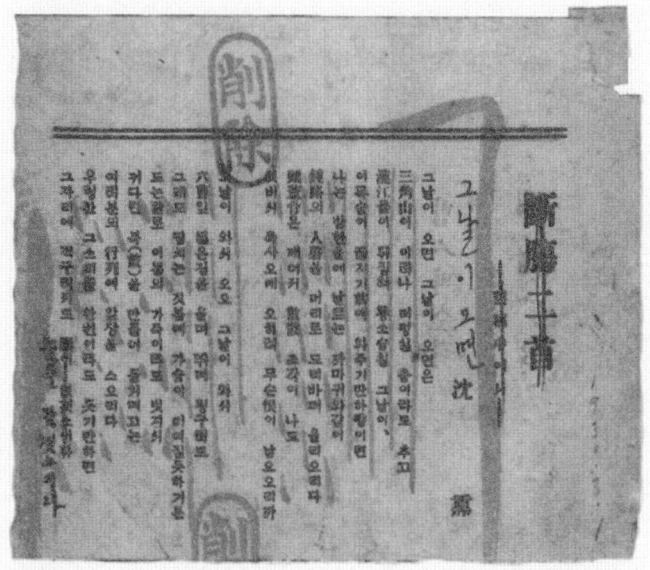

(1930년 3월 1일)

❊ 작자

심훈(沈熏, 1901~1936)

본명은 심대섭(沈大燮)이다. 심훈(沈熏)은 필명이다. 1901년 10월 23일에 서울 영등포구 노량진동 153의 1호 현 노량진 수원지사무소 자리에서 아버지 심상정(沈相珽)과 어머니 해평 윤씨(尹氏) 사이에 3남으로 출생했다. 1924년에《동아일보》기자,《조선일보》기자를 거쳐 경성방송국(京城放送局) 문예 담당,《조선중앙일보》학예부장으로 잠시 근무했다. 1927년에는 일본 경도 일활(日活)촬영소에서 촌전실(村田實) 감독의 지도로 영화 공부를 했다. 6개월 만에 귀국한 후 10월 26일에 「먼동이 틀 때」를 창작, 각색, 감독하여 단성사에서 개봉했다. 1924년 번안소설 「미인(美人)의 한(恨)」 후반부를 《동아일보》에 연재하면서부터 글로 이름이 알려진다. 그 후로 1926년 영화 소설 「탈춤」을 《동아일보》에 연재했다. 1930년에는 시 「마음의 낙인(烙印)」(《대중공론》 7호, 1930) 「필경(筆耕)」(《철필(鐵筆)》 1호, 1930) 등과 소설 「동방(東方)의 애인(愛人)」(《조선일보》), 「불사조(不死鳥)」(《조선일보》) 등과 여러 편의 영화 관련 논문을 썼다. 1932년에 시집 『그날이 오면』을 간행하려 했으나 검열로 뜻을 이루지 못했다. 1933년 「영원(永遠)의 미소(微笑)」를 《조선중앙일보》에 연재했고, 1935년에는 그의 대표 장편 『상록수(常綠樹)』가 《동아일보》 창간 15주년 기념 현상 모집에 당선되었다. 1936년 9월 16일 경성제대 부속병원에서 장질부사로 숨을 거두었다.

주석

1 보리스 파스테르나크(Boris Pasternak, 1890. 2.10~1960. 5.30): 러시아 시인, 소설가로 1958년 그의 대표작인 『닥터 지바고』로 노벨문학상 수상자로 지명되었으나 소련 정부의 정치적 압력으로 수상을 거부했다.

2 G. 세페레스: 그리스 시인, 1963년 노벨문학상 수상, 『항해일지 A, B, C』, 『연습장』 등의 작품이 있다.

3 * 1930년에 심훈에게 있었던 가장 중요한 일은 시인으로서의 새로운 면모를 선보였다는 사실이다. 3월 1일 그는 신문지 상에 「그날이 오면」이라는 시를 발표했는데, 조국과 민족의 해방을 기다리는 간절하고도 안타까운 마음은 모든 읽는 이로 하여금 가슴이 뭉클하고 목이 메게 하였다. 그는 이 시로 애국 시인으로 다시 태어난 셈이다.…… 이 시는 당시 많은 젊은이들을 울리고 또 피를 끓게 했으며, 그에게는 격려와 감동의 편지가 끊이지 않았다.

    * 중형 심명섭이 해방 후 심훈의 유고를 모아 『그날이 오면』이란 시문집을 발간해주었다. 그 발간사에서 "본고 중 시가는 1933년

제1집을 발간하려고 당시 왜정에 검열을 신청하였다가 뜻을 이루지 못하고, 다른 저서를 압수당할 때에 이 원고는 타(他)에 숨겨두었던 것"이라고 말하고 있다. 심훈 자신이 「봄은 어느 곳에?」에서 "양지 바른 책상머리에 정좌하여 수년전 출판하려다가 붉은 도장 투성이가 되어 나온 시집을 뒤적이는데"라고 쓰고 있는 것을 보건대 그에 대한 당국의 검열이 얼마나 혹독했는가를 짐작할 수가 있다. (신경림 편저, 『그날이 오면 그날이 오며는』, 지문사, 1982, 44-45쪽, 52쪽.)

4 활 잘 쏘는 청년이 서울을 향해 가다가 숲 속에서 구렁이가 까마귀 두 마리를 친친 감고 먹으려는 것을 활을 쏘아 구렁이를 죽이고 까마귀를 구한다. 밤이 되어 산속 어느 집에 가니 어여쁜 여자가 맞이한다. 그런데 그곳에서 자다가 숨이 차서 깨어보니 구렁이가 자기 몸을 친친 감고 잡아먹으려 한다. 그 어여쁜 여인은 청년이 죽인 구렁이의 아내였던 것이다. 그런데 구렁이가 이 청년을 잡아먹으려는 순간 종소리가 땡하고 울렸다. 그러자 구렁이는 죄었던 몸을 풀기 시작했고 두 번째로 종소리가 나자 도망가버렸다.

이튿날 청년은 종루 밑에 피투성이가 되어 죽어 있는 까마귀 두 마리를 본다. 청년은 서울 가기를 포기하고 까마귀를 잘 묻어주고는 그곳에 절을 지어 까마귀의 영혼을 위로했다. (임석재, 『한국구전설화』, 평민사, 1993.)

18　외인촌 ― 김광균

※ 원본시

외인촌

김광균
《조선중앙일보》(1935년 8월 6일)

하이얀 暮色 속에 피여 잇는
山峽村의 고독헌 그림 속으로
파-란 驛燈을 다른 馬車가 한 대 잠기여 가고
바다를 향한 산마루 길에
우두커니 서 잇는 電信柱 우엔
지나가든 구름이 하나 새빨간 노을에 저저 있었다

바람에 불니우는 적은 집들이 창을 나리고
갈대밭에 무치인 돌다리 아래선
작은 시내가 물방울을 굴니고

안개 자욱-한 花園地의 벤취 우엔
한낮에 少女들이 남기고 간
가벼운 우슴과 시들은 꽃다발이 흩어저 있다

外人 墓地의 어두은 수플 뒤엔
밤새도록 가느란 별빛이 나리고

空白한 하늘에 걸녀 있는 村落의 時計가

여윈 손길을 저어 열시를 가르치면
날카로운 古塔같이 언덕 우에 소사 있는
退色한 聖敎堂의 집웅 우에선
噴水처럼 흩어지는 푸른 종소래

※ 작자

김광균(金光均, 1914~1993)
1914년 1월 19일 경기도 개성에서 출생했다. 1932년 경성고무공업주식회사에 입사하여 1938년 서울 본사로 올라오기까지 6년 동안 군산에서 근무하고 뒤 서울 용산에 근무하며 젊은 나이부터 시를 썼다. 1952년 죽은 동생의 사업을 맡아 경영하면서 중단되고 실업가로 변신하여 국제상사 중재위원회 한국위원회 감사, 무역협회 부회장, 한일경제협력특별위원회 상임위원 등을 역임했다. 불과 열세 살의 어린 나이에 발표한 「가신 누님」(《중외일보》, 1926)을 비롯하여 「야경차」(《동아일보》, 1930) 등은 그의 습작품에 해당되며, 《시인부락》(1936), 《자오선》(1937) 동인으로 가담한 이후 본격적인 시단 활동을 했다. 1938년 《조선일보》 신춘문예에 당선된 「설야」로 시단에서 확고한 위상을 확보했다. 『와사등』(1939), 『기항지』(1947), 『황혼가』(1959) 등 세 권의 시집을 간행했다. 말년에 떠났던 시단 복귀의 신호이듯 이전에 간행한 시집을 정리하여 『와사등』(1977)을 출간했고, 1982년 「야반」 등 5편의 시작을 《현대문학》에 발표하면서 문단 활동을 재개했다. 그 뒤 문집 『와우산』(1985)과 네 번째 시집 『추풍귀우』(1986) 등을 출간했다. 1993년 11월 23일 80세의 나이로 세상을 떠났다.

※ 주석

1   김광균의 시 세계를 4기로 보고, 제1기(경향시 창작기, 1926-1934), 제2기(이미지즘시 창작기, 1934-해방 전), 제3기(평론 활동기, 해방 후-6·25 이전), 제4기(회고시 창작기- 6·25 이후-1993)로 나눈다. (박현수, 신구문화사, 2007, 44쪽). 이에 따르면 이 시는 제2기 초기 작품으로 볼 수 있

다. 제1시집 『와사등』(남만서점, 1939)에 수록되었다.

　　　김광균 시인은 1932년에 군산에 있는 경성고무공업주식회사에 입사하여 1938년 서울 본사로 올라오기까지 6년 동안 군산에서 근무하였다. 그의 시에 나타나는 풍경 이미지가 대부분 이 시기 군산의 생활이 반영된 것으로 보인다. (박현수, 『한국모더니즘 시학』, 신구문화사, 2007, 51쪽.)

2　　"분수처럼 흩어지는 푸른 종소리"(「외인촌」), "피아노의 여운이 고요한 물방울이 되어 푸른 하늘에 스러진다"(「산상정」), "고독한 반원을 떨어뜨리며"(「소년사모」) 등의 표현으로 입체적 효과를 거두는 이런 이미지 사용법을 김기림은 "소리조차를 모양으로 번역하는 기이한 재주"라 부르며 고평하였다. 또한 김광균 시의 비밀을 '회화성'에서 찾으며 근대의 문명을 '조소(彫塑)의 정신'으로 보고, 이미지즘을 포함한 근대 문학 운동을 '철저한 미시적 사실주의'로 파악하였다. (「30년대 도미의 시단 동태」, 『김기림 전집 2』, 심설당, 1988, 69쪽, 박현수, 『한국모더니즘시학』, 신구문화사, 63-64쪽. 재인용.)

3　　고대적 우주론에 영감을 불어넣은 물질의 4원소(불, 공기, 물, 흙)의 상징에 의한 상상력의 여러 가지 타입을 연구한 바슐라르가 쓴 『물과 꿈』에 의하면 4원소의 어느 것에 결부되느냐에 따라 다양한 물질적 상상력이 가능하다고 한다. 물질적 상상력에 있어서 모든 액체는 물이다. 모든 실체적 이미지의 근원에 원초적 원소 중의 하나인, 물을 두도록 하는 것은, 물질적 상상력의 기본적 원리인 것이다. 즉 상상력에 있어서 흐르는 모든 것은 물의 본성을 나누어 갖고 있는 것이라고 말하리라. 흐르는 물이라는 말의 형용사는 매우 강해서 항상 그리고 도처에, 스스로의 실명사를 강조하는 것이다. 겉모습은 거의 중요하지 않고 어떤 형용사를 주는 데 지나지 않으며, 어떤 변화를 나타내는 데 지나지 않는다. 물질적 상상력은 곧장 실체적 본성에까지 나아가는 것이다. (가스통 바슐라르, 『물과 꿈』, 이가림 역, 문예출판사, 1980, 167쪽.)

4   푸른 종소리와 꽃다발과 분수 사이에 직접적인 공통점은 없으나 푸른 종소리가 여운으로 흩어져 사라지는 관계는 꽃다발이 시들어 흩어지는 꽃잎과의 관계와 같고, 뿜어 나오는 분수가 물방울로 흩어지는 관계와 같다. 이것을 유추적 비유라고 부를 수 있다.

```
푸른 종소리        꽃다발           분수
    |              |              |
종소리 여운    시들어가는 꽃잎   흩어지는 물방울
```

| 19 | 승무(僧舞) ― 조지훈 |

✄ 원본시

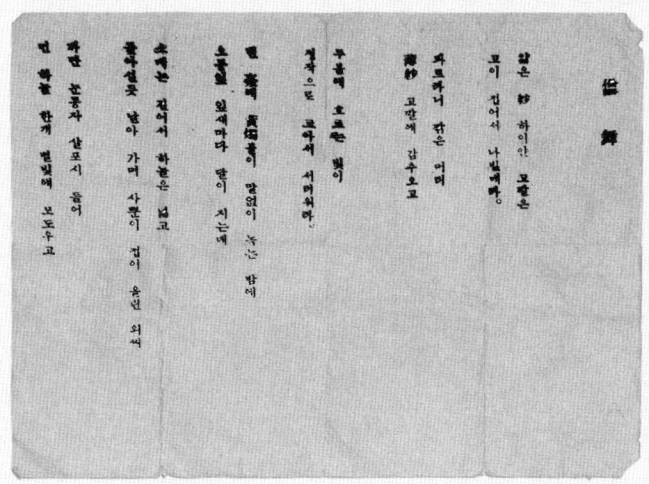

《문장》(1939년 12월)에 수록된 「승무」

☞ 작자

조지훈(趙芝薰, 1920~1968)

본명은 동탁(東卓)이며 지훈(芝薰)은 그의 아호다. 음력으로 1920년 12월 3일 경상북도 영양군 일월면 주곡동 201번지에서 태어났다. 1938년 4월에 혜화전문학교(惠化專門學校) 문과에 입학하였고, 1941년 4월에 졸업했다. 혜화전문학교를 졸업 후 오대산 월정사 불교전문강원의 외전(外典) 강사로 활동하며 『금강경오가해(金剛經五家解)』, 『화엄경(華嚴經)』, 『전등록(傳燈錄)』, 『염송(拈頌)』 등을 탐독했다. 이후 1945년 10월부터 혜화전문학교에 강사로 나가다가 경기여고(京畿女高) 교사, 서울여의대(女醫大) 교수, 동국대학교 강사를 거쳐 고려대학교(高麗大學校) 국문과 교수가 되어 사망할 때까지 재직했다. 문단 데뷔는 혜화전문학교 재학 중에 《문장》지에 투고한 「고풍의상(古風衣裳)」이 정지용의 추천을 받아 이루어졌다. 그 후 「승무(僧舞)」, 「봉황수(鳳凰愁)」, 「향문(香紋)」 등도 추천을 받았다. 해방 후 1946년에 박두진, 박목월과 함께 3인 시집 『청록집(靑鹿集)』을 발간하였다. 《백민》, 《민성》, 《문예》 등의 잡지에 시와 평론을 발표하였고, 1952년에는 처녀시집 『풀잎 단장(斷章)』을 발간했다. 1956에 발간된 『조지훈시선(趙芝薰詩選)』에는 시 「지옥기(地獄記)」 등 70여 편이 수록되었다. 1959년 제3시집 『역사(歷史) 앞에서』가, 1964년에 제4시집 『여운(餘韻)』이 발간되었다. 1968년 5월 17일 오전 4시에 서울 중구 을지로 6가 국립메디컬센터에서 울혈성 심부전으로 사망했다.

☞ 주석

1 셰익스피어의 「맥베스」 1막에서 맥베스 부인의 유명한 대사를 보면 "다가오라, 새까만 밤이여!／와서 가장 캄캄한 지옥의 연기의 수의로 네 몸을 덮어다오,／내 예리한 칼이 스스로 낸 상처를 보지 못하도록,／하늘도 그 어둠의 담요 속을 들여다보며／'그만둬, 그만둬' 하고 소리치지 않도록."이 나온다. 여기서 나타난 '담요(blanket)'와 '수의(pall)'에서 전자는 잠의 옷이고, 후자는 죽음의 옷이다. 둘 다

밤에 적합한 의상이다. 맥베스 부인이 밤에게 더욱더 캄캄하게 해달라고, "가장 캄캄한 지옥의 연기"의 수의로 자신을 감싸달라고 기원하는 데에는 훌륭한 이유가 있다. 밤이 그 시역 행위를 하늘의 눈이 못 보도록 가리울 뿐 아니라 하늘이 맥베스에게 '그만둬, 그만둬' 하고 외치기에 너무 늦었을 때까지만이라도 그것을 감춰야 한다. 맥베스 부인은 주저하는 행위자가 보지 못하도록 밤이 그 행위를 담요로 덮어주기를 원할 것이다. (클리언스 브룩스, 『잘 빚은 항아리』, 이명섭 옮김, 종로서적, 1984, 40-41쪽.)

2 은유(metaphor): 메타포라는 서양 용어의 뜻은 자리 바꾸어 넣음이라는 뜻이다. "어떤 사물에다 다른 것에 속하는 이름을 갖다 붙이는 것"이라고 아리스토텔레스는 말하고 있는데, 이렇게 '옮겨 넣는 일'은 유추를 근거로 하여 보편에서, 특수, 특수에서 보편, 또는 특수에서 특수로 바꿈으로써 생긴다고 하였다. 그 목적은 장식, 선명감, 의미의 명확성 또는 호기심을 자극하는 수수께끼를 위해서라고 수사학자들은 말했다. (이상섭, 『문학비평용어사전』, 민음사, 2001, 262쪽.)

환유(metonymy): 어떤 개체와 관련되는 다른 개체를 지시하기 위해서 그 개체를 사용하는 경우(예: 그는 사드를 즐겨 읽는다(= 그 후작의 저서), 아크릴이 미술계를 휩쓸었다(= 아크릴 페인트의 사용) (G 레이코프, M. 존슨, 『삶으로서의 은유』, 노양진, 나익주 옮김, 박이정, 2006, 76쪽.)

3 코드(code): (1) 언어학이나 통신공학 등에서 언어가 기호표시에 대하여 체계적인 성격을 지니고 있음을 나타내기 위해 사용하는 용어로서, 기호 또는 기호의 구성에 관한 일련의 규칙으로부터 성립된 기호 체계의 전체를 말한다. (2) 기호 체계를 좀 더 좁은 의미로 해석하여, 어떤 특수한 목표를 위해 만들어진 기호와 그 구성에 대한 일련의 약속이라는 뜻으로 사용하기도 한다. 즉 모르스 부호, 수기 신호, 농화자의 수화법, 수학, 논리학에서의 기호법 등. (김희범, 『영어학사전』, 신아사, 1990, 210-211쪽.)

4

〈의상〉	〈의상과 나비의 공통점〉	〈나비〉
고깔 천의 재질	얇고 하얀 천	나비의 날개
고깔 모양	가볍게 나부끼는 모양	나비모양

5

신체의 빛	문화의 빛	자연의 빛
두 볼의 빛	황촛불	달빛
|	|	|
흐르다	녹아내리다	지다

6

대상	춤추는 자	감상하는 자
코드	발신 코드	나비의 날개
비유	고깔≡나비 검은 눈동자≡별빛	귀또리≡시인

7 노동이 꽃피고 춤추는 곳에는 / 육체가 영혼을 즐겁게 하기 위해 상처받지 않고 / 절망으로부터 아름다움이 태어나지 않으며 / 한밤의 기름으로부터 흐린 눈의 지혜가 생겨나지 않는다. / 오, 밤나무여, 꽃이냐, 아니면 줄기냐? / 오, 음악에 맞추어 흔들리는 육체여, 오, 빛나는 눈이여 / 우리는 어떻게 춤과 춤추는 이를 구별할 수 있는가?(예이츠, 「학교 어린이들 사이에서」 8연, 『이니스프리의 호수섬』, 윤삼하 역주, 혜원출판사, 1987, 183쪽.)

20 가을의 기도 — 김현승

🍂 원본시

가을의 기도

김현승
《문학예술》(1956년 11월)

가을에는
기도하게 하소서……
낙엽들이 지는 때를 기다려 내게 주신
겸허한 모국어(母國語)로 나를 채우소서.

가을에는
사랑하게 하소서……
오직 한 사람을 택하게 하소서.
가장 아름다운 열매를 위하여 이 비옥한
시간을 가꾸게 하소서.

가을에는
호올로 있게 하소서……
나의 영혼,
굽이치는 바다와
백합(百合)의 골짜기를 지나,
마른 나뭇가지 위에 다다른 까마귀같이.

덧붙이기 — 원본시 · 작가 소개 · 주석

❋ 작자

김현승(金顯承, 1913~1975)

호(號)는 남풍(南風), 다형(茶兄)이다. 1913년 4월 4일 평양에서 목사인 아버지 김창국(金昶國)과 어머니 양응도(梁應道) 사이에 5남매 중 2남으로 출생했다. 1927년 평양 숭실중학교(崇實中學校)에 입학하면서 시를 쓰기 시작했다. 1932년 숭실전문 문과에 진학한 후 양주동(梁柱東) 교수가 그의 시를 《동아일보》 문화란에 발표하게 함으로써 신춘문예나 추천 제도를 통하지 않고 문단에 데뷔했다. 《동아일보》는 무명이었던 김현승을 파격 대우하여 학예란 왼편 최상단에 50여 행의 장시를 이틀에 걸쳐 실어주었다. 「쓸쓸한 겨울 저녁이 올 때 당신들은」과 「아름다운 새벽은 우리를 찾아온다 합니다」가 그의 데뷔작이 되었다. 1957년에 해방 이후의 시 27편을 엄선, 처녀시집 『김현승시초(金顯承詩抄)』를 간행했다. 1963년에 제2시집 『옹호자(擁護者)의 노래』를 간행했다. 1968년에 제3시집 『견고(堅固)한 고독』, 1970년에 제4시집 『절대고독(絶對孤獨)』을 간행했다. 1975년 4월 11일 오후 7시 20분, 숭전대학교(崇田大學校) 채플 시간의 기도 중에 최후를 맞섰다. 62번째 생일을 보낸 지 불과 이틀 만에 32시간 동안 죽음과 사투를 벌이다 고요히 숨을 거두었다. 타계 후 미수록 시 54편을 모아 제6시집 『마지막 지상(地上)에서』를 간행했다.

❋ 주석

1   시 「가을의 기도」는 1956년 《문학예술》 11월호에 발표되었다. 후에 시집 『옹호자(擁護者)의 노래』(선명문화사, 1963)에 실렸다.

2   "'골짜기의 백합'은 『은방울꽃』이라는 발자크의 소설 제목을 일본 사람들이 문자 그대로 옮겨놓은 데서 생겨난 말이다."라는 나의 설명이 잘못됐다는 의견이 들어왔다. 골짜기의 백합은 틀린 번역이 아니라는 의견이다. 즉 "발자크의 소설 제목은 'Le lys dans la vallée'처럼 정관사를 가진 단수명사로서 정해진 하나의 초원 지역에 핀 하나의 꽃, 백합을 뜻한다. 프랑스어 vallée(영어의 valley)는 강 양편으

로 넓게 이어지는 지역이며 문제의 소설에서는 프랑스 중부 지역을 흐르는 앵드로 강 옆으로 펼쳐진 초원을 의미한다. 따라서 그곳 저택에 사는 여주인공 모르소프 부인을 상징한 제목이다. 백합은 순결의 상징인 동시에 아름답고 순결하고 고귀한 여주인공을 뜻한다. 은방울꽃은 프랑스어로 muguet(뮈게)라고 적으며, 일명 'Lis des vallees'라고도 하지만 이는 실제로는 별로 쓰이지 않고 주로 'muguet'로 통한다."라는 것이다.

이에 대해서 나는 『잘못 전해지고 있는 것들』(미승우, 범우사, 1986)을 인용하여 답변을 대신하고자 한다.

발자크의 소설 'Le Lys dans la Vallées'는 우리말로 '산골짜기의 백합'이 아니라 '은방울꽃'이다. 영어의 'The Lily of Valley'도 역시 우리말로는 '산골짜기의 백합'이 아니라 '은방울꽃'이다. 이 말들은 프랑스어로나 영어로나 모두 '은방울꽃'을 뜻하는 하나의 명사구다. 낱말 하나하나를 뜯어 해석하면 '산골짜기의 백합'이 된다고 생각할지 모르겠지만, 프랑스어나 영어를 한다는 사람들이 그런 식의 해석을 하는 것은 곤란하다.

우리가 알고 있는 백합은 원예용으로 개량된 흰 꽃이고, 산골짜기와 연관시킬 수 없다. 만일에 연관시킨다면 나리꽃이라야 하겠는데, 그것은 그대로 'lily'이고 빛깔도 주황색이거나 불그스름한 꽃이다. 책을 읽으면서 이른 봄 숲 속의 향기롭고도 청초한 은방울꽃을 연상해야 할 것을 가지고 여름철 산야의 불그스름한 나리꽃을 상상한다거나 산에서는 자랄 수도 없는 백합을 억지로 연상하게 된다면 소설의 심상이 완전히 달라지고 만다. 백합은 영어로 'Madonna lily'이다. 그러니까 lily가 들어갔어도 모두 종류가 다르고 우리말로도 다르게 불러야 한다는 것이다. 즉 lily(나리꽃), Madonna lily(백합), The lily of Valley(은방울꽃), 이렇게 분명히 써야 한다.

1975년 5월초, 《중앙일보》의 파리 주재 특파원이었던 주 모 씨는 《중앙일보》에 게재한 글에 "지금 프랑스에서는 발자크의 봄이 일어나서 그의 소설 『산골짜기의 백합』이 인기 절정에 있다."는 사실을 소개한 다음, 덧붙여 말하기를 "이러한 복고조의 무드는 양장점의 쇼윈도에서도 볼 수 있는데, 한 가지 이상한 것은 백합이 아닌 은방울꽃으로 그 무드를 조성하고 있다는 점"이라고 했다. 뜻밖의 일이라는 것이다. 그 특파원의 말은 발자크의 그 소설을 일본어나 우리말로 소개한 사람들과 마찬가지로 그 소설의 제목이 정말로 '산골짜기의 백합'으로 알고 있었던 데서 나온 것이다. 발자크와 백합을 연관시키고 있는 나라는 우리와 일본뿐인지도 모른다. 아무튼 외국어의 명사구나 형용구는 함부로 직역해서는 안 된다는 좋은 실례라고 하겠다.

　　은방울꽃을 프랑스어로는 'Muguet(뮈게)'라고도 한다. 그들은 '5월의 뮈게'니 '숲의 뮈게'라고도 하는데, 뮈게는 원래 사향이라는 뜻이다. 이것은 은방울꽃의 좋은 향기를 나타내는 말이다. 프랑스에는 5월 초하룻날에 은방울꽃의 꽃다발을 보내면 받는 사람이 행복해진다고 하여 사랑하는 사람에게 은방울꽃을 보내는 풍습이 있다. 이런 풍습에서 5월 초하루가 '은방울꽃의 날'로 정해졌던 것이고, 파리의 양장점마다 은방울꽃으로 쇼윈도를 장식했던 이유도 이런 데에 있었던 것이다. 조금도 이상할 것이 없는 일에 놀란 셈이다. 독일에서는 은방울꽃이 결혼식 때에 신부의 꽃으로서 사랑을 받는다. 은방울꽃의 꽃말은 '행복한 기별'이다. 프랑스 사람들은 따로 '성모 마리아의 눈물'이라고도 한다. 발자크의 소설 『은방울꽃』은 지금 우리의 서가에서 잃어버린 이름을 되찾을 수 있는 행복한 기별을 기다리고 있다. (미승우, 『잘못 전해지고 있는 것들』, 범우사, 1986, 166쪽.)

3　『구약 성경』「아가」 2:1-2, 5:13, 6:2-3과 「호세아」 14:6 그리고 「열왕기상」 7:15-26, 「역대하」 4:1-5, 「집회」 39:14에 나오는 백합은 모두 번역이 잘못된 것들이다. 우리나라의 찬송가에도 "저 솔로몬의 옷보다 더 고운 백합화"라는 가사가 있는데, 이것 역시 백합이 아닌 다른 꽃이다. 이렇게 말하면 기독교 신자 중에 화를 버럭 낼

사람도 있겠지만 오역이 저지른 오류가 얼마나 큰 것인가를 알리기 위해 그 대강을 소개한다. 『구약 성경』에서 형용구로 사용되고 있는 '백합'의 어원은 '슈샨'인데, 이것은 아네모네, 장미, 연꽃, 나리류 등의 여러 가지 식물을 일컫는 말이므로 어느 한 종류를 가리키는 말은 아니다. 그런 이유에서 '슈샨'은 나라에 따라 또는 책에서도 여러 가지로 번역되어 있다. 우리나라의 성경에서는 백합으로 번역되어 있고 수련이나 연꽃으로 번역된 부분은 거의 없다.

수련을 영어로는 'water lily'라고 한다. 이 'water lily'가 수련을 백합으로 오역하게 한 낱말이다. 그러나 'lily'를 백합으로 번역하는 것도 잘못이므로 성경의 백합은 이중으로 오류를 범한 말이다. 솔로몬 궁전의 기둥과 대야에 장식되어 있는 백합화 모양의 도안은 실제로는 백합이 아니라 훌륭한 수련이다. 영어의 'water lily'를 직역하면 '물의 백합'이지만 백합이라는 말이 들어갔다고 해서 앞에 있는 '물'을 무시하고 그대로 번역하면 엉뚱한 말이 된다. 이 'water lily'는 '수련'을 뜻하는 하나의 명사구다. 명사구는 하나의 낱말 구실을 하므로 두 개의 낱말로 갈라질 수 없다. 마치 'pineapple'을 pine(소나무)과 apple(사과)로 갈라서 '소나무사과'라고 하면 번역은 어찌 되었건 간에 식물 자체가 엉뚱한 것으로 되고 마는 것과 같다.

성경의 「산상수훈」에 나오는 들에 핀 나리꽃, 들의 백합(「마태」 6:28, 「루카」 12:27)도 역시 백합이 아니라 다른 꽃이다. 그것은 우리의 할미꽃과 비슷한 아네모네의 원종이다. 그러니까 원예종으로 개량되기 전의 야생 아네모네를 백합으로 오역한 것이다. 성경에 나오는 동식물을 현지에 가서 연구한 학자들의 이야기나 헤브라이어를 연구한 사람들의 이야기가 모두 이것을 뒷받침해주고 있다.

우리가 알아야 할 사실에서 가장 중요한 것은 과학적 판단이다. 사람에 의해 개량된 원예식물들은 야생할 수 없다는 사실부터 알아야 한다. 백합은 야생의 나리꽃에서 개량한 원예종이며 실제로 야생하는 백합은 아무 곳에도 없다. 그 백합을 'lily'라고 한 지금의

덧붙이기 — 원본시 · 작가 소개 · 주석

영어 교과서나 사전도 잘못된 것이며, 'Modonna Lily'라고 해야만 백합을 뜻하는 말이 된다. 그냥 'lily'는 야생의 나리꽃이다. (미승우, 앞글, 28-31쪽.)

4   프랙털 구조(fractal structure) : 자연계에서 발견되는 수학적 원리 중 하나다. 프랙털 구조의 기본적인 특징은 자기 닮음과 자기 닮음을 전제로 끊임없이 자기를 복제하는 자기 순환 그리고 알고리즘의 단순이다. 이러한 프랙털 구조는 고사리와 같은 양치류 식물, 번개의 궤적, 눈송이의 구조, 우주의 신비스런 모습, 인체의 혈관과 신경조직, 너울이 밀려오는 해안선의 모습 등과 같이 우리 주변의 많은 것들에서 쉽게 발견된다. (네이버)

21 추일서정―김광균

※ 원본시
추일서정

김광균
『기항지(寄港地)』(1947년)

落葉은 포-란드 亡命政府의 紙幣
砲火에 이즈러진
도룬 市의 가을 하늘을 생각케 한다.
길은 한 줄기 구겨진 넥타이처럼 풀어져
日光의 폭포 속으로 사러지고
조그만 담배 연기를 내어뿜으며

새로 두 시의 急行車가 들을 달린다
포프라 나무의 筋骨 사이로
工場의 집웅은 힌 니빨을 드러내인 채
한 가닭 꾸부러진 鐵柵이 바람에 나브끼고
그 우에 세로팡紙로 만든 구름이 하나
자욱-한 풀버레 소래 발길로 차며
호을노 荒凉한 생각 버릴 곳 없어
허공에 띄우는 돌팔매 하나
기우러진 風景의 帳幕 저쪽에
고독한 半圓을 긋고 잠기여 간다

※ 주석

1   이 시는 1940년 7월 《인문평론》에 처음 발표되었다가 1947년 자구와 시연에 약간 수정되어 『기항지(寄港地)』(정음사)에 수록되었다가 1977년에 시 전집 『와사등』에 재수록되었다. (서준섭, 「김광균의 추일서정」, 『한국현대시작품론』, 문장, 1984.)

2   정치적, 또는 전쟁에 관한 직접적 언술이 아니라는 점 : 이미지의 자율성이 관념이나 사회성의 희생을 바탕으로 한다는 점은 "시인은 보거나 느끼기 때문에 사용해야지, 어떤 신념이나 어떤 윤리나 경제제도를 지지하기 위하여 그것을 사용할 수 있다고 생각하기 때문에 사용해서는 안 된다."고 한 파운드의 말에 가장 집약적으로 드러난다. (박현수, 『한국 모더니즘 시학』, 신구문화사, 2007, 103-104쪽.)

3   김광균의 시세계를 무중력, 탈중력 상태의 운동으로 고찰한 본고의 연구 방법은 제네바 학파의 의식 비평(la critique de la conscience)을 따른 것이다. 발생론적 비평(la critique génétique)이라고도 하는데, "작품 형성의 모태가 되는 작가의 정신이나 의식세계에 삼투하여서 그들과의 의식의 동일화 과정을 통해 작품을 생산하게 된 사고의 틀을 경험하고 검증하는 비평 정신 및 방법"이다.

제네바 학파의 평자 조르주 풀레(Georges Poulet)도 글쓰기란 작품의 틀 짜기나 서술 양식이나 결과로서의 텍스트를 정립하기 위한 행위가 아니라 작품을 배태하고 생산하는 원동력인 의식 및 사유의 양태와 그 표출 방법과 원인으로서의 텍스트를 정립하기 위한 발생론적 행위로 보았다. 그리고 작가도 자신의 의식과 사유의 세계를 경험적으로 형상화시킨 것이 작품이지, 텍스트로서의 형식이나 구조를 미학적으로 완성한 것을 작품으로 받아들이지는 않는다. 이 점에 있어서 문학은 어떤 객관적이고 미적인 대상이 아니라 주관적이고 체험적인 행위이며, 그 텍스트가 단순한 언어체 또는 언어체의 복합적인 구조가 아니라 생동감 있게 사고하고 행위한 의식의 구조적인 실체다.

뿐만 아니라 문학은 그 자체가 하나의 미적 구조물로서의 결정체가 아니라 그 속에 문학 생산자의 의식, 사유, 경험이 근원적인 것으로 토대를 구축하고 있어서 문학 향수자로 하여금 생산자의 경험 세계를 참여해서 그 경험 세계를 공동으로 향유하고 급기야는 그것에 동화되기를 바라는 일종의 역동성이 살아 있는 행위의 장인 것이다. (김기봉, 「머리말」, 조르주 풀레, 『인간의 시간-프랑스 작가를 통한 연구』, 서강대학교출판부, 1998.)

22 서시 — 윤동주

❉ 원본시

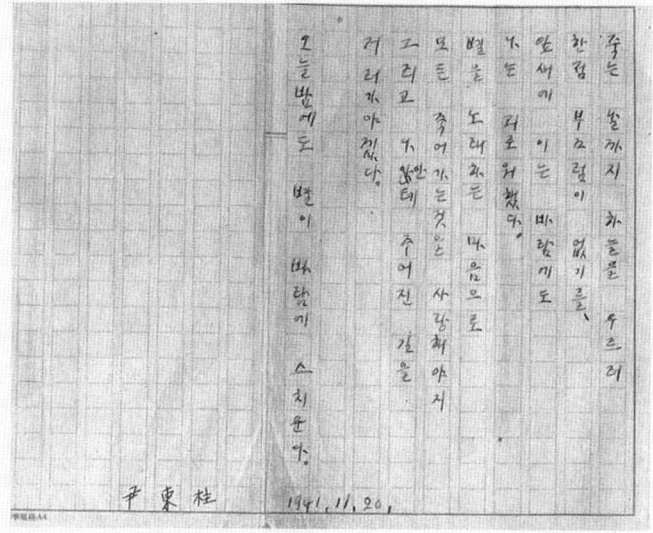

윤동주의 「서시」 친필 원고(1941년 11월 20일)

❉ 작자

윤동주(尹東柱, 1918~1945)

1918년 12월 30일에 만주국 간도성 용정가 2구 1동 36호에서 아버지 윤영석(尹永錫)과 어머니 김용(金龍) 사이의 장남으로 출생했다. 1942년 4월에 일본 입교대학(立敎大學) 영문과에 입학한 후 동도 동지사대학(同志社大學) 영문과에 편입했다. 1943년 첫 학기를 마치고 귀국하려다 사상범으로 체포되었다. 그의 죄명은 '사상불온, 독립운동, 비일본신민, 서구사상 농후' 등이었다. 1944년 6월에 2년형을 받고 구주의 복강형무소(福岡刑務所)에 수감되었다. 복역 중인 한국 학생들은 이름 모를 주사를 매일 맞았는데,

윤동주도 이 마취제 같은 주사를 맞고 피골이 상접할 정도로 쇠약해졌다. 결국 1945년 2월 16일에 일본 복강형무소에서 사망했다. 윤동주는 문단에 데뷔하지 않은 시인이므로 작품 활동을 하지 않았다. 중학 시절에 「병아리」(《카톨릭소년》, 1936), 「오줌싸개 지도」(《카톨릭소년》, 1937), 「무얼 먹구 사나」(《카톨릭소년》, 1937), 「산울림」(《소년》, 1939) 등 몇 편의 시를 발표했다. 그가 사망한 이듬해(1946년)에는 유고 「쉽게 씌어진 시(詩)」가 《경향신문(京郷新聞)》에 발표되었고, 1948년 1월에는 「서시(序詩)」, 「거리에서」, 「황혼(黃昏)」, 「아침」, 「눈」, 「비애(悲哀)」, 「고추밭」, 「자화상(自畵像)」 등 30편을 수록한 시집 『하늘과 바람과 별과 시(詩)』가 정음사에서 발간되었다.

주석

1   고구려의 역사 천문학적인 연구가 돋보이는 고구려의 성좌도(별그림)가 덕화리 1, 2호 고분, 평양시 진파리 4호분, 약수리, 각저총 고분벽화 등에서 발견되었다.

2   펜타그램-오각성(Pentagram)은 오각형의 별모양의 형태로서 본래 성스러움을 상징하나 사타니즘에서는 역오각성이라 하여 별을 뒤집어 사악함을 상징하는 의미가 되기도 한다.

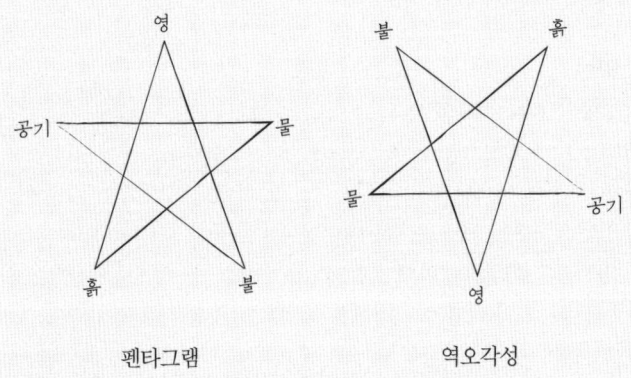

펜타그램   역오각성

3 　칠성 신앙: 고구려인의 별자리 연구는 태양이 지나가는 길인 황도에 위치한 28수(별자리)와 하늘의 중심인 북극과 북두칠성을 중심으로 이루어졌다. 덕화리 2호분에는 28수와 북두칠성이 널방 천장에 그려져 있는데 현재 19개 별자리만 남아 있다. 진파리 4호분의 천장에는 91개 별이 금박으로 그려 넣어진 화려한 성좌도가 있다. 특히 북두칠성은 밤하늘에서 가장 쉽게 찾을 수 있고 늘 볼 수 있었기 때문에 중요시되어 수명을 주관하고 사후와 내세를 주관하는 별자리로 해와 달과 함께 많은 고분벽화에서 그려졌다. 고구려인의 천문 체계에서는 북극성보다 북두칠성이 가장 핵심적인 위치를 차지했으며 북두칠성을 마주대하는 남두육성에 대한 관심도 대단했다. (김용만, 『고구려의 발견』, 바다출판사.)

4 　「암흑기 하늘의 별」(백철, 1967.2.), 「일제 군국주의에 의해 희생된 최후의 민족시인」(박두진, 1967.2.)(『하늘과 바람과 별과 시』, 정음사, 1948, 1984 재인용.)

5 　고태형(古態形, 원형)의 개념에 대해서 칼 구스타프 융은 말하길, "원형은 이를테면 세계의 신화라든가, 동화가 정해진 주제를 가지고, 그것이 모든 곳에 나타나고 있었다는 데 대한 거듭된 관찰에서 나온 것이다. 우리들은 이와 같은 똑같은 주제를 오늘날 살아 있는 사람들의 공상, 꿈, 섬망상태 그리고 망상 가운데서 발견하고 있다. 이들 전형적인 이미지나 연상은 내가 원형적 표상이라고 부르는 것이다. 그것들이 생생하게 살아 있으면 있을수록 특별히 강렬한 감정에 의해서 채색된 것이 될 것이다. ……그것들은 인상적이며 영향력을 가졌고 매력적이다. 그것들은 그 기원을 원형에서 찾을 수 있다. 원형은 무의식적으로 선재하는 형태이며, 마음의 유전적인 구조의 일부를 형성하고 있는 것 같다. 따라서 그 자신을 어떤 곳에 있어서나 시현시킬 수 있는 것이다. 그것의 본능적인 성질 때문에 원형은 감정에 윤색된 콤플렉스의 하층부에 존재하고 있으며, 그것의 자율성을 함께하고 있는 것이다. (Civilization in Transition, CW 10

par.847, 『칼 융 자서전』, 이경식 역, 범조사, 1985, 530쪽.)

6 孟子曰「君子有三樂, 而王天下 不與存焉. 父母俱存, 兄弟無故, 一樂也. 仰不愧於天, 俯不怍於人, 二樂也. 得天下英才而教育之, 三樂也. 君子有三樂, 而王天下 不與存焉.」(盡心章)(맹자 왈, "군자에게는 세 가지 즐거움이 있는데, 천하에 왕 노릇 하는 것은 거기에 들어 있지 않다. 부모가 다 생존하고, 형제들에게 연고가 없는 것이 첫째의 즐거움이다. 우러러보아서 하늘에 부끄럽지 않고, 굽어보아서 사람에게 부끄럽지 않은 것이 둘째의 즐거움이다. 천하의 뛰어난 인재를 얻어서 교육하는 것이 셋째의 즐거움이다. 군자에게는 세 가지 즐거움이 있으나 천하에 왕 노릇 하는 것은 거기에 들어 있지 않다."(『맹자』下, 차주환 역, 명문당, 1970, 120쪽.)

7 대위법은 멜로디에 대한 멜로디와 같이 두 개 이상의 독립적인 선율을 조화롭게 배치하는 작곡 기술이다.

8
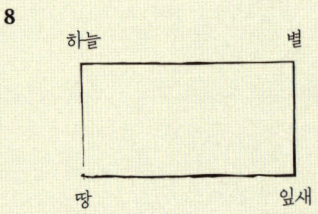

9 1-4행―과거
5-8행―미래
9행 ―현재

10 땅(잎새) vs 하늘(별)

23 자화상 — 윤동주

★ 원본시

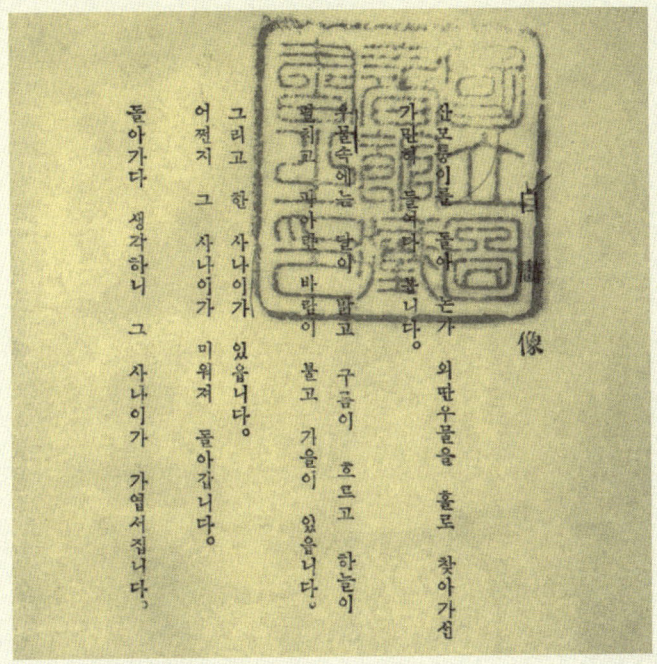

1955년도 판 『하늘과 바람과 별과 시』에 수록된 「자화상」

★ 주석

1   나르시스(narcissus)의 그리스 신화: 나르시스라는 목동은 매우 잘 생겨서 그 미모 때문에 여러 요정들에게 구애를 받지만 나르시스는 아무도 사랑하지 않는다. 양떼를 몰고 거닐다 호숫가에 다다른 나르시스는 물속에 비친 자신의 모습을 보게 되었는데 세상에서 처음 보는 아름다운 얼굴이었다. 나르시스가 손을 집어넣으면 파문에 흔

들리다가 잔잔해지면 또다시 나타나곤 했다. 나르시스는 물에 비친 모습이 자신이라고는 미처 생각지 못하고 깊은 사랑에 빠져 결국 그 모습을 따라 물속으로 들어가 숨을 거두고 말았다. 그런데 나르시스가 있던 자리에서 꽃이 피어났고 그것이 바로 수선화다.(『시사상식사전』, 박문각.)

2 「앵무가」: 신라 제42대 흥덕대왕은 당 경종 2년에 즉위했다. 즉위한 지 얼마 안 되어 당나라에 사신 갔던 이가 돌아오면서 앵무 한 쌍을 가지고 왔다. 신라에 온 지 오래지 않아 그 한 쌍의 앵무 중에서 암놈이 죽어버렸다. 외로이 남은 수놈 앵무는 슬피 울고 또 울어 그치지 않았다. 왕은 가여워서 그 수놈 앵무 앞에다 거울을 걸어놓게 했다. 수놈 앵무는 거울에 비친 자신의 그림자를 보고 그것이 자기의 짝인 줄 알았다. 반가운 앵무는 거울 속의 그 앵무를 향해 부리를 쪼았다. 마침내 수놈 앵무는 그것이 자신의 그림자임을 알고, 애처로이 울다가 죽어갔다. 왕은 이 앵무를 두고 시가를 지었다. 하나 그 가사는 알 수 없다. (『삼국유사』, 제2권, 「흥덕왕과 앵무」.)

3 바슐라르의 『물과 몽상』은 우리나라에서 이가림 역으로 『물과 꿈』(문예출판사, 1980)으로 번역되었다.

4 라캉의 상징계: 라캉의 상징계는 언어와 문화로 이루어진 보편적 질서의 세계다. 자아가 형성될 수 없었던 상상계[거울 단계: (1) 어린이가 어른과 함께 거울 앞에 서서 거울 앞의 모습과 실제를 혼동한다. (2) 어린이는 영상이 실재가 아니라 허구임을 깨닫는다. (3) 어린이는 영상이 이미지임을 깨닫고 자신의 이미지와 타인의 이미지가 다름을 깨닫는다. 그래서 거울 속에 모습을 비추며 놀이를 한다]와는 달리 상징계에서는 자아가 형성되기 시작한다.

바로 어머니라는 존재 이외에 아버지라는 금기를 받아들임으로써 상징계로의 진입이 가능해진다. 상징계로 진입한 어린이는 오이디프스 콤플렉스를 겪으면서 어머니에 대한 욕망을 아버지의 법으로 전치하게 된다. 다시 말해서 어머니라는 존재는 자신과 동일시했기 때문에 별다른 정의 없이 그 존재를 이해하였지만 아버지라는 외부의 금기를 받아들이면서 사회라는 것을 경험하게 된다. 외부 사회의 무엇을 받아들일 때는 그 사물의 이미지를 그 사물의 이름으로 전치하게 된다. 그런데 이러한 과정은 어린이가 마음대로 할 수 있는 것이 아니라 강압적으로 그 이미지를 언어로 받아들이기 때문에 아이는 억압을 받게 되고 그 과정에서 무의식이 생긴다. 또한 동일시하던 어머니와 분리되면서 무의식적으로 상실에 대한 끊임없는 그리움과 욕망을 가지게 된다.(네이버)

24 국화 옆에서 — 서정주

※ 원본시

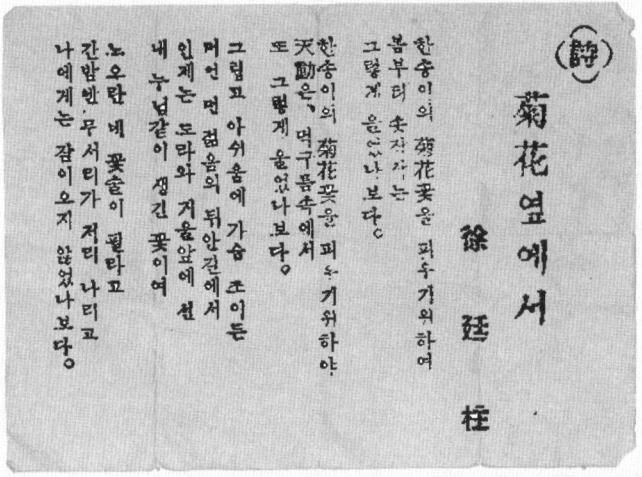

《경향신문》(1947년 1월 19일)에 발표된 「국화 옆에서」

주석

1. 사군자: 매화, 난초, 국화, 대나무.
2. 『신농본초경』에서 감국화는 여러 가지 열병이나 종양, 안질, 피부 질환에 특효가 있으며 오랫동안 복용하면 피의 순환이 좋아지고 몸이 가볍게 되어 늙음을 억제하며 수명을 연장시켜준다고 했다. 『동의보감』에서도 모든 풍과 어지럼증, 종기를 치료하고 눈이 빠지려고 하며 눈물이 나오는 것과 피부가 죽어가는 것과 팔다리가 저리고 아픈 데에 쓰이고 오래 먹으면 혈기를 이롭게 하고 몸이 가벼워지며 오래 살 수 있다고 했다. (이어령 편, 『국화』, 종이나라, 2006, 164쪽.)
3. 유교에서 국화는 사군자의 하나로서 가을 무서리를 맞으며 피어나는 데서 군자의 모습을 발견하였다. 군자와 같은 곧은 품위나, 속세를 떠나 사는 은자의 모습에 비유되어 국화가 '은둔하는 선비'의 이미지로 시화되어왔다. (『한국문화상징사전』, 동아출판사, 1992, 78쪽.)
4. 도교: 불로장생-중국에서 신선이 되었다는 주유자의 고사에서 유래하여, 우리나라에서는 고려 때부터 국화주를 담그기 시작하였다. 국화주를 담가 1년 후에 마시면 불로장생한다는 믿음이 도교의 신선지향사상과 연결되었다. (앞글, 78쪽.)
5. 도연명이 「귀거래사」를 읊고, 동쪽 울타리 아래에 국화를 심어두고 남산을 바라보며 자적(自適)한 은둔생활을 하였다.
6. 이정보: 영조 때 대제학을 지낸 사대부다. 시조의 대가로서 문집은 전하는 바 없으나 100여 수에 달하는 많은 시조들을 남겼다. (오상고절: 서릿발 속에서도 굽히지 않고 외로이 지키는 절개. 이것은 유교적 관념에 비추어 볼 때, 의를 지켜 꺾이지 않는 지조로 일관해온 선비정신과 부합된다.)
7. 환유(metonymy): 서로 연결되어 있지 않아도 부분과 전체의 관계를 구성하여 보여주는 비유법. 포드 자동차와 포드의 관계, 고흐의 그림과 고흐의 관계 등.
8. 황국: 황화(黃華, 黃華)란 명칭이 있다. 황색은 고귀의 상징인 금색을 띠며, 특히 오방색에서 중앙을 가리키는 색깔로 황색을 신성하게

본다. 황색은 여러 가지 사물의 정점, 최고 단계를 말하며 찬란한 모습을 지칭한다. (이상희, 진태하, 『국화』, 앞글 33쪽.)

25 바다와 나비 — 김기림

❧ 원본시

바다와 나비

김기림
《여성》(1939년 4월)

아모도 그에게 水深을 일러 준일이 없기에
힌나비는 도모지 바다가 무섭지않다.

靑무우밭인가해서 나려갔다가는
어린날개가 물결에 저러서
公主처럼 지처서 도라온다.

三月달 바다가 꽃이피지않어서 서거푼
나비허리에 새파란초생달이 시리다.

❧ 작자

김기림(金起林, 1908~?)
아명은 인손(寅孫)이며 기림(起林)은 호적명이다. 1908년 5월 11일에 함경북도 학성군 학중면 임명동에서 김병연(金丙淵)과 단천 이씨 사이에 장남으로 출생했다. 1926년 19세 때 일본대학(日本大學) 문학예술과에 입학했으며, 졸업하고 귀국하여 《조선일보》 기자로 입사했다. 그 후 1936년 《조선일보》의 후원으로 센다이에 있는 동북제국대학(東北帝國大學) 법대학부 영문과에 입학하여 1939년 졸업했다. 1936년 다시 도일하여 현대 영미 시를 다각적으로 고찰했다. 광복 후 서울대학교, 중앙대학교, 연희대 등의 전임 교수를 거쳤고 동국대, 국학대와 여러 시내 대학에 출강했다. 6 25동란이 일어나자 미처 피난하지 못하고 서울에 머물러 있다가 정치보위부에 의해 납북되었다. 시집으로는 『기상도(氣象圖)』(1936), 『태양(太陽)의 풍속(風俗)』(1939)과 해방 이후에 발간된 『바다와 나비』(1946), 『새노래』(1948)의 네 권이 있다. 「과학(科學)으로서의 시학(詩學)」(《문장》, 1940. 2) 「시(詩)의 이해(理解)」(을유문화사, 1950. 4. 10) 등의 논저에서 과학적 방법론에 의한 문학 연구를 중요하게 다루었다. 창작 희곡으로는 「떠나가는 풍선」(《조선일보》, 1931), 「천국(天國)에서 왔다는 사나이」(《조선일보》, 1931), 「미스터 뿔떡」(《신동아》, 1933), 「어머니를 울리는 자는 누구냐?」(《동광》, 1931) 등이 있다. 소설로는 「어떤 인생(人生)」(《신동아》, 1934), 「변영기」(《조선일보》, 1935), 「철도연선(鐵道沿線)」(《조광》, 1935) 등이 있다.

※ 주석

1   시 「바다와 나비」는 김기림의 세 번째 시집 제목이기도 하다. 제1시집 『기상도』(창문사, 1936), 제2시집 『태양의 풍속』(학예사, 1939), 제3시집 『바다와 나비』, 제4시집 『새노래』(아문각, 1948).

"기림은 모더니즘의 선구자로서 문학 이론이 채 확립되기 이전에 서구 문학 작품과 이론을 섭렵하고 구축한 모더니즘 이론과 '과학적 시학'으로 우리 근대 문학사에서 큰 공적을 남겼다. 이론적으로 불모지였던 당시의 우리 문단에 서구 문학 이론을 수용하고 그것을 바탕으로 기림은 시를 쓴 것이다. 한마디로 기림의 시 세계는 태양, 태풍, 바다, 공동체 의식으로 단계화할 수 있다. 이것은 통시적인 것으로 기림의 시적 변이과정을 단계화하여 말한 것이다." (김학동, 『오늘도 고향은』, 김기림 시선, 심설당, 1988, 140쪽.)

2   나비와 청무우밭의 관계는 갈매기와 바다의 관계와 같다. 그런데
    나비가 바다를 청무우밭인 줄 알고 그 관계를 바꿔버린다.

나비		갈매기
		≡		
청무우밭	≡	바다

3   카를 슈미트(1888-1985): 독일의 법학자, 정치학자. 베를린 대학
    교수.
4   나비 ≡ 공주

| 나비가 — | 바다에서 — | 비상하다가 — | 지친다 |
| 공주가 — | (무도회장에서) — | 춤추다가 — | 지친다 |

5   전체적 병렬 관계:

    나비가 ——— 바다 ——— 물결에 ——— 날개가 ——— 저렸다

    나비가 ——— 하늘의 ——— 초생달에 ——— 허리가 ——— 시리다

26 The Last Train — 오장환

🌿 원본시

The Last Train

오장환
《비판》4호(1938년)

저무는 역두에서 너를 보냇다.
비애(悲哀)야!

개찰구(改札口)에는
못쓰는 차표와 함께 찍힌 청춘의 조각이 흐터저잇고
병(病)든 역사(歷史)가 화물차(貨物車)에 실리여간다.

대합실(待合室)에 남은 사람은
아즉도
누컬 기둘러

나는 이곳에서 카인을 맛나면
목노하 울리라.

거북이여! 느릿느릿 추억(追憶)을 실고 가거라
슬픔으로 통(通)하는 모든 노선(路線)이
너의 등에는 지도(地圖)처름 펼처 잇다.

✤ 작자

오장환(吳章煥, 1918~?)

1918년 5월 5일 충북 보은군 회북면 중앙리에서 아버지 오학근과 어머니 한학수 사이에서 셋째 아들로 태어났다. 휘문고등보통학교에서 정지용에게 사사를 받으며 교지에 시를 발표하다가 1933년 《조선문학》에 「목욕간」을 실으면서 문단에 정식으로 데뷔했다. 어린 나이에 데뷔한 그는 서정주, 이용악과 함께 1930년대 시단의 3대 천재, 또는 삼재(三才)로 불렸다. 1936년에서 1939년까지 일본 동경에 체류하며 최하층의 노동자로 생활하면서 마르크스주의 이념에 동조하는 습작시를 썼던 것으로 전해진다. 1946년 제1회 전국문학자 대회에서 조선문학가동맹 서울시 지부 사업부 위원, 문화대중화 운동의 위원이 되면서부터 좌익계 문예 운동에 가담하였다. 1948년 2월경 임화를 따라 월북했다. 그의 월북 사실은 1948년 4월호 《문학예술》에 실린 그의 시 「2월의 노래」에서 밝혀졌다. 1936년 《낭만》, 《시인부락》 등의 동인에 적극적으로 참여하면서 본격적인 시작 활동을 전개하며 약 10여 년간 모두 네 권의 시집을 출간하였다. 1937년 8월에 첫 시집 『성벽』, 1939년에 두 번째 시집 『헌사』, 1946년 세 번째 시집 『병든 서울』, 1947년에 네 번째 시집 『나 사는 곳』을 펴냈다. 이외에 수필 일곱 편과 평론 8편, 번역 시집 『에세-닌 시집』을 1946년에 출간했으며, 1987년에 창작과비평사에서 『오장환 전집』을 간행했다.

✤ 주석

1   오장환(1918-)은 《조선문학》에 시 「목욕간」(1933)을 발표하면서 문단에 등장했다. 시지 《낭만》, 《시인부락》, 《자오선》 등에서 동인 활동을 통해서 그리고 민태규, 서정주, 이육사, 김광균 등과 교유하면서 시작 활동을 활발히 하였다. 「The Last Train」은 1938년 《비판》 4호에 발표되었다. 후에 제2시집 『헌사』에 수록되었다. 제1시집 『성벽』(풍림사, 1937), 제2시집 『헌사』(남만서방, 1939), 제3시집 『병든 서울』(정음사, 1946), 제4시집 『나 사는 곳』(헌문사, 1947), 제5시집 『붉

은 기』(1950)가 있다.

2 "우리 서정시의 선수 장환의 『헌사』, 이 52혈로 짜여진 꽃다발은 젊은 시인의 희망과 불행을 갖추어 난만히 개화했다. 역시 장환의 시에서 강렬히 오는 것은 「The last train」, 「적야(寂夜)」, 「싸느란 화단」이 풍겨주는 20대의 진한 감상일 것이다. 이 눈물과 한숨으로 장식한 한 줄기 보석이 빛나는 것도 인간의 호흡이 끝나는 날까지 청춘의 감상에서 오는 광채와 매력 때문이겠으나 20대만이 느낄 수 있는 이 조그만 회색 공간에서만은 우리들은 그와 함께 이야기하고 눈물지을 수 있다."(김광균, 오장환 시집 『헌사』, 《문장》, 1939.9.)

"그러나 이런 과거의 역사에 대한 전면적인 부정은 결코 그에게 낙관적인 세계사의 전망을 마련하여주지 못한다. 그는 이제 새로운 문물이 있는 곳마저도 결국 병든 역사의 비애(The last train)를 만나는 고향, 아니 장소임을 알게 된다."(윤여탁, 오장환, 『병든 서울』, 서음출판사, 1990, 143쪽.)

3 "오장환의 시에서 탕아 내지 부랑아의 모티프는 악마주의와 연계된다."(김학동, 「카인의 후예로서의 원죄의식」, 『오장환 평전』, 새문사, 2004, 111쪽.)

27 | 파초 ─ 김동명

원본시

芭蕉

金東鳴

祖國을 언제 떠났노,
芭蕉의 꿈은 가련하다.

南國을 向한 불타는 鄕愁,
너의 넋은 修女보다도 더욱 외롭구나.

소낙비를 그리는 너는 情熱의 女人,
나는 샘물을 길어 네 발등에 붓는다.

이제 밤이 차다,
나는 또 너를 내 머리맡에 있게 하마.

나는 즐겨 너를 위해 종이 되리니,
비의 그 드리운 치마자락으로 우리의 겨울을 가리우자.

〈一〇, 九, 一七〉

작자

김동명(金東鳴, 1900~1968)

1900년 6월 4일 강원도 명주군 사천면 노동리 54번지에서 아버지 김제옥(金濟玉)과 어머니 신석우(申錫愚) 사이에 외아들로 태어났다. 1925년 3월, 원산에서 인쇄소를 경영하던 강기덕(康基德) 선생의 후원으로 동경 유학을

갔다. 동경에서 낮에는 청산학원(青山學院) 신학과를 다니고, 밤에는 일본대학(日本大學) 철학과를 다녔다. 1947년 4월에 월남한 김동명(金東鳴)은 한국신학대학(韓國神學大學)에서 교수를 지냈고, 1948년 5월 13일부터 이화여자대학교에서 국문학 교수로 재직했다. 1960년 참의원 의원에 당선되어 정계에 발을 들여놓았다. 1921년에 서호의 동진소학교에서 교편을 잡은 후부터 친구들의 영향으로 시를 쓰기 시작했다. 「당신이 만약 내게 문(門)을 열어주시면」은 1923년 10월호 《개벽》에 최초로 발표한 시다. 1930년 중반에 《조선문단》, 《조광》, 《신동아》 등을 통해 활발한 작품 활동을 하며 문단의 관심을 끌었다. 1922년부터 1929년까지의 작품을 모은 『나의 거문고』(1930)는 최초의 시집이다. 1936년 시집 『파초(芭蕉)』를 출간하였고, 1947년에는 시집 『하늘』, 『삼팔선(三八線)』, 1954년 시집 『진주만(眞珠灣)』, 1957년 시집 『목격자(目擊者)』를 출간하였다. 1965년 김동명문집간행회(金東鳴文集刊行會)에서 전3권의 『김동명문집(金東鳴文集)』을 발간했다. 1967년 11월경 외출하였다가 쓰러져 돌아온 뒤 2개월 만인 1968년 1월 21일 남가좌동 자택에서 68세로 숨을 거두었다.

주석

1   초허(招虛) 감동명은 「당신이 만약 내게 문을 열어주시면」이라는 시를 《개벽》(1923년 10월호)에 발표함으로써 문단에 등단하게 되었다. 시 「파초」는 《조광》 1936년 1월호에 발표한 작품으로 제2시집 『파초』(1936)에 실렸다. 대표적인 작품들로는 「파초」, 「수선화」, 「수선(水仙) Ⅱ」, 「내 마음」, 「나의 뜰」, 「바다」, 「하늘 Ⅰ·Ⅱ·Ⅲ」, 「명상」, 「술 노래」들이 있다. 후기의 시 세계는 광복과 더불어 바뀌었는데 시집 『삼팔선』(1947)과 『진주만』(1954) 등은 1945년부터 당시의 정치적 상황을 다룬 사회시다.

28 나의 침실로 — 이상화

❉ 원본시

나의 침실로
가장아름답고 오랜것은 오즉쑴속에만잇서라(내말)

이상화
《백조》 3호(1923년 9월)

'마돈나' 지금은 밤도, 모든 목거지에, 다니노라 피곤하여 돌아가려는도다.
　아, 너도, 먼동이 트기 전으로, 수밀도(水蜜挑)의 네 가슴에 이슬이 맷도록 달려오느라.

'마돈나' 오렴으나, 네 집에서 눈으로 유전(遺傳)하든 진주(眞珠)는, 다 두고 몸만 오느라,
　빨리 가자, 우리는 밝음이 오면 어댄지도 모르게 숨는 두 별이어라.

'마돈나' 구석지고도 어둔 마음의 거리에서, 나는 두려워 쩔며 기다리노라,
　아, 어느듯 첫닭이 울고─뭇개가 짖도다, 나의 아씨여, 너도 듯느냐.

'마돈나' 지난 밤이 새도록, 내 손수 닥가둔 침실(寢室)로 가자, 침실로(寢室)!
　낡은 달은 새ㅏ지려는데, 내 귀가 듯는 발자욱─오, 너의 것이냐?

'마돈나' 짧은 심지를 더우잡고, 눈물도 업시 하소연하는 내 맘의 촉

덧붙이기 ─ 원본시 · 작가 소개 · 주석

(燭)불을 봐라.
 양(羊)털 가튼 바람결에도 질식(窒息)이 되어, 얄푸른 연긔로 쩌지려는도다.

 '마돈나' 오느라 가자, 압산 그름애가, 독갑이처럼, 발도 업시 이 곳 갓가이 오도다.
 아, 행여나, 누가 볼는지-가슴이 쒸누나, 나의 아씨여, 너를 부른다.

 '마돈나' 날이 새련다. 빨리 오렴으나, 사원(寺院)의 쇠북이 우리를 비웃기 전에.
 네 손이 내 목을 안어라, 우리도 이 밤과 가티, 오랜 나라로 가고 말자.

 '마돈나' 뉘우침과 두려움의 외나무다리 건너 잇는 내 침실(寢室), 열이도 업느니!
 아, 바람이 불도다, 그와 가티 가볍게 오렴으나, 나의 아씨여, 네가 오느냐?

 '마돈나' 가엽서라, 나는 미치고 말앗는가, 업는 소리를 내 귀가 들음은-,
 내 몸의 피란 피- 가슴의 샘이, 말라버린 듯, 마음과 목이 타려는도다.

 '마돈나' 언젠들 안 갈 수 잇스랴, 갈 테면, 우리가 가자, 쓰을려가지 말고-!
 너는 내 말을 밋는 '마리아'-내 침실이 부활(復活)의 동굴(洞窟)임을 네야 알련만……

 '마돈나' 밤이 주는 꿈, 우리가 얽은 꿈, 사람이 안고 궁구는 목숨의 꿈이 다르지 안흐니,

아, 어린애 가슴처럼 세월(歲月) 모르는 나의 침실(寢室)로 가자, 아름답고 오랜 거기로.

'마돈나' 별들의 웃음도 흐려지려 하고, 어둔 밤 물결도 자자지려는도다,
아, 안개가 살아지기 전으로, 네가 와야지, 나의 아씨여, 너를 부른다.

※ 작자

이상화(李相和, 1901~1943)
1901년 5월 22일(음력 4월 5일)에 경북 대구시 서문로 2가 12번지에서 아버지 이시우(李時雨)와 어머니 김신자(金愼子)의 차남으로 태어났다. 1915년에 상경하여 중앙중학교(中央中學校, 현 중동학교)에 입학했다. 1918년에 3학년을 수료하고 졸업하지 않은 채 대구로 내려갔다. 1919년 3·1운동이 일어났을 때 독립만세운동을 계획했지만 독립운동은 제대로 성사되지 않고 주동자들은 모두 감옥으로 넘어갔다. 1923년 초에 일본 동경으로 건너간 후 프랑스로 가려 했으나 관동대지진이 일어나 프랑스행을 포기하고 서울로 돌아왔다. 귀국한 이후 서울 가회동 취운정에 거주하면서 문학 활동에만 전념했다. 1937년부터 대구 교남학교(嶠南學校)에서 무보수로 3년간 영어와 작문을 가르쳤다. 그는 일본 경찰의 요시찰인물이었던 관계로 늘 감시의 눈초리가 따랐다. 1927년경 대구에 귀향해 있을 때 의열단 이종암(李鍾巖) 사건에 연루되어 피검되었다. 1936년에 맏형 이상정(李相定)을 만나고 돌아온 후에도 일본 경찰에 체포되어 4개월간의 옥고를 치렀다. 1943년 정초에 병석에 누운 그는 1943년 4월 25일 대구부 명치정 이정목 84번지에서 가족들이 지켜보는 가운데 사망하였다.

주석

1 로만 야콥슨, 「언어학과 시학」, 『문학 속의 언어학』, 신문수 편역, 문학과지성사, 1989, 61쪽.

2 "1920년대의 주류는 서정주의였다. (1) 주요한, 김억의 부드럽고 애련한 민요시풍, (2) 변영로, 이장희의 날카롭고 참신한 감각, (3) 이상화, 김동환의 화려하고 격월(激越)한 의욕, (4) 한용운, 홍노작의 한 많은 서정시, 이들은 20년대를 대표하는 시인이거니와 그 바탕은 한결같이 서정 시인이었다."(조지훈, 「한국현대시사의 관점」, 《한국시》 제1집, 1960. 4.)

3 "백조파 동인의 낭만주의는 이상화에 의해서 가장 현저한 성과를 보여준다. 특히 「나의 침실로」는 주제 면에서 이 시대의 지배적인 퇴폐적 감상과 현실도피적, 환상적 경향을 짙게 보이면서도 종래의 수사적 미숙성을 탈피함으로써, 1920년대 전반기 한국 낭만주의 시의 성과의 하나로 꼽히기에 손색이 없다."(이선영, 「신문학운동과 낭만주의」, 《월간문학》, 1974. 10. 200쪽.)

4 "이 시는 상당한 부분을 깎아버리고 군데군데 새로 손을 보아 고친다면 훨씬 정리된 구조가 되리라. 제4연, 제6연, 제7연, 제9연 등을 없애버리면 훨씬 더 내용이 뚜렷해질 것이다."(김춘수, 「나의 침실로의 내용 전개와 구조」, 『이상화 연구』, 새문사, 1981, 44쪽.)

5 「사춘기 문학소년의 소산」(일조각, 1963, 389쪽.) / "자기 정열에 작자 스스로가 압도되어 있다. 좀 더 냉정하게 정열을 절제하야 했을 것이리라. 연소한 나이에 썼기 때문에 정열을 스스로 가누지 못했을지도 모른다."(김춘수, 「이상화론」, 『시론』, 송원문화사, 1971.) (오세영, 「어두운 빛의 문학」, 『이상화 연구』, 새문사, 1981 재인용.) 그것은 백기만이 시 「나의 침실로」는 상화가 18세에 지은 처녀작이라고 잘못 발표(백기만, 『상화와 고월』, 청구출판사, 1951.)한 데에서 생긴 결과다. (김춘수, 「퇴폐와 그 청산」, 《문학춘추》, 1964. 12.) "이 작품은 《백조》 3호(1923. 9.)에 상화의 나이 23세에 발표되었음이 확인되었다." (이성교, 「이상화 연

구」,《성신여대연구논문집》 2집, 1969, 김학동, 「이상화 연구 상」,《진단학보》 34호, 1972.12.)

6 통사축, 통합축(syntagmatic axis), 계열축, 어형축(paradigmatic axis) : 어형축은 선택축이라고도 하며 통사축에 대립한다. 문장을 횡적으로 쓸 때 하나하나의 요소에는 보이지 않는 종적 선택 관계가 작용한다. 예를 들어, A-B-C와 같이 나열된 요소로 구성된 문이 있을 때, 이 A-B-C가 어떤 관계에 있고, 어떤 구성 요소로 이루어져 있는가를 기술할 때, 이를 통사 통합 관계라 한다. 이와 달리, A라는 한 요소가 어떤 환경에서 사용되지 않고 A′, A″, A‴라는 요소 중 하나가 선택될 수 있는 경우에 A, A′, A″, A‴는 계열 관계에 있다. (나병모,『영어학사전』, 신아사, 1990, 851쪽.)

7

대상(마돈나)   행위(오라)

시간(밤)   장소(침실)

8 마돈나(madonna)는 'mia donna'의 준말이다. 이탈리아인의 귀부인에 대한 존칭이었으나 지금은 예수 그리스도의 어머니 마리아에 대한 칭호로 쓰인다. 또한 성모 마리아에게 기도를 드릴 때는 마리아를 부르는 호칭으로 쓰이기도 한다. 성모 마리아를 부르는 호칭으로 쓰일 때는 이탈리아어에서는 'la Madonna'라고 반드시 정관사를 붙여서 쓴다. 미술에서는 성모상 또는 성모자상을 의미하며 이를 주제로 한 〈수태고지(受胎告知)〉, 〈동방박사의 예배〉, 〈영광의 성모〉, 〈슬픔의 성모〉 등 여러 작품이 있다. (두산백과)

9 아담은 히브리어로 집합적인 의미에서의 '사람(인간 전체)'을 뜻한다. "그래서 주 하느님께서는 흙으로 들의 온갖 짐승과 하늘의 온갖 새를 빚으신 다음, 사람(아담)에게 데려가시어 그가 그것들을 무엇

이라 부르는지 보셨다. 사람이 생물 하나하나를 부르는 그대로 그 이름이 되었다. 이렇게 사람은 모든 집짐승과 하늘의 새와 모든 들짐승에게 이름을 붙여주었다."(「창세기」 2:19-20, 『성경』, 한국천주교주교회의, 2005.)

10   롤랑 바르트, 『글쓰기의 영도』, (김웅권 옮김, 동문선, 2007.) 참조.
11   마돈나의 대상:

(1) "「나의 침실로」는 이상화의 18세 때 작품이 아니라 《백조》 3호, 즉 1923년 9월에 발표된 것이다. …… 이같은 '마돈나'를 부르는 그의 저 유명한 시가, 비록 이것은 그의 나이가 18세 되던 해, 즉 1918년에 초고된 것으로 알리워져 있지만, 그리고 《백조》 창간호에 이 시가 발표된 것은 1922년 말경이오, 상화가 유보화 양과 서로 알게 된 것은 1923년 봄이므로 연대가 서로 어긋나기는 하지만, 이 시와 유보화 양과는 신비스러운 연결을 짓고 있는 것으로 나는 생각한다."(김팔봉, 「李相和 형」, (《신천지》 9권 9호, 1954. 9. 154쪽.)

(2) "이상화의 동경 유학 기간은 1922년부터 1924년 초까지 2년간이다. 이상화가 이 기간에 유보화를 알게 된 것이라면, 이 시와 유보화의 관계에 있어서 시차적인 문제는 완전히 해결된 셈이다. 그리고 상화와 유보화의 관계는 귀국 후에도 계속되었다고 한다. 이것은 백기만 씨의 『상화와 고월』에도 논술되고 있는 바이나, 특히 김팔봉 씨의 「李相和 형」과 《개벽》 지에서 스케치한 이상화의 취운정 생활 가운데 잘 나타나 있다. "상화는 그때에 가회동 막바지 취운정 안에서 그의 연인과 함께 살고 있었다. 나는 못 가보았지만 나의 내자(內者)는 가보았다. 그의 연인은 함흥 여성이었다. 그리고 폐가 나빴다. '상화 씨의 애인은 참 미인인데 폐가 나쁘대요. 내가 보아도 오래 살지 못하겠던데요.' 내자가 이렇게 말하던 것을 나는 지금도 기억한다. 1924년 겨울이 상화가 가장 고통을 느끼던 때가 아닌가 싶다. 그의 애인 보화가 이때에 더욱 나빠지던 때이었던 것 같다."(김팔봉, 앞글 153쪽.) "이렇게 볼때, 「나의 침실로」에서 이 시인이

그토록 절절히 부르던 '마돈나'는 유보화가 그 실 대상 인물일 가능성을 전적으로 배제할 수 없는 것이라고 본다."(김학동, 「이상화 연구」 上,《진단학보》34호, 1972.12.)

29 웃은 죄 ─ 김동환

원본시

웃은 罪

김동환
《조선문단》(1927년 1월)

지름길 묻길래 대답했지요,
물 한 모금 달라기에 샘물 떠주고,
그러고는 인사하기 웃고 받었지요.

평양성(平壤城)에 해 안 뜬대두
난 모르오,

웃은 죄밖에

작자

김동환(金東煥, 1901~?)
아호는 파인(巴人)이다. 1901년 9월 27일에 함경북도 경성군 오촌면 수송동 89번지에서 아버지 김석구(金錫龜)와 어머니 마윤옥(馬允玉) 사이에 6남매 중 넷째로 출생했다. 1916년 4월에 서울 중동중학교(中東中學校)에 입학해 1921년 3월에 졸업하고 바로 동경 동양대학(東洋大學) 영문과에 입학했다. 그러나 1923년 관동대지진으로 귀국했다. 귀국 후 함북 나남의 《북조일 일보(北鮮日 日報社)》를 거쳐 《조선일보》기자로 활동했다. 1929년 종합월간지 《삼천리》를 창간했다. 1929년 10월에는 이광수, 주요한, 김동환 3인의 『시가집(詩歌集)』을 출간했다. 해방 후 반민법(反民法)에 걸려 공민권을 박탈당했다. 파인이 본격적으로 문단의 관심을 모은 것은 1925년 시집 『국경(國境)의 밤』을 발간하면서부터였다. 같은 해 장편 서사시집 『승천(昇天)하는 청춘(靑春)』이 발간되었다. 시집 『해당화(海棠花)』(1942)는 214페이지짜리 방대한 시집이다. 1962년 발간된 『돌아온 날개』는 그가 납북된 후에 초기의 대표작들과 후기의 신작들을 최정희(崔貞熙)가 묶어서 발간한 마지막 시집이다. 「웃은 죄(罪)」가 《조선문단》(1927)에, 「봄이 오면」이 《조선일보》(1928)에, 「송화강(松花江) 뱃놀이」와 「산(山)너머 남촌(南村)에는」이 《삼천리》(1935)에 함께 실렸다. 6·25동란이 나던 1950년 7월 23일, 청운동 집에서 외출한 이후 납북되어 생사불명 상태다.

주석

1. 행위의 코드: 행동적 코드는 다양한 연속체(시퀀스)들로 조직되며, 목록이 이 시퀀스에 표지를 제공하게 된다. 그러니까 텍스트를 읽는 사람이면 누구나 행동을 나타내는 어떤 총칭적인 명칭(산책, 살인, 만남 같은)으로 특정 정보들을 규합할 수 있으며, 바로 이 이름이 시퀀스를 만든다. 시퀀스는 우리가 그것을 명명하는 순간에만 그리고 명명할 수 있기 때문에만 존재한다. 그것은 추구되고 확인되는 명명의 리듬에 따라서 전개된다. (롤랑 바르트(1970), 『S/Z』, 김웅권 옮김, 동문선, 2006, 33쪽.)
2. 문화적 코드: 어떤 지식이나 지혜의 인용이다. 이 코드를 찾아낼 때 인용된(물리학적, 생리학적, 의학적, 심리학적, 문학적, 역사적 등) 지식의 유형이 해당된다. (앞글.)
3. 해석학적 코드: 어떤 수수께끼가 중심에 놓이고, 제기되며, 표명되

고, 지연되어 마침내 정체를 드러내게 해주는 상이한 표현들/항목들을 구분하는 코드. 하나의 질문, 그것에 대한 대답 그리고 질문을 준비시키거나 대답을 지연시킬 수 있는 각종 작은 사건들을 다양한 방식으로 분절시키거나, 혹은 어떤 수수께끼를 표명하고 그것을 해독하는 기능을 하는 단위. (앞글, 29-32쪽.)

4   행위 코드, 인물 코드, 해석적 코드, 상징적 코드 그리고 문화적 코드의 다섯 가지 코드는 텍스트가 짜이는 목소리들이다. 이 목소리들(코드들)이 협력하여 상호 교차하면서 입체 표기적 공간인 글쓰기가 된다. 이 목소리들은 자동적으로 구성되는 경험영역의 목소리들(행위 코드)이고, 인격체의 목소리(인물 코드)이며, 지식의 목소리(문화적 코드들), 진실의 목소리(해석학적 체계들), 상징의 목소리(대조법, 모순어법 등 상징 코드)들이다. (앞글.)

덧붙이기 ― 원본시·작가 소개·주석

30 귀고(歸故) — 유치환

❧ **원본시**

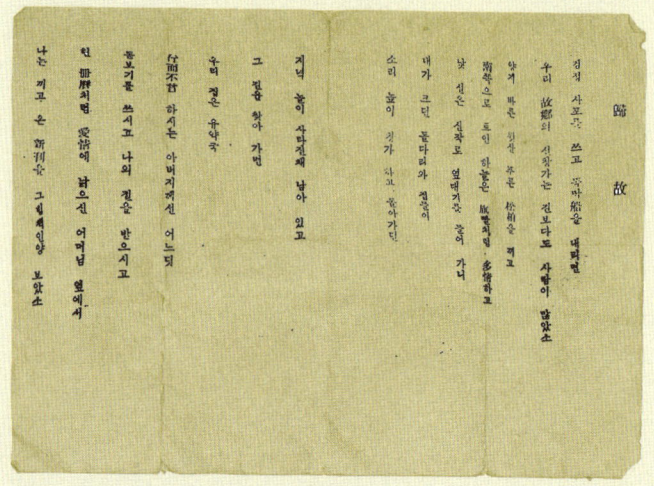

1947년 발간된 『생명의 서』에 수록된 「귀고」

❧ **주석**

1   환유(Metonymy) : 어떤 것을 나타내기 위해 그것의 속성 또는 거기에서 연상되는 다른 것의 이름을 말하는 수사법. 표지물로 본체를 나타내기-요람에서 무덤까지(어린 시절부터 죽을 때까지), 회색 머릿결(노인).

　　도구로써 일이나 일하는 사람을 나타내기-펜은 칼보다 강하다, 모든 사람에게 귀를 열어라, 그러나 너의 목소리는 내지 말아라 등. (조윤제, 『영어학사진』, 신아사, 1990, 730쪽.)

2   은유(Metaphor) : 비유의 일종으로 직유와 달리(비교 형식에 의하지 않고) 'A는 B다'처럼 표현함으로써 B가 나타내는 의미 내용을 A에 부

가하는 표현 양식을 말한다. 그녀는 내 사랑(문자 그대로의 표현), 그녀는 나의 태양(은유), 그녀는 태양처럼 나를 행복하게 한다(직유). (유성덕, 『영어학사전』, 신아사, 1990, 718쪽.)

3 //늙음// — 아버지 — 돋보기 — 환유적
　　　　　　　어머니 — 헌 책력 — 은유적

4 　어머니 = 어머니의 몸 → 헌 책력
　　　나 　=　 내 몸 　→ 　신간

31 풀 — 김수영

원본시

풀

김수영
《현대문학》(1968년 8월)

풀이 눕는다
비를 몰아오는 동풍에 나부껴
풀은 눕고
드디어 울었다
날이 흐려서 더 울다가
다시 누웠다

풀이 눕는다
바람보다도 더 빨리 눕는다
바람보다도 더 빨리 울고

바람보다 먼저 일어난다

날이 흐리고 풀이 눕는다
발목까지
발밑까지 눕는다
바람보다 늦게 누워도
바람보다 먼저 일어나고
바람보다 늦게 울어도
바람보다 먼저 웃는다
날이 흐리고 풀뿌리가 눕는다

작자

김수영(金洙暎, 1921~1968)

1921년 11월 27일 종로 2가 158번지에서 아버지 김태욱(金泰旭)과 어머니 안형순(安亨順) 사이에 출생했다. 1941년 3월 선린상업학교를 졸업하고 1942년 3월에 동경상대(東京商大) 전문부에 입학하였다. 수영의 학병 징집을 피하기 위하여 1943년 말 온 가족이 만주 길림성으로 이주했다. 해방 후 연희전문학교 영문과 4학년에 편입하였지만 그만두었다. 1948년부터 1950년까지 어머니가 경영하는 설렁탕집 '유명옥'에서 기거하며 초현실주의 시를 암송했다. 1950년 8월 30일에 공산군에 징집되어 의용군으로 끌려 나가 함경도에서 강제노동을 했다. 도주해서 인민재판에 회부되어 여러 번 죽을 뻔했다. 그 후 국군에게 잡혀 거제도 포로수용소에 수감되었다가 1952년 여름 석방되었다. 1945년 《예술부락》지에 「묘정(廟庭)의 노래」를 발표하면서 문단에 데뷔했다. 1948년에 임호권(林虎權), 양병식(梁秉植), 박인환(朴寅煥), 김경린(金景麟) 등과 함께 『새로운 도시(都市)와 시민(市民)들의 합창(合唱)』이라는 제명의 5인 시화집을 발간하면서 유명해졌다. 1957년에는 9인 합동시집 『평화(平和)에의 증언(證言)』을 발간했다. 여기에 「폭포(瀑布)」, 「도취의 피안(彼岸)」, 「영롱(玲瓏)한 목표(目標)」, 「봄밤」, 「긍지(矜持)의 날」 등 그의 시 5편이 실렸다. 1959년에는 개인 시집 『달나라의 장난』을 출간했다. 1968년 6월 15일 인도로 뛰어든 좌석버스에 의해 치여 계속 의식불명 상태에 있다 다음날인 6월 16일에 사망했다.

✻ 주석

1   미셸 파스투로(1947-), 파리 출생, 소르본 대학과 국립고문서학교에서 수학. 로잔 대학과 제네바 대학 그리고 많은 유럽 대학에서 초빙교수 역임. 1977년에 중세의 색의 역사에 관한 책 출판, 2000년 『블루 색의 역사』, 2009년 『블랙, 색의 역사』 출간.

2   『풀잎(Leaves of Grass)』은 1855년 출간된 월트 휘트먼(1819-1892)의 시집이다. 휘트먼은 평생을 『풀잎』을 쓰는 데 보냈으며, 죽기 전까지 여러 번에 걸쳐 수정판을 냈다. "한 아이가 두 손에 가득 풀을 가져오며 '풀은 무엇입니까?' 하고 내게 묻는다./내가 어떻게 그 아이에게 대답할 수 있겠는가, 나도 그 애처럼 그것이 무엇인지 모른다./나는 그것이 필연 희망의 풀 천으로 짜여진 나의 천성의 깃발일 것이라고 추측한다./아니면 그것은 주님의 손수건이거나/신이 일부러 떨어뜨린 향기 나는 기념의 선물일 것이고/소유주의 이름이 구석 어디엔가에 들어 있어서 우리가 보고 '누구의 것'이라고 말할 수 있는 것이다./또한 나는 추측한다. 풀은 그 자체가 어린아이. 식물에서 나온 어린아이일 것이라고. (휘트먼, 「나 자신의 노래 6」, 『풀잎』, 이창배 옮김, 혜원출판사, 1987.)

3   알레고리(allegory): 서양 원어의 의미는 '다른 것을 말함'이다. 한문 용어로는 풍유(諷喩) 또는 우유(寓喩)라 번역하기도 한다. 알레고리는 '확장된 비유'라고 정의할 수 있는데 그것은 표면적으로는 인물과 행위와 배경 등 통상적인 이야기의 요소들을 다 갖추고 있는 이야기인 동시에, 그 이야기 배후에 정신적, 도덕적, 또는 역사적 의미가 전개되는, 뚜렷한 이중 구조를 가진 작품인 까닭이다. 짧게 말하면, 구체적인 심상의 전개와 동시에 추상적 의미의 층이 그 배후에

동반되는 것이 의식되도록 꾸민 작품이 알레고리인 것이다. (이상섭, 『문학비평용어사전』, 민음사, 2001, 233쪽.)

4 문학사적 평가:

"바람보다 늦게 누워도 바람보다 먼저 일어나는 풀은, 어떠한 압력에도 불구하고 항상 먼저 일어나는 민중 바로 그것이다. 김수영의 풀에 대한 그러한 해석은 민중주의자들에게 강한 감동을 불러일으켜, 풀은 그 뒤에 민중주의자들의 중요한 상징이 된다. 김수영에 대한 연구의 진척은 그러한 인식이 「풀」의 어느 한 면을 과장한 것이라는 인식을 불러일으킨다. (……) 「풀」은 그의 정신 편력의 한 극점인 것이다." (김현, 「웃음의 체험」, 『김수영의 문학』, 황동규 편, 민음사, 1983, 207쪽.)

"여기서 우리가 풀을 민중의 상징이고 바람 특히 '비를 몰아오는 동풍'은 외세의 상징이라는 식의 의미를 부여해서는 곤란하다. 그런 의미를 붙이게 되면 비를 몰아오는 바람을 풀이 싫어할 리가 없다는 생물 생태학적인 반론에 부딪히게 될 것이다. 그리고 바람보다 동작을 '빨리' '먼저' 한다고 해서 민중에 어떤 찬사를 주는 것이 되지도 못할 것이다." (황동규, 「시의 소리」, 김현, 앞 책, 207쪽 재인용.)

"풀잎이란 한국 현대 시 문학사에서 다양한 방법과 탐구를 통하여 획득한 이미지의 하나로서, 그것은 우리들의 삶 자체와 항상 연관을 가진다. 김수영은 그것을 대지에 뿌리를 내리고 있으면서 바람보다 먼저 눕고 먼저 일어나는, 그 자신의 본질 속에 운동성을 내포한 존재로서 파악하였고, 황동규는 뿌리 뽑혀진 존재로서 인식하였으며, 오규원은 말을 만드는 것으로서, 이성부와 이시영은 저항하는 민중상으로 이해하였으며, 정현종이 주목하고 있는 것은 어둠 속에 자신을 열어놓고 흔들리고 있는 풀잎의 부드러운 힘 그것이다." (최하림, 「문법주의자들의 성채」, 《창작과비평》, 1979, 봄, 김현, 앞글, 207쪽 재인용.)

"약한 자의 현실과 온몸을 이해하고 스스로 받아들이려는 극점에서 그는 「풀」이라는 아름다운 시를 낳는다. 「풀」은 지금까지의 김수영의 시적 생애의 한 귀결이었으며 동시에 새로운 삶의 출발을 위한 절대적 긴장이었다."(정과리, 「현실과 전망의 긴장이 끝간 데 - 김수영론」, 『김수영』 한국대표시문학대계 24, 지식산업사, 1981.)

32 새 — 박남수

❋ 원본시

새

박남수
시집 『사슴의 관(冠)』(1981년)

이제까지 무수한 화살이 날았지만
아직도 새는 죽은 일이 없다.
주검의 껍데기를 허리에 차고, 포수들은
무료(無聊)히 저녁이면 돌아온다.

이제까지 무수한 포탄이 날았지만
아직도 새들은 노래한다.
서울에서, 멀지 않은 교외에서
아직도 새들은 주장(主張)한다.

농(籠) 안에 갇힌 새라고 할지라도
하늘에 구우는 혀끝을 울리고 있다.
철조망(鐵條網)으로도 수용소(收容所)로도

그리고 원자탄으로도 새는 죽지 않는다.

더럽혀진 하늘에, 아직도
일군(一郡)의 새들이 날고 있다.
억척같은 포수(砲手)들은, 저녁이면
무료(無聊)히 주검의 껍데기를 허리에 차고 돌아올 뿐이다.

※ 작자

박남수(朴南秀, 1918~)

1918년 4월 3일 평양에서 출생했다. 1937년 평양의 숭인상업학교를 거쳐, 1941년 일본 주오대학(中央大學) 법학부를 졸업했다. 1946년에는 조선산업은행 평양지점장으로 승진해서 근무하다 1948년 사임했다. 1950년 1·4후퇴 당시 국군을 따라 월남했다. 한양대학교 문리대 강사(1973) 등을 역임했다. 1933년《조선문단》에 희곡「기생촌」이 입상되면서 문단에 데뷔했다. 그 후 시로 전환하여《시건설》과《맥》등 시 전문지와 신문에 작품을 발표했다. 1939년《문장》에 3회에 걸쳐서 정지용의 추천으로「심야」,「마을」,「주막」,「초롱불」,「밤길」,「거리」등 6편의 작품을 발표하면서 본격적으로 문단에서 활동하기 시작한다. 1954년《문화예술》편집위원, 1957년 한국시인협회 창립회원 및 심의위원회 의장, 1959년《사상계》상임편집위원을 역임했다. 1975년 가족들이 있는 미국으로 건너가, 사망할 때까지『초롱불』(1940),『갈매기소묘』(1958),『신의 쓰레기』(1964),『새의 암장』(1970),『사슴의 관』(1981),『서쪽 그 실은 동쪽』(1992),『그리고 그 이후』(1993),『소로』(1994) 등 8권의 시집을 발간했다. 1991년 미래사에서 출간한『어딘지 모르는 숲의 기억』등 두 권의 시선집, 같은 해 삼성출판사에서 간행한 재미3인 시집『새소리』등을 통해 총 350여 편의 시 작품을 발표했다. 1994년 9월 17일 미국 뉴저지 주 자택에서 사망했다.

주석

1   시인 박남수는 1939년 《문장》 지를 통해 문단에 등단하였다. 시 「새」는 제5시집 『사슴의 관(冠)』(문학세계사, 1981)에 실려 있다. 그는 1940년대 암흑기의 문학적 순수성을 지키고 민족문학의 맥을 계승한 시인들(청록파, 윤동주, 허민 등) 가운데 꼽힌다.

● **인덱스**

이어령, 『다시 읽는 한국시』 - 김소월, 「엄마야 누나야」, 《조선일보》, 1996. 3. 5.
이어령, 『다시 읽는 한국시』 - 김소월, 「진달래꽃」, 《조선일보》, 1996. 3. 17.
이어령, 『다시 읽는 한국시』 - 정지용, 「춘설(春雪)」, 《조선일보》, 1996. 3. 24.
이어령, 『다시 읽는 한국시』 - 이육사, 「광야」, 《조선일보》, 1996. 3. 31.
이어령, 『다시 읽는 한국시』 - 김상용, 「남으로 창을 내겠소」, 《조선일보》, 1996. 4. 14.
이어령, 『다시 읽는 한국시』 - 김영랑, 「모란이 피기까지는」, 《조선일보》, 1996. 4. 21.
이어령, 『다시 읽는 한국시』 - 유치환, 「깃발」, 《조선일보》, 1996. 4. 28.
이어령, 『다시 읽는 한국시』 - 박목월, 「나그네」, 《조선일보》, 1996. 5. 12.
이어령, 『다시 읽는 한국시』 - 정지용, 「향수(鄕愁)」, 《조선일보》, 1996. 5. 19.
이어령, 『다시 읽는 한국시』 - 노천명, 「사슴」, 《조선일보》, 1996. 6. 9.
이어령, 『다시 읽는 한국시』 - 김광섭, 「저녁에」, 《조선일보》, 1996. 6. 16.
이어령, 『다시 읽는 한국시』 - 이육사, 「청포도」, 《조선일보》, 1996. 6. 23.
이어령, 『다시 읽는 한국시』 - 한용운, 「님의 침묵」 중 「군말」, 《조선일보》, 1996. 6. 30.
이어령, 『다시 읽는 한국시』 - 서정주, 「화사(花蛇)」, 《조선일보》, 1996. 7. 30.
이어령, 『다시 읽는 한국시』 - 박두진, 「해」, 《조선일보》, 1996. 8. 6.
이어령, 『다시 읽는 한국시』 - 이상, 「오감도」, 《조선일보》, 1996. 8. 20.
이어령, 『다시 읽는 한국시』 - 심훈, 「그날이 오면」, 《조선일보》, 1996. 8. 27.
이어령, 『다시 읽는 한국시』 - 김광균, 「외인촌(外人村)」, 《조선일보》, 1996. 9. 3.
이어령, 『다시 읽는 한국시』 - 조지훈, 「승무」, 《조선일보》, 1996. 9. 10.
이어령, 『다시 읽는 한국시』 - 김현승, 「가을의 기도」, 《조선일보》, 1996. 9. 17.
이어령, 『다시 읽는 한국시』 - 김광균, 「추일서정」, 《조선일보》, 1996. 9. 24.
이어령, 『다시 읽는 한국시』 - 윤동주, 「서시(序詩)」, 《조선일보》, 1996. 10. 1.
이어령, 『다시 읽는 한국시』 - 윤동주, 「자화상(自畵像)」, 《조선일보》, 1996. 10. 8.
이어령, 『다시 읽는 한국시』 - 서정주, 「국화옆에서」, 《조선일보》, 1996. 10. 15.

이어령, 『다시 읽는 한국시』 - 김기림, 「바다와 나비」, 《조선일보》, 1996. 10. 22.
이어령, 『다시 읽는 한국시』 - 오장환, 「The Last Train」, 《조선일보》, 1996. 10. 29.
이어령, 『다시 읽는 한국시』 - 김동명, 「파초(芭草)」, 《조선일보》, 1996. 11. 12.
이어령, 『다시 읽는 한국시』 - 이상화, 「나의 침실로」, 《조선일보》, 1996. 11. 19.
이어령, 『다시 읽는 한국시』 - 김동환, 「웃은 죄」, 《조선일보》, 1996. 11. 26.
이어령, 『다시 읽는 한국시』 - 유치환, 「귀고(歸故)」, 《조선일보》, 1996. 12. 3.
이어령, 『다시 읽는 한국시』 - 김수영, 「풀」, 《조선일보》, 1996. 12. 10.
이어령, 『다시 읽는 한국시』 - 박남수, 「새」, 《조선일보》, 1996. 12. 24.
이어령, 「시는 끝없이 새 의미를 창출 목적론적 해석은 시의 생명 죽일 뿐 - 연재를 마치며」, 《조선일보》, 1996. 12. 24.

언어로 세운 집

1판 1쇄 발행 2015년 9월 5일
1판 13쇄 발행 2025년 4월 18일

지은이 이어령
펴낸이 김영곤 **펴낸곳** (주)북이십일 아르테

출판마케팅팀 남정한 나은경 한경화 권채영
영업팀 한충희 장철용 강경남 황성진 김도연
제작팀 이영민 권경민

출판등록 2000년 5월 6일 제406-2003-061호
주소 (우10881) 경기도 파주시 회동길 201(문발동)
대표전화 031-955-2100 **팩스** 031-955-2151

ⓒ 이어령, 2015

ISBN: 978-89-509-6124-4 03810
아르테는 ㈜북이십일의 문학 브랜드입니다.

(주)북이십일 경계를 허무는 콘텐츠 리더

아르테 채널에서 도서 정보와 다양한 영상자료, 이벤트를 만나세요!
페이스북 facebook.com/21arte 인스타그램 instagram.com/21_arte
포스트 post.naver.com/staubin 홈페이지 www.book21.com

책값은 뒤표지에 있습니다.
이 책 내용의 일부 또는 전부를 재사용하려면 반드시 (주)북이십일의 동의를 얻어야 합니다.
잘못 만들어진 책은 구입하신 서점에서 교환해드립니다.